教育指归

王建华 著

图书在版编目（CIP）数据

教育指归/王建华著. —福州：福建教育出版社，2022.7
ISBN 978-7-5334-9336-3

Ⅰ.①教… Ⅱ.①王… Ⅲ.①教育学 Ⅳ.①G40

中国版本图书馆CIP数据核字（2022）第071028号

Jiaoyu Zhigui

教育指归

王建华 著

出版发行	福建教育出版社
	（福州梦山路27号 邮编：350025 网址：www.fep.com.cn
	编辑部电话 0591-83726908
	发行部电话 0591-83721876 87115073 010-62024258）
出 版 人	江金辉
印 刷	福建东南彩色印刷有限公司
	（福州市金山工业区 邮编：350002）
开 本	710毫米×1000毫米 1/16
印 张	18.5
字 数	275千字
插 页	2
版 次	2022年7月第1版 2022年7月第1次印刷
书 号	ISBN 978-7-5334-9336-3
定 价	49.00元

如发现本书印装质量问题，请向本社出版科（电话：0591-83726019）调换。

自　序

　　教育是人类最根本的实践。"人是唯一必须受教育的被造物。"① 所谓"教育"即人类的教育。没有人就没有教育，没有教育也就没有人。这是人与教育的相倚性。除了相倚性之外，人与教育之间还存在着相悖性。一方面，人希望通过教育让人成为人，或实现人的第二次诞生，按康德的说法，"人只有通过教育才能成为人。除了教育从他身上所造就出的东西外，他什么也不是。"② 但另一方面，无论是否经由教育，人都未必能够成为人，或尚未成为人。诚如萨特所言，人的实存——他们的社会实存、历史实存和个体实存——和人为自己所做的定义，差距很大。人类至今仍然处在它的史前期，也就是说人根本上还没有成为人。③ 教育与人性之间的相倚性和相悖性，既表明了教

---

　　① 伊曼努尔·康德. 论教育学 [M]. 赵鹏、何兆武，译. 上海：上海人民出版社，2005：3.
　　② 伊曼努尔·康德. 论教育学 [M]. 赵鹏、何兆武，译. 上海：上海人民出版社，2005：5.
　　③ 转引自：骆玉明. 善良、快乐、智慧与道义 [EB/OL]. 微信公众号"复旦中文"，2021-07-01.

育实践之于人之为人的形成的重要性，同时也暗示了人的天性中所固有的弱点，以及教育自身难以克服的局限。对于"成人"的目标，无论教育实践（者）还是教育研究（者）都只能矢志不渝地追求，而无法提供任何形式的担保或保证。事实上，即使在最乐观的意义上，我们假定教育真的可以让人成为人，但对于人的成长或成人而言，在生命历程的视野里，教育本身也是一个没有终点的过程，这也就意味着在现实世界里，人将始终无法确定自己是否已经真的成为"人"。人的易变性决定了教育没有终点，成人亦无止境。换言之，"教育让人成为人"是一个切实的而又似乎遥不可及的梦想。

基于教育与成人之间的这种特殊性，关于教育的研究以及作为一门学科的教育学一直是一种让人捉摸不透的学问，学科合法性也一直处于危机中。人类的其他学问经由科学的规训，尤其是完成学科制度化以后，其与残留在民间的智慧往往相互区隔。那些处在学院之外、未经学科规训者所提出的主张往往被称之为"民科"，一律被排除在高深知识的殿堂之外。我们时代大学里那些成建制的高深学问大都会严格地与民间的常识和"民科"划清界限。换言之，高深学问的一个重要特征就是"去常识化"和"去民间化"。但教育学似乎是一个例外。从古至今，民间教育学与学院教育学之间始终处于共生状态。教育的智慧经常孕育于教育学之外而不是诞生于学院教育学的"科学研究"。大学的教育类学院以及学院教育学所关注的仅仅是学校教育的那点事，关于人类教育的更广泛的学问一直散落在人类各种各样的学科中，并融汇或化身为民间教育学的一部分。下面就尝试从学院教育学的"知识体系"和"学科视界"之外寻找一条"缝隙"，看能否窥到生活世界中教育的堂奥或真谛。

第一，材与不材之间。材与不材的问题涉及教育的功用，即教育是有用的还是无用的。古今中外，"教育是有用的"基本上是一个人尽皆知的常识。中国人劝人读书最常讲的就是"富家不用买良田，书中自有千钟粟。安居不用架高堂，书中自有黄金屋。出门莫恨无人随，书中车马多如簇。娶妻莫恨无良媒，书中自有颜如玉。男儿欲遂平生志，五经勤向窗前读"。但值得注意的是，从古至今，"教育的无用性"或"读书无用论"无论在东方还是在西方的文化中也都是一个难以回避的话题。[①] 历史学家理查德·霍夫斯塔特曾有专书论述"美国生活中的反智主义（Anti-intellectualism）"。而在中国，"十有九人堪白眼，百无一用是书生"。"仗义每多屠狗辈，负心多是读书人"等人生经验亦非空穴来风。如果仔细深究，在每一个可以用来证实教育是有用的论据的背后，都可以找出一个相反的证据来证明教育是无用的。实事求是地讲，教育既不是绝对有用的也不是绝对无用的。教育之用通常介于有用与无用之间。因此问题的关键不在于教育是不是有用，而在于教育对什么有用，有什么用？

《庄子》上有一个寓言——"庄子行于山中，见大木，枝叶盛茂，伐木者止其旁而不取也。问其故，曰：'无所可用。'庄子曰：'此木以不材得终其天年。'夫子出于山，舍于故人之家。故人喜，命竖子杀雁而烹之。竖子请曰：'其一能鸣，其一不能鸣，请奚杀？'主人曰：'杀不能鸣者。'明日，弟子问于庄子曰：'昨日山中之木，以不材得终其天年；今主人之雁，以不材死。先生将何处？'庄子笑曰：'周将处乎材与不材之间。'"面对弟子关于"材与不材"的疑问，庄子给出了"处乎材与不材之间"的回答。从道家的理想来看，"处乎材与不材之间"并不是什么高明之"道"。按庄子的说法："材与不材之间，似之而非也，故未免乎累。"但从人类的教育实践出发，面对有用与无用的争执，"处乎材与不材之间"不失为一种实践智慧。

古往今来，从有用性出发，对于人才的追求一直是驱动教育发展的重要动力，培养人才也是教育活动获得合法性的重要途径。无论兴办教育者还是接受教育者最容易达成共识的事就是"通过教育让人成才"而不是"通过教育让人成人"。但对于什么是"才"，如何才算"成才"等，远不是教育活动能够保证，也不是教育学能够独立回答的。实践中，以学校为载体教育的功能有时只是筛选而不是培育。从创立的目的来看，现代学校的设立主要是为了传递知识、训练技能，以满足工业大生产的需要。学校教育可以教给学生的，并非学生不上学就完全无法学会的，而是通过学校

[①] 参见：丹尼尔·科顿姆. 教育为何是无用的 [M]. 仇蓓玲，卫鑫，译. 南京：江苏人民出版社，2005.

可以更快地、更大规模地学会的东西。学校作为一种教育机构，最根本的优势在于节约时间或提高效率，而不是更有利于让人成才。由于学校的设计一开始就是参照工厂模式，在效率原则的主导下，在时间结构和课程结构的控制下，以智育为中心，资格化和社会化成为驱动教育发展的重要动力，对于什么是真正的"人才"以及如何判断一个人是否"成才"又不十分关注。

此外，对于人的发展而言，仅仅成为有用的人（才）还是不够的。在教育过程中，人性本身也需要得到滋养。没有对于人性的滋养作为基础，没有人文教育作为根基，所谓的"才"很容易凋谢。现代学校教育执著于有用知识，过度关注"人才"培养而忽视了"人性"培养，在"材与不材之间"严重偏向于"材"，进而导致了功利主义，甚至是急功近利。按桑德尔的说法，教育中精英主义的传统最终导致了"优绩的暴政"。[①] 当然，这种结果并非现代教育在理念和制度设计方面出了错，而更可能是学校教育的本质使然。从"处乎材与不材之间"来认识教育的价值和功用，教育需要超越学校的工厂逻辑，在有用性和无用性之间、在人的发展和社会的发展之间保持微妙的平衡。

第二，有意与无意之间。有意与无意的问题涉及如何看待教育的后果。教育属于实践的而非科学的范畴。与科学世界不同，在教育领域不存在或很少存在决定论和线性的因果关系，作为文化的一部分，教育更多的是挑战与回应。换言之，教育的后果在很多情况下是情境性的和或然性的。由于个体差异以及其他不可控制的因素的影响，受过相同的教育或有相同教育经历的人，其生活状态或个人成就会截然不同。同样地，那些取得相同或类似成就的人其教育背景也会千差万别。对于教育的成就，我们既可以说学业成功者都是相似的，失败者各有各的不幸；也可以说学业失败者都是相似的，成功者各有各的幸运。在微观层面，由于个体的差异以及社会经济地位的差异等难以排除，人的教育如何成功甚至没有规律可言。对于个人的教育而言，"知识改变命运"不是不可能的，但并非绝对

[①] Michael J. Sandel. *The Tyranny of Merit: What's Become of the Common Good*. Penguin Books, 2020.

的。即便有"改变",改变的程度和方式也因人而千差万别。

历史上,不同国家、不同时期、不同国家的不同时期,可以改变人的命运的东西很多,知识或教育并非最不可或缺。即便在现代社会,知识取代了权力和出身成为促进社会流动的合法机制,但这并非全是教育的福音。现代社会对于教育的高度重视促进了教育的高度普及,但教育的高度普及也在消减教育本身之于社会流动的价值。"显而易见的现实是,少数人可以实现的东西,大多数人是不可能实现的,不管他们的教育程度有多高。"[①] 学校教育的高度繁荣不但不能促成所谓"教育社会"的形成,反倒会引起现代社会中产阶层对于教育的高度焦虑和质疑。更有甚者,学校教育一旦无法兑现"知识改变命运"的承诺,还会受到"教育无用论者"的批判或肆意攻击。结果就是,现代社会因过度执著于发展教育事业反倒损害了教育的价值,每一个人对于教育的看似理性的投入,最后导致了集体的非理性。

《世说新语》上有一个小故事——庾子嵩作《意赋》成,从子文康见问曰:"若有意邪,非赋之所尽;若无意邪,复何所赋?"答曰:"正在有意无意之间。"相比"知识改变命运"和"读书无用论"之间的对立,"正在有意无意之间"或许更符合或接近教育的真谛。个体接受教育的目的原本是为了让自己的人生或生活拥有更多的可能性。在教育过程中如果过度"有意",执著于"知识改变命运",且将"命运"以金钱收入或社会地位来衡量,那么就等于提前关闭了教育的其他可能。如果在教育的过程中,个体将命运的改变视为某种必然,并希望通过高强度的排练或训练来控制一切,拒绝接受其他偶然因素的存在,那么教育将成为一种"文凭竞赛"或"职位分配程序",从而失去教育的意义。如有学者所言:"教育的本来含义是培育和滋养人类的所有可能性,但是颇具讽刺意义地,现在却转化为大大缩减这种可能性的范围的工具。"[②] 近年来,媒体反复炒作的所谓"内卷"或"躺平",究其根本主要就是由对于教育的执念所引发的一种不

---

① 菲利普·布朗,休·劳德,戴维·艾什顿. 全球拍卖 [M]. 许竞,译. 长沙:湖南科学技术出版社,2014:16.

② 布雷恩·J. 麦克维. 日本高等教育的奇迹与反思 [M]. 徐国兴,译. 上海:华东师范大学出版社,2018:85.

安全感所导致的集体恐慌。"内卷"和"躺平"看似两极,其实是一回事。就像"功绩社会和积极社会导致了一种过度疲劳和倦怠"① 一样。

细思量,如果教育对于人的发展或命运的改变是唯一重要的,那么我们的社会将因为其他通道的被关闭而不可能正常运行;与之相反,如果教育对于人的发展或命运的改变是完全不重要的,那么教育也将不可能存在。教育对于人的命运的改变,既不是唯一重要的也不是完全不重要的。真实的情境或境况是"正在有意无意之间"。"也就是说,要意识到在任何时候都有另外的可能,它们是可能成真的事情,仅仅是没有成真而已。"② 因此,一方面,我们需要相信教育的力量、追求更好的教育,以实现美好的生活;另一方面,我们也需要坦然接受教育后果的不确定性和偶然性。无论如何教育都是人的教育,都需要由人来决定教育的发展,教育的发展需要为人的发展服务,而不能让人被教育所控制,甚至使人成为教育的奴隶。如果真是那样就会像马克思所说的,生活本身似乎只是生命的一种手段。③ 无论个人的生活还是社会生活,除了教育之外,还有许多其他重要且美好的事情;我们不能把个体的更不能把社会的命运完全交给学校,也不能全部寄希望于教育。

第三,无可无不可。《论语》中有一个故事——逸民:伯夷、叔齐、虞仲、夷逸、朱张、柳下惠、少连。子曰:"不降其志,不辱其身,伯夷、叔齐与?"谓:"柳下惠、少连,降志辱身矣;言中伦,行中虑,其斯而已矣。"谓:"虞仲、夷逸,隐居放言,身中清,废中权。我则异于是,无可无不可。"《世说新语》上也有一个故事——王中郎令伏玄度、习凿齿论青、楚人物。临成,以示韩康伯,康伯都无言。王曰:"何故不言?"韩曰:"无可无不可。"从这两个故事看,"无可无不可"不是没有原则和底线,而是一种实践智慧。

就人的教育而言,"无可无不可"涉及教育的包容性和心智的开放性。

---

① 韩炳哲. 倦怠社会 [M]. 王一力,译. 北京:中信出版社,2019:54.
② 道格拉斯·格林伯格,斯坦利·N. 卡茨. 学问生涯 [C]. 吕大年,等,译. 杭州:浙江大学出版社,2018:56.
③ 詹姆斯·卡斯. 有限与无限的游戏:一个哲学家眼中的竞技世界 [M]. 马小悟,余倩,译. 北京:电子工业出版社,2019:29.

教育领域中无论过程还是结果都是生成的而非注定的。教育的复杂性远非人的理性所能参透。人性的复杂、易变、矛盾和纠结，远非教育可以轻易型塑。教育活动中最可怕的事就是偏执和走极端。实践中个体的差异是永恒的，社会的流动是不可避免的，教育的发生和结果均充满不确定性。无论如何，我们都不可能为人的教育写好"剧本"。针对个体的差异，教育学的一种思路是"因材施教"。这里需要解决的问题是，"谁"可以确切地知道"材"是什么样的，并足以胜任"因材"而"施教"的任务。"因材施教"中的所谓"材"即"天性"或"天赋"。和自然物不同，"天性"或"天赋"极端复杂且易变，既有先天的遗传因素又受后天的环境和教育影响。有大器早成者亦有大器晚成者。简言之，人之"材"是后天生成的，而非天生的，并与教育本身相互作用，根本无法轻易被某个年级或某门课程的老师所发现，更难因"材"施教。针对个体差异，教育学的另一种思路是"顺其自然"。"顺其自然"中的"自然"和"因材施教"中的"材"一样，也是指人的"天性"或"天赋"。和"因材施教"所面临的困境不同，这里的关键问题是，学校教育是一种人为设计好的机制，在学校的制度空间内不可能让人的天性自然生长，而必然会根据国家的和社会的需要对于人的发展进行必要的干预。

实践中以"因材施教"为指向，会衍生出一种积极主义的教育，强调教育者的专业判断；以"顺其自然"为指向，会衍生出消极主义的教育，强调受教育者的自然天性。真实的学校教育过程既不可能是完全"因材施教"的，也不可能完全是"顺其自然"的，而是会掺杂着很多教育的和非教育的，人性的和非人性的因素，教育的发生和结果也会带有很大的时间性和情境性。面对教育自身固有的多样性、地方性、国家性和民族性，我们需要深刻理解什么是个体差异，什么是可缩小的差距，什么是不可缩小的差距，任何忽视个体差异的整齐划一的教育计划以及那些充满理想主义的教育野心都是对于人性的宰制和对于教育自身的戕害。按罗素的说法，参差多态，乃是幸福的本源。齐白石先生亦曾言：作画在似与不似之间为妙，太似为媚俗，不似为欺世。人的教育同样如此。一个学校培养的学生若全一样那太可怕了，因为那是物品的复制而不是人的教育；一个学校培养的学生若全看不出学校教育的影子那也是失败的，因为那是放任或放羊，而不是教育。教育的活力与学生和教师的多样性及其内部的差异性密切相关，也与学校本身的多样性密切相关。好的学校、好的教育需要造就的绝不是每一个学生都均衡而全面的发展，而是让作为一个群体的学生均衡而全面的发展。①

第四，有为有不为。"有为有不为"关乎教育的价值选择。世间万物之中，人是最矛盾的存在。叔本华尝言，人是一种"形而上的动物"（An Animal Metaphysicum）②。中国古人也讲："生年不满百，常怀千岁忧。""千秋万岁名，寂寞身后事"。尘世中人既是万物的灵长，也是魔鬼的化身。人既是必死的，又苦苦追求不朽。人有时可以胜天，但有时又脆弱得像一支芦苇。从实际出发，可以肯定的是，在自然面前，人既不是万能的也不是无能的。为了某种理想，人有时会"知其不可而为之"；但从理性的角度，人的生存和发展更加需要"有所为有所不为"。用老子的话讲："道常无为，而无不为。"按孟子的话说："人有不为也，而后可以有为。"

在教育实践中，关于"有为有不为"的一种理解是，将"有不为"作为"有为"的条件，为了能够在某些方面"有为"，而有意地放弃另一些东西，即"有不为"；另一种理解则是将"有为"与"有不为"并列或视为一回事，即明确了什么事是可以做的，也就清楚了什么事是不可以做的。对于教育而言，如果将"有不为"作为"有为"的前提条件，容易使人专业化、工具化、单向度化，过早地封闭了心灵，加剧教育的功利主义。从教育的本义出发，对于人的培养而言，所谓"有为有不为"意味着我们需要明确"什么是值得持续追求的""什么是需要极力避免的"。对于"值得持续追求的"尽力"为"之，对于"需要避免的"则坚决"不为"。对于人的成长来说，"不为"和"有为"一样重要。"如果一个人缺少了消极的能力，那种不去感受某物的能力，而只有积极的能力，即感受的能力，那么感官将无助地面对汹涌而至、不由自主的刺激和冲动。'精神性'也完全不可能存在。如果一个人只拥有去做某事的能力，缺少不去做某事

---

① 路易斯·梅南德. 观念的市场：美国大学的改革与阻力［M］. 田径，译. 成都：四川人民出版社，2019：76.

② C. S. 路易斯. 惊喜之旅［M］. 邓军海，译注. 上海：华东师范大学出版社，2018：406.

的能力，那么他将陷入致命的过度活跃之中。"① 某种意义上，教育的过程就是一个对于价值进行排序并做出选择的过程。教育的目的就是要向人明确和澄清何种价值应置于优先的地位，何种秩序绝对不能僭越。如果在根本的价值选择上发生了混乱，且缺乏可以制约的力量，那么"教育"越成功，"人生"将越失败。

总之，人性是复杂的，教育是多态性的，教育研究则是充满不确定性的；成人没有坦途，教育也没有捷径。要明了教育的意蕴、理解教育的真谛，我们需要有超越学校教育的勇气和想象力。借用詹姆斯·卡斯关于有限游戏和无限游戏的概念，"学校是有限游戏的一种"②。在有限游戏中，所谓学生和教师都是严肃的角色扮演，需要在规定的时间里和固定的科目上，通过考试追求结果的输赢。相比之下，致力于"让人成为人"的教育则接近于"无限游戏"，每一个人都是教育的参与者，无需根据教学任务的"剧本"来扮演教师和学生的角色，教育伴随人的一生。作为无限游戏，教育只有自愿的选择和参与而没有最后的输赢，教育朝向任何可能的后果开放。教育引导人走向不断的自我发现，而非走向最终的自我定义。③对此，比斯塔也称之为"教育的美丽风险"④。实践中，教育可以培养人才，但不能只培养人才；知识可以改变命运，但不总能改变命运；教育可以塑造人性，人性也会反噬教育；教育可以启蒙理性，理性也会摧毁教育。简言之，教育与成人的目的既相倚又相悖。人类的教育实践虽致力于成事和成人，但教育学既不是成"功"学，也不是成"人"学。无论教育实践还是教育理论都既无法保证教育者一定是教育者，也无法保证受教育者一定能够受到真正的教育。面对当下教育的内卷化和社会性焦虑，解决问题的关键在于，我们是随着制度化教育的阶梯不断重复学校教育这个有

---

① 韩炳哲. 倦怠社会 [M]. 王一力, 译. 北京：中信出版社, 2019：42.
② 詹姆斯·卡斯. 有限与无限的游戏：一个哲学家眼中的竞技世界 [M]. 马小悟, 余倩, 译. 北京：电子工业出版社, 2019：53.
③ 詹姆斯·卡斯. 有限与无限的游戏：一个哲学家眼中的竞技世界 [M]. 马小悟, 余倩, 译. 北京：电子工业出版社, 2019：23.
④ 参见：格特·比斯塔. 教育的美丽风险 [M]. 赵康, 译. 北京：北京师范大学出版社, 2018.

限游戏，还是将人的教育本身视为无限游戏，让孩子根据发展的需要参与学校教育这个有限游戏。

归根结底，教育是一种"可能性的艺术"，而不是为了赢得考试的胜利；教育学是关于"可能性的艺术"的"艺术"，而不只是"把一切事物教给一切人们的全部艺术"。① 无论教育实践（者）还是教育理论研究（者）都需要超越决定论的执念和科学主义的武断，需要把教育作为方法，秉承"中庸之道"，避免"过度"与"不及"，以"处乎材与不材之间"和"正在有意无意之间"的心态，获致一种适度的教育和圆满的德性；以"无可无不可"和"有为有不为"的心智，生成教育的智慧，成就智慧的教育。

是为序。

王建华
2021年8月9日

---

① 参见：夸美纽斯. 大教学论［M］. 傅任敢，译. 北京：教育科学出版社，1999.

目　录

教育的意蕴

第一章　论人类的教育——3
　　第一节　人是教育的产物 \ 4
　　第二节　知识、学校与教育的关系 \ 12
　　第三节　人的教育有规律吗 \ 18

第二章　人的自然与教育——26
　　第一节　教育的人性基础 \ 27
　　第二节　人的教育何以可能 \ 30
　　第三节　教育的条件及其他 \ 35

第三章　劳动、工作与教育——42
　　第一节　劳动与工作 \ 43
　　第二节　教育与劳动 \ 49
　　第三节　工作与教育 \ 56

第四章　人性、道德与教育——66
　　第一节　道德教育的人性基础 \ 67
　　第二节　道德如何教育 \ 71
　　第三节　道德教育何以可能 \ 74

第五章 学者、公民与好人——79
第一节 好人与公民 \ 80
第二节 公民与学者 \ 83
第三节 学者与好人 \ 85

第六章 平庸时代的道德教育——91
第一节 道德何以平庸 \ 92
第二节 教育与道德的张力 \ 95
第三节 道德教育：从行为到行动 \ 100

第七章 道德及其教育的省思——104
第一节 道德的存在及其结构 \ 104
第二节 道德教育的理论视界 \ 109
第三节 道德及其教育的取向 \ 115

第八章 论教育的有用性与无用性——121
第一节 教育不只是有用的 \ 122
第二节 教育为何是无用的 \ 130
第三节 处乎有用无用之间 \ 137

教育学的想象

第九章　论教育与教育学的关系—— 149
　　第一节　教育与教育学的区别 \ 150
　　第二节　教育与教育学的联系 \ 153
　　第三节　教育学只是人类理解教育的一种方式 \ 156

第十章　论教育学与高等教育学的关系—— 161
　　第一节　教育学与普通教育学 \ 162
　　第二节　教育学与高等教育学 \ 165
　　第三节　高等教育学的独立与教育学的重建 \ 169

第十一章　教育学的学科规训—— 173
　　第一节　学科与制度化学科 \ 174
　　第二节　大学与学科制度化 \ 178
　　第三节　学科规训视野中的教育学 \ 182

第十二章　教育学的依附与超越—— 190
　　第一节　教育学的科学化 \ 190
　　第二节　教育学的社会科学化 \ 192
　　第三节　教育学的人文化 \ 195
　　第四节　教育之学：超越人文科学与社会科学 \ 197

第十三章　教育学的分裂与统一——200
　　第一节　教育学的分裂 \ 201
　　第二节　教育学：默认分裂抑或走向统一 \ 205

第十四章　教育学：学科门类还是一级学科——212
　　第一节　我国学科专业目录中一级学科设置的变迁 \ 213
　　第二节　作为一级学科的教育学及其二级学科设置的变化 \ 217
　　第三节　教育类一级学科增设的可能方案 \ 220

第十五章　教育学的想象力——227
　　第一节　学术等级制度与学科刻板印象 \ 227
　　第二节　教育学是次等学科吗 \ 230
　　第三节　教育学的学科想象 \ 236

第十六章　教育的复杂与复杂的教育研究——241
　　第一节　教育的复杂 \ 242
　　第二节　复杂的教育研究 \ 247
　　第三节　教育及其研究的旨趣 \ 251

结束语——256
主要参考文献——264
后记——276

教育的意蕴

说起来多么令人伤心！我们不得不以最大的努力和最高的清晰度加以证明的竟然是那些显而易见的东西！许许多多的人都不具有看见显而易见东西的眼睛。但是，这种证明是多么乏味啊！

——弗里德里希·尼采

第一章

论人类的教育

教育是人性得以升华的根本途径。作为人类最根本的实践活动，教育使人与动物相区分，同时也是人类赖以对抗自然的选择，坚持文化进化的崇高事业。没有教育人类会重返野蛮，也会和动物没有区别。教育是人的造物，人也是教育的产物。如康德所言："人唯有凭借教育才能成为人。人决非人所创造的教育以外的产物。确切地说，人唯有凭借人，亦即唯有凭借同样受过教育的人才可能受教育。"[1] 因此，没有人就没有教育，同样没有教育也没有人。人性是教育得以展开的基础，教育也是人性得以形成的基础。人的可塑性赋予教育以可能性，教育的塑造也赋予人以可能性。教育可以张扬人性中的善，实现人的幸福；教育也可以助长人性中的恶，导致社会的苦难。当然，无论人性还是教育都并非亘古不变。古今中外的教育形式千差万别，虽然有很多原因，但古今之争中人性的差异不可不察。人性的差异不同于基因的差异。基因虽然为人性提供了生物学的基础，但基因绝不等于人性。基因的构成具有唯一性和排他性，人性则不然。"没有基因，我们将什么也不是，这是真的；但同样真实的是，如果我们只有基因，我们也将变得什么都不是。"[2] 哲学上，人是类的存在物，

---

[1] 筑波大学教育学研究会. 现代教育学基础（中文修订版）[M]. 上海：上海教育出版社，2003：71.

[2] 杰罗姆·凯根. 三种文化：21世纪的自然科学、社会科学和人文学科 [M]. 王加丰，宋严萍，译. 上海：格致出版社，2011：77.

3

具有类本质。由于社会构成的影响，同一时代或同一文明中的人往往拥有某种类似的人性。在人性问题上，同一时代或同一文明中的人之间往往会共性大于差异。比如，历史上古希腊的自由教育就与那个时代人的自然状况和社会构成相一致。后来在英国自由教育演变为博雅教育也是由英国那个时代人的自然状况和社会构成决定的。再后来，自由教育在美国又被通识教育所取代，同样也体现人的自然状况和社会构成的变化。社会的构成和人性的变迁不仅影响教育的内容，而且决定着教育的形式。近代以来，家庭教育的式微和学校教育的繁荣就和人的自然状况和社会构成的变化密切相关。16世纪时蒙田认为："学校是一座不折不扣的囚禁孩子的监狱。"[1]到了17世纪，延续古典教育的传统，洛克还认为家庭才是最为理想的教育场所，学校教育乏善可陈。直到18世纪，卢梭通过《爱弥儿》同样展现了一种有别于学校教育的自然教育。但最终无论是洛克式的家庭教育还是卢梭式的自然教育都不再可能，以学校为基础的制度化教育成为世界各国的共同选择。19世纪以后，作为制度化教育的最重要的载体，学校通常由政府建立。随着公立学校的普及，学校逐渐成为教育的代名词。在制度同形性的影响下，学校教育逐渐成为人类最普适的教育组织形式。而世界范围内自20世纪以来，正是以学校教育为范本，人的教育的含义被过度窄化，关于学校的规则和制度被误认为了教育的规律，教条的规律话语抑制了教育生活的可能性，也束缚了人类教育的想象力。

第一节 人是教育的产物

教育事关人的完善，教育本身不是目的，人的发展才是教育的终极目的。没有人无所谓教育，没有教育也就没有真正意义上的人。教育是人类的造物，人也是教育的产物。为了能够让人成为人，教育必须是人的教育，而且是为了人的教育。为了人的教育需要直面人的自然而不能只关注

---

[1] 蒙田. 蒙田随笔全集（上）[M]. 潘丽珍，等，译，南京：译林出版社，2001：185.

教育与社会的关系。在社会实践中，人性的复杂决定了教育是人类最复杂、最困难的事业。学校的发明为人类的教育提供了必要的组织载体，人类也以学校为基础普及了制度化的教育。但作为人类最根本的实践活动，人类的教育没有普适的规律，也没有捷径可走。教育本质上是一种精神性而非专业性的活动，教育的本质在于人的灵魂对于卓越的不懈追求。

从生物学上讲，人是由基因决定的，判定人与非人的标准就是DNA的结构。人性中的很多成分也的确能够在基因中找到某些根据。① 但在社会学或文化学的意义上，人仍然是教育的产物。人与动物的区别在基因。人之为人主要不在于基因抑或单纯的生物因素不足以使人成为人，而只有教育才能使人成为真正的人。无论古今也无论中外，教育都是人过上美好生活的前提。此外，之所以说人是教育的产物，还因为"人就是他学习要成为的样子：这是人的处境"。② 人的这种教育处境是命定的，无法逃避。没有任何人可以不通过教育或学习而成为人或展现出丰富的人性。教育可以和人的生存无关，但却是生活的要件；如果只是在生理学或生物学的意义上活着，人可能不需要受教育。但人需要的是可能的生活而不仅是机械的生存。"教育有其目的，不论对人类、还是对个别人。凡被教育者，都将被教育成某种东西。"③ 为了人的教育所追求的正是一种可能的生活以及对于这种可能生活的终极态度。

作为人的一种精神性活动，教育不是对环境刺激的机械反应，而是以人性为基础自我实现和自我完善的崇高事业。"学习关注的是概念、观念、信仰、情感、感觉、认知、辨别、法则和所有构成人的处境的东西。"④ 教育中虽然也包含对于某些技能和实用知识的学习，但单纯的技能训练不能称之为教育。"训练在未来重复已完成的过去，教育将未完成的

---

① 孔宪铎，王登峰. 基因与人性：影响人性的若干基因 [J]. 心理学探新，2006 (1)：18.

② 迈克尔·欧克肖特. 人文学习之声 [C]. 蒂莫西·富勒，编. 孙磊，译. 上海：上海译文出版社，2012：2.

③ 莱辛. 论人类的教育——莱辛政治哲学文选 [M]. 朱雁冰，译. 北京：华夏出版社，2008：125.

④ 迈克尔·欧克肖特. 人文学习之声 [C]. 蒂莫西·富勒，编. 孙磊，译. 上海：上海译文出版社，2012：8.

过去延续到未来。"① 教育是人之为人的必要条件。人与其他动物的区别主要在基因，但人类之中人与非人的区别不在于基因，而在于人性的善恶。人可能有兽性，但兽却不可能有人性。人性的可塑性赋予了教育的可能性，但人性之中的不确定性也导致了教育的困境。但无论如何，"教育首先需要弄清楚人是什么、人的本质及其本质上所包含的价值尺度是什么"。"而一旦失去了这些，教育便也失去了其全部的人性意义，或者变成了一种培养为国家效力的动物的过程。"② 因此，所谓的教育就是要唤醒人的自觉，弱化人性中残留的动物性，使其成为一个有德性的人或好人。实践中教育致力于人的完善，帮助人在善与恶的挣扎中做出选择，教人成为真正意义上的人或好人。"既然做还是不做高尚（高贵）的行为，做还是不做卑贱的行为，都是我们的能力范围之内的事情，既然做或不做这些，如我们看到的，关系到一个人是善还是恶，做一个好人还是坏人就是在我们能力范围之内的事情。"③

这里需要指出的是，虽然人是可教的，教育的任务也是要解放人或塑造人，使人成为人，但由于人性的易变性，加之其他社会因素的影响，教育的理想在实践中往往会遭遇现实的挫折。无论任何社会，也无论任何时代，教育都可以对人性中的善产生影响，但教育的最终结果往往充满不确定性。比如，路易斯就认为："'人'的这种随其所好塑造自己的权力，意味着一些人随其所好塑造另一些人。那些新时代的人类塑造者，其装备将是全能国家和势不可当的科学技术；我们最终将会得到一个配制师种族（A Race of Conditioners），他们的确能够把所有后代雕凿成他们所喜欢的样子。"④ 然而，利维斯却认为："教育并不能'塑造人'，它只能发挥有限

---

① 詹姆斯·卡斯. 有限与无限的游戏：一个哲学家眼中的竞技世界［M］. 马小悟，余倩，译. 北京：电子工业出版社，2019：24.
② 雅克·马里坦. 教育在十字路口［M］. 高旭平，译. 北京：首都师范大学出版社，2012：7-8.
③ 亚里士多德. 尼各马可伦理学［M］. 廖申白，译注. 北京：商务印书馆，2010：72.
④ C. S. 路易斯. 人之废［M］. 邓军海，译注. 上海：华东师范大学出版社，2015：72-74.

的作用。"① 但事实上，即便真如利维斯所言，教育"只能发挥有限的作用"，其对于人的成长仍然至关重要，至少直到今天还没有什么事情比教育对让人成为人更加重要。

除了"成人"目标之外，人之所以需要教育也是由人的必死性所决定的。个体的人无论如何优秀最后必将消亡。为了使凝聚在优秀个体身上的生活经验能够传递给年轻的下一代，教育就成为人类生活的必要。教育的合法性就在于它可以克除人类的不成熟，尽快摆脱依赖性。对于人而言，"既然实际上除了更多的生长，没有别的东西是和生长有关的，所以除了更多的教育，没有别的东西是教育所从属的"。② 此外，不仅未成熟的个体需要成长，已经积累的先进经验需要传递，社会本身的维系和运行也需要教育的介入。没有教育的个体组成的（社会）群体将是一盘散沙，无法形成作为共同体的社会。而作为共同体的社会本身也具有重要的教育意义。对于社会而言，教育不仅是传递有关遥远的事物的知识，而且可以培养个体对于共同体的认同和忠诚。实践中处理教育与社会的关系要以教育与人的关系为基础，不能以社会构成替代人的自然，因为除了人的塑造之外，教育没有别的目的。教育的社会化绝不能替代教育对于人的塑造或对于人性的改造。教育的价值就看它把人塑造成了什么样子，看它为人的成长提供了什么样的条件。今天这个道理在理论上可能无人不知，但在实践中却又很少有人不违反。根本原因就在于，知识的传播和社会的力量触手可及，而人性的改造或塑造则虚无缥缈且充满不确定性。因此，在制度化的学校里，知识的传播和人的社会化受到高度重视，真正关于人的自然的教育或人性培养则被忽视。

当然，这也并非要否认教育实践中知识的传授和人的社会化的必要。相反，无论何时知识的传授都是教育得以实现的重要载体，甚至没有知识就没有教育；人的社会化也同样重要，没有社会化，人的教育也同样会失去意义。"一个人光做好人还不够，他还必须做一个有用的好人。所谓做

---

① 罗纳德·巴尼特. 高等教育理念[M]. 蓝劲松, 译. 北京: 北京大学出版社, 2012: 260.
② 约翰·杜威. 民主主义与教育[M]. 王承绪, 译. 北京: 人民教育出版社, 2001: 59.

一个有用的好人，就是他能生活得像一个社会成员，在和别人的共同生活中，他对社会的贡献和他所得到的好处能保持平衡。"① 人毕竟是社会人，人要在社会中生存。"教育的目的在于培养'好'人，'好'公民和有用的人。'好'人的意思是内在的完整，坚定的人，它归根到底源于某种完满的人生哲学。"② 这里要强调的是，知识的传授和人的社会化都必须服从或服务于人性培养或塑造。在这个世界上，知识本身和社会化都不是目的，只有人才是目的，才是教育的目的。

哲学上讲，人是目的。哲学之外，人往往沦为手段。实践中手段与目的并非是彼此对立，而是可以相互转化。对于人的教育而言，同样如此。教育中人有时是手段有时是目的。终极意义上，人是其他一切事物之所以有意义和价值的源头。没有人就没有一切。但这也绝非意味着有了人就有一切，人类社会的进步与人的教育息息相关。更多的人受教育，更多的人受更多的教育一直是人类社会得以进步的要因。值得警惕的是，当学校教育成为教育的代名词，当教育不再意味着生活教育或教育生活，教育的目的以及教育与人的关系便面临深刻的危机。现代社会里，物质条件的进步使学校越来越精致化，教育的手段越来越技术化。为了实现政府和社会的意图，教育改革往往舍本逐末，以先进的手段来掩盖目的的缺失，以技术的进步来遮蔽精神的虚无。当人与社会环境的关系成为教育的最终目的，当教育放弃对于人生意义的追逐，不再"涉及人类个体生活及精神进步过程中人的个性问题"③，教育的危机便不可避免。

无论何时，首先教育必须要去培养一个人，然后才是培养一个律师或医生，而不能相反。教育的最终目的是人性的实现，是让人成为人而不是把人变成工具。"一个教育计划，若仅仅以在日益专业化的领域里塑造日益完美的专家为目的，而不能对特殊能力以外的任何事物进行判断，那

---

① 约翰·杜威. 民主主义与教育［M］. 王承绪，译. 北京：人民教育出版社，2001：378.

② 哈佛委员会. 哈佛通识教育红皮书［M］. 李曼丽，译. 北京：北京大学出版社，2010：58.

③ 雅克·马里坦. 教育在十字路口［M］. 高旭平，译. 北京：首都师范大学出版社，2012：17.

么，这个教育计划确实会使人类的精神和生活逐步动物化。最后，就正如蜜蜂的生活是由酿蜜组成一样，人类的真正生活也将由产生经济价值和科学发现组成（这一过程是借助于完美的、分门别类的方式进行的）。"① 因此教育必须是人的教育，也必须是为了人的教育，而不能是动物式的训练或训练动物式的"教育"。如果忽略了"人"这个大前提，那么教育也就失去了人性的意义，成为了多余的事业。如果不是为了培养健全的人性，单纯以成才为目标的动物式的训练将导致人的分裂，这样的"教育"不可能培养"完整的人"（Whole man），而只能训练经济动物。

从源始看，教育原本是对于人性的唤醒，是一项艰难的事业，现在逐渐成了专业活动和社会化的过程。所谓"教育"只是被各利益相关方当作实现选择的目的的手段。"现代政府对教育并不感兴趣；他们仅仅关注将一种或另一种'社会化'施加给教育事业幸存的碎片，而这种教育事业曾经是相当可观的"。② 今天随着教育与社会的关系被置于教育与人的关系之上，教育的条件控制了教育本身。在教育根基被侵蚀的同时，专业化和社会化成为现代教育的两翼。社会化意味着每一个人都要成为社会结构的一部分，专业化则要求每个人都要在现代社会的分工体系中扮演某种合适的角色。同时，社会化还旨在保障个体不成为社会有效运作的障碍，而专业化则意味着教育成为了人维持生计的工具或谋生的手段。教育实践中，人性的唤醒在生存的压力下退居幕后。"教育总被认为只不过是与'社会需求的指令'相关（经常并不完善）的'社会投资'。由此，对教育的理性思考必须要反思当今教育事业如何适应当今社会的需要；教育改革（当它不只关涉教与学的时候）就是要发现什么构成当今社会的'功能'，并设计一套'教育体制'以最经济的方式生产最充分地履行这些功能的人。"③ 因此，即便是在没有生存压力的情况下，现代教育也放弃了对于人的自然

---

① 雅克·马里坦. 教育在十字路口 [M]. 高旭平，译. 北京：首都师范大学出版社，2012：21.

② 迈克尔·欧克肖特. 人文学习之声 [C]. 蒂莫西·富勒，编. 孙磊，译. 上海：上海译文出版社，2012：97.

③ 迈克尔·欧克肖特. 人文学习之声 [C]. 蒂莫西·富勒，编. 孙磊，译. 上海：上海译文出版社，2012：106.

的关注，开始向社会化和专业化倾斜。现代性的逻辑使得教育的目的不再是发展参差多样的、丰富多彩的人性，而是要培养专业工作者并促进对于某种意识形态或价值观念的认同。

今天之所以同一性而非多样性成了教育的魂灵，根本的原因在于，我们的时代无论观念上还是物质上，学校与周围的环境之间没有了边界，学校不再是一个特殊的学习的地方，不再受到保护。在学校里学生既没有对人生的困惑，也没有对知识的敬畏。"这种环境中的学校显然是不重要的。在很大程度上，它已将自己的特性交给某个地方，而有可能听到其他言语以及有可能学习欲望之外的语言的地方则被排除在外。它不接受隔离，不提供豁免。它的装饰品是那些人们已熟悉的玩具。它的善行和恶行就是周边世界中的善行和恶行。"① 其结果，学校的社会化自然而然地造成了教育的社会化。由于社会化的不断蔓延，教育的含义也慢慢发生改变。一方面在学校里人性的唤醒逐渐地让位于专业训练和公民塑造；另一方面学校之外文化工业的兴起又使"伪教育"和"影子教育"铺天盖地涌向孩子们，真正的教育在众多教育中被人遗忘。由于学校与教育的隔离；由于"伪教育"和"影子教育"对真正的教育的遮蔽，现在有一种危险的看法，认为在人的完善上教育具有可替代性，幻想不通过教育也可以让人成为人。

人类的历史表明，人是教育的产物。人只有通过教育才能成为人。对于人的形成和发展而言，教育是不可替代的，绝没有比教育更好的让人成为人的方式。我们绝不能将对学校的不满转移为对教育的肆意攻击。"教育是一面镜子，每个人在它面前为自己的生活方式立法。教育不是学习如何更精通地做这做那，而是获取对人的处境理解的某种尺度，由此'生活的事实'会不断被'生活的品质'所阐明。教育是使自己学会怎样立刻成为生活的自主的、有教养的主人。"② 未来，随着信息技术的发展，一个非学校化的社会也许可能，但没有教育的社会绝无可能。我们时代需要解决的问题就是让学校工作回归到教育本身，让"伪教育"回归真正的教育，

---

① 迈克尔·欧克肖特. 人文学习之声 [C]. 蒂莫西·富勒, 编. 孙磊, 译. 上海：上海译文出版社, 2012：35-36.

② 迈克尔·欧克肖特. 人文学习之声 [C]. 蒂莫西·富勒, 编. 孙磊, 译. 上海：上海译文出版社, 2012：76.

而不是试图摧毁学校教育的合法性。

最后,作为文化和社会系统的一部分,从人的发展或个性解放上看,无论是学校之内还是学校之外,从来都没有过真正成功的且可持续的教育实践。教育中的极端理想主义从来都是危险的。由于人类的教育受时代精神约束,且不可能一蹴而就,某种意义上,整个教育的历史就是人类从一种失败或成功走向另一种成功或失败的历史。基于此,对于个体而言,"教育的首要意义是自我教育,而学校的目的是使学生懂得如何自我教育,并节省他独自探索的时间。教学的目的是帮助学生获得自学所需要的独立性、自由探究的好奇心和坚持不懈的精神"。[①] 人类历史上的那些伟大人物虽然没有人完全未曾受过教育,但也没有一个伟大的人物完全是教育的结果。对于天才而言,教育如果不曾戕害其天性就可算万幸。教育的悖论即是人性的悖论。今天不只是现代性玷污了教育的理想,而且教育也传播了现代性的病毒。教育的苦难是永恒的,现代性只是在这种苦难上抹了一点时代的粉彩。古典的教育哲学或许可以提供一种作为理念的教育概念,现代性却赋予了教育作为一种制度性存在的合法性。当下,信息技术作为一种全新的媒介正在解构教育,从理念到制度,从哲学到伦理,教育危机重重。好在就像从来没有理想国,教育也从未有过黄金时代,实践中更不存在本真的教育。在人的观念中或许存在一种作为理念的教育,但教育本身却更像是一种苦难,一种心灵的形而上的修炼。原因在于教育与人性并非天然合一,而是相互冲突。人人都希望自己天资聪颖、才华横溢,但只有少数天才才能从学习和教育中得到真正的快乐和人性的解放。对于绝大多数人而言,教育只是一种社会化的,甚至是带有强制性的规训。莱辛在《论人类的教育》一书中就曾指出:"教育给予人的并非人凭自己不可能得到的东西。教育给予人的仅仅是自己可能得到的东西,只是更快、更容易。过去如此现在仍然如此。"[②] 说起来残酷,但不得不承认,实践中就是为了更快和更容易得到可能得到的东西,人性的自由不得不在学校中接受

---

① 哈佛委员会. 哈佛通识教育红皮书 [M]. 李曼丽, 译. 北京: 北京大学出版社, 2010: 203.

② 莱辛. 论人类的教育——莱辛政治哲学文选 [M]. 朱雁冰, 译. 北京: 华夏出版社, 2008: 102.

长时间的教育规训。

第二节 知识、学校与教育的关系

近代以来，由于知识爆炸和知识价值的革命，知识和教育的关系被逆转。原本作为教育介质或载体的知识，转而成为了教育的目的，学校唯一的目的似乎就是向学生传授越来越多的知识。由于"知识传授"成为了学校教育的目的，学校对于什么是知识的定义也发生变化。"知识的记录本是探索的结果和进一步探索的资源，但是人们不顾知识记录所处的这种地位，把它看作就是知识。人们的心灵成为它先前战胜环境的战利品的俘虏；他们不把这些战利品作为战胜未知事物的武器，却用来固定知识、事实和真理的意义。"[①] 其结果，知识的教育性受到削弱，实用性或有用性受到重视。原本要致力于人的发展和人性的塑造的教育，逐渐沦为以知识为中介的专业教育或职业教育。就教育而言，对人性的培养永远是第一位的，其次才是人才培养或对专家的训练。如杜威所言："教育首先必须是人类的，只是随后才是专业的。"[②] 如果这种先后顺序被颠倒，可能会提高教育的效率或效益，也有利于提高知识的生产力，但却会严重损害教育的效果或结果。更为根本的是，大部分学生根本不了解教育的真正目的以及自己之所以需要接受教育的真正原因，他们在学校里所得到的也不是他们想要的或需要的教育，而只是学校或社会想给他们的教育。他们不是基于自己的目的来接受教育，而是为了父母或雇主的目的在接受教育。"正是由于这个事实，他们的行动变成不是自由的，任何教育如果只是为了传授技能，这种教育就是不自由的、不道德的。这种活动不是自由的，因为人

---

① 约翰·杜威. 民主主义与教育［M］. 王承绪，译. 北京：人民教育出版社，2001：204.
② 约翰·杜威. 民主主义与教育［M］. 王承绪，译. 北京：人民教育出版社，2001：209.

们没有自由地参与这种活动。"① 当前的学校教育正面临着这种困境。为了满足社会的需要或诱惑，学校尤其是大学正想方设法开设越来越多的课程，提供各种各样的"教育"。但正是在这纷繁多样的教育中真正的关于人的教育被遗忘了。

在人类的教育中，就像知识和美德的关系一样，知识和教育之间关系也非常复杂。有时传播知识就是教育，但有时知识是知识，教育是教育。实践中，有些知识具有丰富的教育性，有些知识缺少教育性。而事实上，知识能否产生教育性，除了知识本身的属性外还取决于教育的方式和方法。即便是那些具有丰富教育性的知识，如果使用不当的教学方法也会变得索然无味，毫无教育价值和意义。但可以肯定的是，除极个别例外，没有知识则没有教育。教育无法在真空中产生，也无法脱离知识而单独存在。"教育总归要涉及人类心灵的伟大成就。"② 教育的产生和维持，人的成长和发展，知识都是必不可少的原料或养料。对于教育而言，关键是选择何种知识，以及以何种方式让知识融入人的心灵，成为人性的一部分。对于人的自由与解放来说，在教育的过程中知识的摄入应"犹如火中添柴，柴助火势，让火越烧越旺。但是若将大量潮湿的木头扔入火中，只会将火熄灭。用卑躬屈膝的方式接受知识的理性，并不真正理解知识，而只会受到那种并非属于它本身而是属于他人的知识之压抑"。③ 现代学校教育注重知识的传播本身没有错，关键是不能忽视知识和教学的教育性。如果在教育的过程中所传播的多是没有教育性或较少教育性的工具性知识，如果那些原本具有教育性的知识被机械地或简单粗暴地塞进学生的头脑，教育的效果和成果便可想而知。这样的学校培养不出真正受过教育的人，而只会沦为颁发文凭的工厂或传播知识的流水线。

知识的传播强调的是效率或效益，而教育的关键则是效果或结果。如

---

① 约翰·杜威. 民主主义与教育 [M]. 王承绪, 译. 北京：人民教育出版社，2001：278.

② 雅克·马里坦. 教育在十字路口 [M]. 高旭平, 译. 北京：首都师范大学出版社，2012：81.

③ 雅克·马里坦. 教育在十字路口 [M]. 高旭平, 译. 北京：首都师范大学出版社，2012：57.

富勒所言:"当今教育努力将教学简化为一套技术功能,以使其成为'自动防故障装置',这是一种灾难性的误解,然而却是有意为之,其目的是要威胁毁灭真正可能的学习。"① 在学校里知识的实用功能或使用价值压过了对人的教育的效果,占据绝对的优势。在政府机构促进的由教育政策来解决教育问题的宏观制度框架下,学校逐渐忘记了教育的真正目的,忽视了人在教育中的位置,只寄希望借助教育的相关物(知识的传播)来减缓自身的恐惧,通过不断的教育改革来维持这种机构的合法性。

人类历史上,最初的教育原本和学校无关,除非我们把学校就定义为教育发生的场所。极端情况下,作为一种精神性活动,教育甚至可以在一个人的冥想中产生,一个伟大的英雄人物可以成为所有人的老师。人类社会的生活世界中,教育一直无处不在。近代以来,受社会分工的影响,学校逐渐以专业性的名义垄断了人类的教育活动。在"教育正确"的庇护下,学校成为一个受保护的地方,大学更是被誉为世俗的教会和人类的精神家园。现代以降,在现代性话语的诱惑下,教育领域的专业性逐渐超越了精神性成为了学校生存和发展的合法性来源。事实上,教育的专业性一直是一种"伪专业性"。无论如何,教育学都无法与医学和法学相提并论。在专业性的维度上,教师作为一种职业或专业自然也无法与医生、律师相媲美。这不是教育的专业性建设还不够,更不是教育的缺陷。克里希那穆提曾直言:"教育不应该成为一种专家的职业。"②

人类社会中不同的场域有不同的场域逻辑。教育原本就不以专业性见长,其优势在于精神的丰富性。专业性与标准化紧密相连。如果非要以专业性为尺度,通过人为的制度手段让教育的职业门槛不断提升,结果只能适得其反。"他应当都着眼于他的特殊对象,并且研究到适合他的目的的程度。追求过分的确定性将要求繁冗的工作,这会超出我们的目的。"③ 教

---

① 迈克尔·欧克肖特. 人文学习之声 [C]. 蒂莫西·富勒,编. 孙磊,译. 上海:上海译文出版社,2012;前言·3.

② 克里希那穆提. 一生的学习 [M]. 张南星,译. 北京:群言出版社,2004;49.

③ 亚里士多德. 尼各马可伦理学 [M]. 廖申白,译注. 北京:商务印书馆,2010;32.

育的繁荣或教师的伟大在于其直面真实的人性时拥有高超的教育智慧,而非对于专业性的过分追求。人类社会的那些伟大心灵(老师)之所以伟大都不在于其资格的专业性和程序的标准化,而在于其精神的博大。无论是历史、现实还是将来,如果精神性多一点,专业性少一点,教育会更有活力;相反,如果专业性多一点,精神性少一点,教育则会失去活力。"一个有教养的人的特点,就是在每种事物中只寻求那种题材的本性所容有的确切性。只要求一个数学家提出一个大致的说法,与要求一位修辞学家作出严格的证明同样地不合理。"① 在人类的教育实践中,我们也只能寻求那种与教育本质"所容有的确切性",切不可与其他人类实践在专业性上进行攀比。

为了避免学校的繁荣和教育的衰落同时并存这种吊诡的现象,我们有必要反思学校教育中过度的专业化取向,重温古典教育的理念,回到孔子,回到苏格拉底,复兴教育的精神性。科学技术也许越现代越好,但人性的培养可能还是古典一些比较好。现在教育的困境就在于,有太多的东西阻止人性培养这项事业。人的教育成就中,学校不是必要条件,更不是充分条件,教育所需要的唯一条件就是教育者和受教育者。只有教育者受过真正的教育,才能保证后面的受教育者也受到真正的教育。"正如土壤需要它的培育者,心灵需要老师。但老师的产生可没有农夫那么容易,老师自己是学生且必须是学生。但这种返回不能无限进行下去:最终必须有一些不再作为学生的老师。那些不再是学生的老师是伟大的心灵。实际上,无论学生的精通程度如何,他们都只能通过伟大的书来接近不再是学生的老师,接近最伟大的心灵。"② 真正的教育最后必然落脚于通过向那些伟大的心灵(老师)来学习而实现的自我的教育。究其根本,"教育的主要动因和动力因素并不是教师的艺术,而是能动性的内在原则,即天性和心灵的内部力量"③。遗憾的是,在今天的教育实践中经常出现自相矛盾的

---

① 亚里士多德. 尼各马可伦理学 [M]. 廖申白,译注. 北京:商务印书馆,2010:7.
② 刘小枫,陈少明. 古典传统与自由教育 [C]. 北京:华夏出版社,2005:2.
③ 雅克·马里坦. 教育在十字路口 [M]. 高旭平,译. 北京:首都师范大学出版社,2012:39.

现象。一是教师未必是教育者，二是学校未必是真正的教育机构。学生得自教师和学校的往往只是知识，而教育本身有时则成了教育工作中最不重要的事情。

对于人类而言，从教育（Education）到学校教育（Schooling）的转变是一个巨大的转折。在非制度化阶段，教育弥漫在整个生活世界中，是偶然的但也具有无限的可能性；学校出现后，在制度化的学校教育中，生活世界的偶然性逐渐被机构职能的必然性取代，教育的可能性被知识的确定性替代。学校的发明本身就意味着人类的理性对于教育生活秩序的重构，在人的理性的建构下，学校成为了"教师进行演说的地方"，而不再是"闲暇"或"玩乐"的场所。[①] 由于教师和学生之间信息的不对称和成熟度上的落差，学生在学校里只能处在附属的地位。学校原本是因为有学生需要教育而产生的，但事实上，学校更多的是教师的学校而非学生的学校。学校教育以教师、教材和教室为中心，忽视了学生作为学习者的主体性，学校教育（Schooling）蜕化成了教学（Teaching），而教学又被等同为了人的专业化和社会化，妨碍了真正的"教育"的实现。不过，虽然在人类的教育事业上，学校有诸多不尽如人意的地方。但废除学校的说法仍然过于极端，不具有可行性和可能性。至少在当前还没有任何机构可以取代学校成为教育事业的更好的提供者。某种意义上，当今教育的危机恰恰是对"学校教育"理念的敌视。就像幻想通过废除高考来实现教育改革一样，企图通过废除学校来实现用一种教育方案来代替另一种教育方案的做法同样是有害的。学校的废除固然可以避免学校的缺点，但也必然将具有教育价值的事物排除在外，最终伤害最大的仍然是教育和人本身而不是学校。

学校只是人用来实现教育目的的一种组织，学校本身没有目的，有目的的是人，是人的教育。正如"所有科学，所有知识，所有艺术，所有文学以及所有哲学存在的目的……不是为了其自身，而是为了人类"[②]。教育事业也一样。正是在某种教育理想或目的的吸引下，人类创造了学校这种

[①] 迈克尔·欧克肖特. 人文学习之声［C］. 蒂莫西·富勒，编. 孙磊，译. 上海：上海译文出版社，2012：73.

[②] 劳伦斯·维赛. 美国现代大学的崛起［M］. 栾鸾，译. 孙传钊，审校. 北京：北京大学出版社，2011：212.

组织。后来在政府的指导下，学校又违背了教育的初衷，不再是一个纯粹的教育机构。结果就是，随着教育条件和手段的重要性不断增强，教育本身反倒成了学校里最不重要的事情。然而，我们必须看到学校并没有垄断人类的教育，学校与教育间也并非完全对应的关系。现代社会需要避免的是将教育等同于学校教育或将学校教育等同于教育，而不是去废除学校。人类社会实践中也从未存在过纯粹的教育机构或真正的教育。所谓真正的教育和纯粹的教育机构，不过是一种理性主义的夸张，或教育哲学在文本上的渲染。学校内外都是教育的空间，关键是如何运用，彼此如何协同。

人类的教育不能趋向于理想主义，但也不能没有教育的理想。作为一种理想，人类对于教育活动一直有积极和消极两种不同态度。奉行积极教育原则的学者坚信教育可以塑造人的自然，教育有助于人的幸福。奉行消极教育原则的学者则认为，否定性的教育才是好的教育。秉承消极原则，对于人而言，理想的教育似乎是"无为而治"，只要不抑制人的天性，就是好的教育。在大自然面前人是渺小的，在人的自然面前，教育的力量同样也是微不足道的。无论是积极的教育还是消极的教育都有其合理之处，根本的原因就在于人性本身存在着实然与应然的两重性。从应然的层面出发，教育应积极引导人性中可能的善因，以实现灵魂的转向。从实然的层面出发，为了国家或社会的其他需要，教育也经常会抑制人的天性，成为人的成长过程中某种负面的东西。因此，教育中人也有两种不同的存在状态，即人的自然状态和人的社会状态。人的自然状态标明了人与动物的界限，人的社会状态则标明了人与人之间的社会差异。在具体的教育过程中，人的自然客观存在，可以被忽视、被装饰，但绝不能被删除；人的社会状态与社会化的教育密切相关。没有社会化的教育，人也会有社会状态，但这时的社会状态是一种自然的状态。经由教育的社会化以后，不但人的社会状态不再自然，人的自然状态也被社会化。换言之，为了实现人的社会化，教育被当成了一种社会活动，而不是人的自然的活动。"我们不再通过人的自然状态（State of Nature）来理解人，而只通过人的社会状态来理解人；即便我们时常会提到人的自然，那也是被社会化了的社会自然（Social Nature）。"① 现代教育不再关注人的自然状态，而只关注人可以被塑造成什么样子。在塑造人的过程中古典哲学被摒弃，心理学与社会学成为教育理论的两翼，由于人性被教育理论作为一个假设悬置起来，关于人的教育的理论中教育哲学逐渐被边缘化。"一种实用主义的精神、一心想发现'什么在发挥作用'的心理明显地主导了从教室到会议室，从政策智囊团到行政办公室的许多教育思想。"② 最终是人的社会构成而不是人的自然成为学校教育理论和实践的核心议题，成为政府驱动教育改革的主要政策工具。

第三节 人的教育有规律吗

几千年来，人类的教育步履蹒跚，辉煌的时代屈指可数，惨痛的教训层出不穷。虽然每个人在谈及别人教育失败的案例时都自信懂得如何教育，但一旦涉及自身又没有一个人确信真正地知道教育的奥秘。在育人的问题上，没有任何权威的专家掌握教育的秘诀，更不存在可以普遍遵循的教育规律。如康德所言："能够对人提出的最大、最难的问题就是教育。"③ 教育的困难源于人性的不确定性，而人的教育的复杂性和不确定性也注定教育没有什么规律可言。"如果要测度的事物是不确定的，测度的尺度也就是不确定的。"④ 关于人的教育存在某种理想是正常的，但试图发现某种规律则几乎是不可能的。除非那些人为的或不确定性的东西也可以称之为规律。教育学中关于教育规律的说法，一方面反映了科学主义对于教育研究的影响，另一方面也反映了人类理性的自负以及"化复杂为简单"的智

---

① 渠敬东. 现代社会中的人性及教育——以涂尔干社会理论为视角［M］. 上海：上海三联书店，2006：5.
② 菲利普·W. 杰克森. 什么是教育［M］. 吴春雷，马林梅，译. 合肥：安徽人民出版社，2012：1-2.
③ 伊曼努尔·康德. 论教育学［M］. 赵鹏，何兆武，译. 上海：上海人民出版社，2005：7.
④ 亚里士多德. 尼各马可伦理学［M］. 廖申白，译注. 北京：商务印书馆，2010：161.

性偏好。在理智的实践中，人类总是以为凡事总有规律可循，有结果必有原因，复杂现象的背后必有简单的规律。虽然自然现象有规律可循，所有的自然现象背后都有原因可找，但人类的教育却没有类似自然界中的规律可言，很多教育结果或个人成就只能以人的天赋的差异性（个性差异）来解释。"人是需要（want）的创造物。人的需要不是生物性的冲动或基因的要求，而是想象的满足，有理性但没有因果性，它们适于被欲求、选择、寻找、获得、赞成或反对。"①

人的教育中涉及最多的可能是规则，而非规律。与规律相比，规则是人为建构或自然形成的。规律不以人的意志为转移，规则则以人的遵守为前提。不同的国家、不同的时代，对于人的教育会有不同的规则，但绝不存在亘古不变的教育规律。实际情况是，启蒙运动之后人类模仿为自然界立"法"（发现自然规律）也为教育立"法"（建立教育规章制度）。其结果，近代以来由民族国家为教育所设定的诸多游戏规则（教育与人的关系以及教育与社会的关系）逐渐被人们误以为是教育规律。由于人类在认识上的局限性，很多偶然的或短期的人为规则总是被当时的人误以为是人类社会自古以来就是如此的普适性的规律。"规则被误认为规律性（Regularities），聪明的眨眼被误认为生理学上的眨眼，行动被误认为'行为'，偶然的关系被误认为原因或系统的连接。"② 今天在人类的教育实践中对于规则的误解以及对于规律的误读仍然司空见惯。在有些极权主义的国家，教育的规律要多少就可以有多少，需要什么规律就可以制造出什么规律。有时教育规律不过是用来反教育的遮羞布。现代教育面临的最大问题不是缺乏对于教育规律的认识，而是缺少对于教育常识理性的尊重。

当然，否认人的教育有规律或有所谓的教育规律并不意味着教育的不可知或教育学的无意义。相反，规律的说法倒是一种过于简单的线性思维，根本不符合人的教育的实际情况。教育学的不受尊重不在于没有发现教育规律，而在于教条式的"假规律"太多。所谓的按教育规律办事从来

---

① 迈克尔·欧克肖特. 人文学习之声 [C]. 蒂莫西·富勒, 编. 孙磊, 译. 上海：上海译文出版社, 2012：66.
② 迈克尔·欧克肖特. 人文学习之声 [C]. 蒂莫西·富勒, 编. 孙磊, 译. 上海：上海译文出版社, 2012：27.

都是一句空话。因为教育根本就没有公认的具有可操作性的科学意义上的规律。教育学教科书上所谓的教育规律不过是对于教育常识或生活常识的简单概括或对于哲学原理的简单推演。相较于人性的复杂与教育实践的困难,那些教条式的所谓的教育规律很难产生实际意义。正如生活是复杂的,幸福没有规律可言一样,人性也是复杂的,教育也没有规律可言。尼采甚至认为,连自然界都不存在规律,它只存在某种必然性。"世界总的特点永远是混乱,这并不是说没有必然性,而是指缺乏秩序、划分、形式、美、智慧以及一切称之为美的人性。"[1] 基于此,我们"不妨把生活想象成一道巨大的难题,想象成一个方程式或一组部分地相互依存、部分地相互独立的方程式……要知道,这些方程式都十分复杂,充满了各种意想不到的惊奇,而我们时常都不能求得它们的'根'"。[2] 对于人类而言,比较务实的做法也是把教育想象成一道巨大的难题,我们往往不能求得它们的"根",不要幻想着发现并利用某种规律以控制人的教育进展,而是要把教育作为方法,通过对教育的不断反思,以实现人性本身的觉醒。教育贯穿人的一生,是人的第二生命的培育者。

　　教育是人的一种生活方式,由于人的不确定性,教育中没有固定不变的规律。教育意味着教师与学生的深度互动。在这种动态的教育活动中真正符合因果结构的东西很少。教育现象更多的是建构和生成的,具有高度的复杂性和不确定性。"出于某些理由,所有这些,在某些方面是真实的,出于同样的理由,它们在某些方面又是错的。"[3] 而所谓的规律"是现象中巩固的(保存的)东西"。[4] 虽然哲学意义上的规律未必都像自然科学中的定律那样是完全精确的、定量的和具有必然性的,但那些完全不具有可预测性的或过于模糊性的教育论断也很难称之为规律,它们更像是对教育理

---

[1] 弗里德里希·尼采. 快乐的科学 [M]. 黄明嘉,译. 上海:华东师范大学出版社,2007:192.

[2] 华勒斯坦,等. 开放社会科学 [M]. 刘锋,译. 北京:生活·读书·新知三联书店,1997:1.

[3] 莱辛. 论人类的教育——莱辛政治哲学文选 [M]. 朱雁冰,译. 北京:华夏出版社,2008:100.

[4] и.p.阿图托夫,等. 教育科学发展的方法论问题 [M]. 赵维贤,等,译. 北京:教育科学出版社,1990.

想或教育目的简化表述或是教育领域中意识形态话语的翻版。即便是教育领域里某些所谓的统计规律，以总体或样本为参照或许有一定的道理，但若具体到教育中的某一个体，这个所谓的规律就会完全失效。因此，统计规律与其说是规律不如说是概率更为准确。而概率和规律完全是两码事。"赫西把似律概括（Lawlike Generalization）看做是那些被已接受的理论所蕴涵或概率化的东西，把规律和偶适概括（Accidental Generalization）之间的区别解释为是认识论的而非本体论的。"[①]

学术史上，规律原本是哲学词汇，后来主要用于描述自然科学的重大发现，一般只有在那些高度专业化的领域才有可以被证实的规律。"整个18世纪、19世纪，科学家们认为自然界的各种规律都已发现，并明确建立，科学家的任务就是从这些已经观察的事实中以归纳的方法发现和建立更多此类规律。'规律'一词带有从伽利略、牛顿身上得到的光环而流传下来。研究社会的专家们在有意无意之间渴望维护其研究的科学地位，采纳同样的语言，也相信自己在遵循同样的程序。今天，这一术语听起来既显得不合时宜，也显得自以为是；而且对于自然科学和社会科学家都几乎同样是不合时宜的。"[②] 教育的优势在于精神性而非专业性。当前教育的弱势并非在于专业性不强，而在于精神性的衰落。如果希望通过提高专业性门槛来复兴人类的教育事业无异于南辕北辙或缘木求鱼。而幻想通过教育学的研究来发现教育的规律进而来繁荣人类的教育事业，更只是一种科学主义的病态征兆。人类社会生活的不同领域遵循不同的法则，有的领域受科学规律的支配，有的领域则完全和科学无关。教育领域涉及人性，要塑造人，改造人。高度复杂。某些外围问题（教育条件）需要进行科学的研究，但更多的涉及教育本身或人的自然的问题则很难通过科学的方法加以研究。赫尔巴特曾尝试以心理学为基础将教育学科学化，后来拉伊也曾开创实验教育学，但最终教育学也没有成为一门严谨的科学。教育学既不是心理学的应用也无法通过实验或试验进行推演。当前在教育领域，那些定性的规律主要是其他学科话语方式的变种，由于条件的不可控，其可靠性

---

① 苏珊·哈克. 理性地捍卫科学——在科学主义与犬儒主义之间 [M]. 曾国屏，袁航，等，译. 北京：中国人民大学出版社，2008：33.

② E. H. 卡尔. 历史是什么 [M]. 陈恒，译. 北京：商务印书馆，2007：152.

根本无法保证。实践中无论教育决策者还是学术同行对教育规律的认同度都极低。

教育的无规律性或不确定性绝非是由于教育学的不成熟造成的，而是由人性和教育本身的复杂性决定的。科学不是普适的，规律更不是人类社会生活所有领域中都不可缺少的话语。没有规律的生活有时会更加丰富多彩，没有那些所谓的规律束缚的教育也会更加生机勃勃。面对教育问题，如果我们多一点人性的考量，少一点规律的思维，反倒会使我们对教育的认识更加丰富，更加接近于教育的本质。当然，否认在人的教育中有精密的自然科学式的规律也绝不是要倒向另一个极端，即教育的"不可知论"或"随意论"。包容多元是一回事，而使命偏离导致教育机构目标混淆则是另一回事。① 客观上，人类的教育现象或问题可以认识，也需要研究，但可以认识和研究并非意味着一定就能发现某种规律。

虽然教育领域关于人的教育没有规律，但在日常生活、政策文本以及教育学的教科书上经常可以看到或听到种种教育规律的说法。不过，无论在哪种语境下，那些所谓的教育规律都是一个非常泛化的概念，往往有规律的形式而无规律的内容，缺乏具体针对性。通常而言，只有在处理教育与外部的关系，为了突显教育发展的特殊性或需要进行规律分类时，教育规律的说法才有意义。比如，相对于政治规律、经济规律而言，教育领域也有教育规律。基于常识理性，教育具有自身的特殊性，教育活动不同于心理活动，也不同于生物活动或生理活动。如果说心理活动有心理规律，生物活动有生物规律，生理活动有生理规律，那么教育活动当然也有教育规律。在这种语境中，所谓"规律"往往只是一种话语方式，而并非严格意义上的科学术语。教育研究的目的就是要提出教育学的看法。"师生不能今天按生理学结论办，明天按心理学结论办，后天按教育学结论办。必须根据各种科学材料研究整体化观念，给师生提出教育原则和建议。"② 很多时候所谓的教育规律就是教育学所概括的关于人类教育的原则和建议，

---

① 詹姆斯·H.米特尔曼.遥不可及的梦想：世界一流大学与高等教育的重新定位[M].马春梅，王琪，译.上海：上海交通大学出版社，2021：70.

② и.p.阿图托夫，等.教育科学发展的方法论问题[M].赵维贤，等，译.北京：教育科学出版社，1990：19.

这种规律只是教育学关于教育的特殊性的看法，而非真正的教育的规律。

就像一个医生不能抽象地研究健康而要研究具体的人的健康一样，教育研究者也不能抽象地研究教育而要研究具体的人的教育。抽象的教育研究也许可以总结出某种抽象的规律，但一旦面对具体的教育实践，这些规律基本上是无效的。由于现有教育学教科书中所谓的教育规律只有一般形态没有具体的针对性，只有抽象话语的宏大叙事，缺乏可操作的技术性的细节支撑，教育规律通常只是某种哲学观点的衍生或引申，可以主观解释的空间很多，有时甚至会沦为一种"正确的废话"。很多所谓的教育规律表面上似乎考虑了教育的一切事情，但唯独没有考虑教育的本质。因此，人们日常生活、政策话语以及教育学的教科书中所谓的教育规律并非真正的科学意义上的规律，而毋宁说是一种语言习惯、行政策略以及教育学为争取学科独立性而采取的一种话语方式。

历史上，在科学主义意识形态兴起之前，在教育学完成学科制度化之前，尤其是在古典时期，教育领域内很少有规律的说法。追根溯源，规律原本也不是教育领域的主要话语方式，现代教育领域，尤其是在那些集权国家，之所以喜欢言必称规律，一方面是学校高度的科层化所造成的整齐划一性给人造成的规律的幻觉，另一方面则是科学主义意识形态所激起的一种化繁为简的理性的自负。现代学校所呈现出高度的一致性和趋同性是由权力所制定的规则所致而非内在的规律。本质上，规律是现代性话语中的一种宏大叙事，对于规律的寻求反映了人类理性的野心。"17世纪那种简单化的精神（Esprit Simpliste），起初仅仅适用于物质世界。那时候，人们并不思考社会秩序与道德秩序，人们认为这种秩序太神圣了，根本不会受到世俗思想的亵渎，换言之，根本不会臣服于科学。而在18世纪，这种禁区被人遗忘了。科学胆子大了许多。科学变得更加雄心勃勃，因为随着科学的进展，科学变得越来越强大。科学开始着手处理社会问题。这样，一种哲学和政治哲学便形成了。"[①] 正是在这种简单性思维的主导下，社会科学开始为"社会"立法，建构社会规律。在人类社会诸领域，有时是否

[①] 爱弥尔·涂尔干. 道德教育 [M]. 陈光金，等，译. 上海：上海人民出版社，2001：249.

真的能够发现规律倒在其次，至少在口头上敢于宣称人类可以掌握规律往往至关重要。规律的说法给人以信心，即便最终找不到规律依然无损于人们对于规律的迷信。因为真正的规律谁也没见过，有时那些规律的装饰物比真的规律还像规律。

人类在自然科学领域里因为规律的被发现而呈现直线式的进步，然而在人文领域里则曲折往复，难言进步。教育既无自然科学式的进步，也不似人文精神崇尚不断反刍。教育领域既有古今之争又有中外之别。古今之争揭示了教育的变与不变，中外之别反映了教育的普遍与特殊。但也正是在古今中外的视野中，教育规律之说纷起。一种是沿着时间的维度，从教育本身寻找规律；另一种是跨越空间的藩篱，从教育过程以外去寻找规律。但最终无论哪种途径，所有的教育规律都只是名义上的规律，都是人为建构的结果。因为这些规律并非真正揭示了教育发展的隐蔽秩序，更不是服务于教育本身的目的，而只是达到另一种比较隐蔽的目的的手段。虽然人性中有恒常不变的部分，但教育事业仍然随着社会的变化而变化。因此，即使真有规律，不同的国家、不同的时代，不同国家的不同时代也会有不同的规律。而这种规律已很难说是规律。如杜威所言："我们要提醒自己，教育本身并无目的。只是人，即家长和教师等才有目的；教育这个抽象概念并无目的。"[①] 在教育规律问题上道理也是一样的。不管是政府宣称的教育规律还是教育研究者阐述的教育规律都既不能成为一种强制性的话语也不能成为一种用来说事的无意义的套话。真正的规律会自己起作用，而无需外力的强制。凡外力强加的所谓的规律，一定是有害的。而那些像流行话一样的名义规律往往变成一种公式或口号一样的东西。在逻辑上可能是正确的，然而在教育实践中却毫无用武之地。

无论在哪个领域，规律必须能够接受实践的检验，仅仅停留在逻辑上或信念上是不够的。如果那样，所谓的规律就只是一种预言或暗示，就缺乏充分的意义和现实性。"教育既不能完全信赖传统也不能完全变成实验，既不能认为理想本身就足够了，也不能认为远离理想的手段是有价值的。

---

① 约翰·杜威. 民主主义与教育[M]. 王承绪，译. 北京：人民教育出版社，2001：118.

它必须同时支撑传统和试验、理想和手段，就像我们的文化本身那样守正出新。"① 现有的关于教育规律的说法缺乏实践的检验或实践根本无法检验。由于规律本身在理论上或逻辑上成为一个特殊的自洽的世界，其科学性只能寄希望于类似于心诚则灵之类的循环论证。

总之，人的教育有没有规律的关键在于怎么理解"规律"。如果是在严格的科学意义上，人类的教育没有自然科学式的精致的规律；如果是在哲学的意义上，教育领域有其特殊性，教育的运行和发展自然有教育的规律。科学意义上的规律是特殊的，具有针对性和可操作性，揭示了教育领域的真理，可以指导人们改进人类的教育。哲学意义上的教育规律不过是对于教育特殊性的一种强调，是哲学中那些带有普遍性理论的推论或其他学科相关理论的应用。所谓的教育规律虽然反映了教育领域不同于其他领域的特殊性，但并未揭示出人的教育的真理性的东西，而更多的是对于教育领域历史或现状的经验性的概括，甚至只是对于某种规则的误读。基于此，与其泛泛地去谈人类教育的规律，倒不如像其他很多人文社会科学一样，主动抛弃"规律"这种宏大的话语方式，勇敢地承认教育需要直面人性，是一个超级复杂的研究领域，没有任何普适性的规律可言。从个体的差异出发，为有利于人的成长，关于教育的研究应该少一点整体性全称判断，多一点"碎片化"的思维。② 通过"碎片化"的思维才能实现对那些长期以来被认为毋庸置疑的统一的结论的反思，才能发现人的教育的更多的可能性。教育的理论研究不是要去发现某种统一的规律，教育实践者也无法通过熟记某种教育规律就可以实现按教育规律办事；教育的理论研究主要是为了丰富人们对于教育实践的认识，教育实践者阅读教育的理论研究成果也不是为了寻找某种关于教育规律的说教，而是要获得某种具有针对性的关于教育的知识、原则和建议。

---

① 哈佛委员会. 哈佛通识教育红皮书［M］. 李曼丽，译. 北京：北京大学出版社，2010：39.
② 赵婧. "碎片化"思维与教育研究——托马斯·波克维茨教授访谈录［J］. 全球教育展望，2012（10）：4.

第二章

人的自然与教育

  对于人性的看法直接决定着对于教育的理解。人性是一种客观的存在还是一种主观假设，是古典教育与现代教育的根本分歧。古典教育认为人性是教育的客观基础，教育要顺应人的自然或天性秩序。现代教育则认为人的自然从来都不是存在的，存在的只有根据教化意志而做出的"人性假设"；以不同的人性假设为基础，就会有不同的教育选择。古典教育曾认为，人成为人是一个自然的过程，教育需要做的就是选择适合人的自然的知识，以满足人的成长的需要。现代教育则认为人成为人主要是一个社会化的过程。知识的选择不是以人的自然需要为标准而是以社会的需要为标准。在古典教育中人是具体的，教育也是具体的。相比之下，现代教育就像现代社会一样是抽象的，现代教育中的人也是抽象的。一个抽象的人通过教育会成为什么样子完全是由社会需要所决定的，与人的自然或天性无关。"我们甚至可以说，本来并没有什么所谓人的概念，人是通过社会生成的，有什么样的社会，才会有什么样的'人'；人之所以彼此不同，是因为选择了用来构成他的不同的社会要件。"[①] 现代教育忽视了人的天性秩序，远离了生活世界的常识，人性假设成为现代教育维护自身合法性的理论遮羞布。但事实上，人性假设能够满足的只是教育研究或教育政策的需

[①] 渠敬东. 现代社会中的人性及教育——以涂尔干社会理论为视角[M]. 上海：上海三联书店，2006：4.

要，真实的教育过程以及教育中具体的人绝对是不能假设的。指向事情本身的教育必然直面具体的人性。人的社会化或社会化的人并不能成为教育将人的自然淡化或虚无化的理由。"教育虽然是一个'教'、一个'学'的社会过程，但教育的最大秘密，仍然深藏于人性之中，以及培养具有什么样的人性的人之中。"① 无论生物学还是社会学意义上，人的自然都是客观的，人的自然是教育的基础。

第一节 教育的人性基础

在教育学的视野中，教育、遗传和环境并列为影响人的发展的因素。但在哲学的意义上，人就是教育的产物，遗传属于人的自然的一部分，环境则是人的社会构成的一部分。"教育乃是人之所以成为人，并区别于其他的根本要素——教育即是人性，是人的自然（Human Nature）。"② 动物不需要教育，而人只有通过教育才能成为人。人是教育的起点，"成人"是教育的终点。人之所以成为人主要不在于遗传而在于教育。人在生物学意义上的出生，是人的第一次诞生，这时的人是一个未完成的人。教育的秘密就在于促成人的"第二次诞生"，使人成为真正的人。换言之，"人的教育才能成为人的第二天性"。③

自然界中，人极为脆弱。人的脆弱不是源于肉体不够强壮，而是源于欲望无法控制。自然万物之中，人是最浮躁的生灵。只要没有人的打扰，一棵树，一只鸟都可以自然成长，而人却做不到。由于人无法单纯依赖自然而生活，人的天性之中充满了不安，没有任何办法可以平息这种不安。

---

① 渠敬东. 现代社会中的人性及教育——以涂尔干社会理论为视角 [M]. 上海：上海三联书店，2006：7.
② 渠敬东. 现代社会中的人性及教育——以涂尔干社会理论为视角 [M]. 上海：上海三联书店，2006：3.
③ 雅斯贝尔斯. 什么是教育 [M]. 邹进，译. 北京：生活·读书·新知三联书店，1991：54.

"人性将是自然之中，最后臣服于'人'的一片地域。"① 所以人一直追求幸福的生活，但永远是"从明天起，做一个幸福的人"。每一个人的今天永远是在为明天而奋斗，而当明天真的来临，明天的后面依然是明天。为了心灵的宁静，人类先是发明了宗教。在宗教祛魅之后，教育成为了人获得自身规定性，实现幸福生活的新希望。教育的目的就是要帮助人摆脱"摇摆于自我无内容的扩张和对外在的人和物的依赖之间"② 的困境，享有心灵的满足和自在。

当然，强调人的自然的重要，并非认为人的自然状态都是好的。相反，人的自然当中也有很多不好的或邪恶的成分。教育要尊重人的自然，并非意味着对人的自然的完全服从。如果是这样，那不是教育，而是放纵。"人要么是被驯服、被调教、被机械地训导，要么是真正地得到启蒙。人们驯服了狗和马，也就可以驯服人。"③ 教育的最终目的就在于通过把服从法则的强制和运用自由的能力巧妙结合起来，实现人的自然的和谐。在自然状态下，没有不可救药的人。人性中的恶因或欲望永远是潜在的，是否显现取决于社会环境。"人是有限的存在。从生理上讲，他是宇宙的组成部分；从道德上讲，他是社会的组成部分。因此，若他不去牵制自己的本性，他就无法超越方方面面的限度……人的本性无法成其自身，除非他受到纪律的约束。"④ 因此，好的教育就是唤醒人的灵魂，使其主动向善，追求美好的生活。好的教育就是要通过张扬人性中的善因，去抑制现实中可能的恶果。充分利用人的自然中的向善性，最终在人的可教育性与人的改变的困难性之间取得某种平衡。

从人性的视角看，教育作为一个概念，内部充满张力。教育有时很高贵；有时很低贱；有时为了人的自然；有时为了政府的统治。教育可以为

---

① C. S. 路易斯. 人之废 [M]. 邓军海，译注. 上海：华东师范大学出版社，2015：71.

② 渠敬东，王楠. 自由与教育：洛克与卢梭的教育哲学 [M]. 北京：生活·读书·新知三联书店，2012：49.

③ 伊曼努尔·康德. 论教育学 [M]. 赵鹏，何兆武，译. 上海：上海人民出版社，2005：8.

④ 渠敬东. 现代社会中的人性及教育——以涂尔干社会理论为视角 [M]. 上海：上海三联书店，2006：75.

人带来自由和解放，也可以带来奴役与枷锁。古典时代的教育家曾认为，教育就是自由教育，只有自由教育才能扩展人的自由和自然。现代社会的教育家和政治家则强调，教育就是公民教育，只有公民教育才能赋予人以义务和权利。古典时代，教育家的理想是通过教育确立一个"自然的政府"或"理想的国"；现代社会，教育家和政治家的理想则是通过教育去培养守法的公民和铸就民族精神，以维护国家和社会的有效运作。古典时代，教育家要通过教育培养理性的自由人，现代社会，教育家和政治家则需要通过教育培养国家的建设者和接班人。从古至今，人性的双重性所带来的人与公民的冲突既是教育哲学与政治哲学的对立，也是现代教育中的永恒难题。"我们必须在'教育成一个人'还是'教育成一个公民'之间加以选择，而不能同时教育成这两种人。凡是在公民秩序中将自然情感置于首位的人，会经常在他的性情和义务之间徘徊游移，他既不能成为一个人，也不能成为一个公民，而始终处于一种'半吊子'（Halfway）的社会状态之中。"[①]

理论上，人与公民之间，或者好人与好公民之间并不必然对立。在古典教育中，好人就是好公民，教育哲学就是政治哲学。但在现代教育实践中，人的自然被遮蔽，政治的公共性取代了知识的公共性，政治的教育哲学替代了教育的政治哲学，人与公民的矛盾开始凸现。冲突的结果就是公民教育成为主流，自由教育逐渐式微。这种式微，一方面体现在自由教育从中等教育全面退出，另一方面体现在自由教育在高等教育中又逐渐地被通识教育所取代。今天整个教育，从中小学到大学都在转向一种新的功利主义。所有人都渴望"成功"而不是"成人"。现代人对于权利与义务的热衷远远超过了对于自由和解放的渴望。从表面上看，我们这个时代是教育最好的时代，人们有旺盛的教育需求，学校也高度繁荣；但实质上也是教育最坏的时代，在这个时代里到处是"伪教育的堡垒"。对于现代教育所面临的这种困境，尼采早在一百多前年就曾指出："在我们生活的时代，这些持续不断和震耳欲聋的呼声毕竟唤起了一种印象，仿佛这个时代有一

---

① 渠敬东，王楠. 自由与教育：洛克与卢梭的教育哲学［M］. 北京：生活·读书·新知三联书店，2012：170.

种巨大的教育需求渴望得到满足。然而，正是在这种情况下，人们必须学会正确地听，不为教育词语的喧嚣效果所动，看清那些不倦地谈论当代教育需求的人的面貌。一旦就近认真观察，那好些大声宣告教育需求的人便立刻变脸，成了真正的教育亦即坚持高贵精神本性的教育的起劲的，甚至狂热的反对者了。"① 现在一百多年过去了，尼采当年所指出的现代教育的弊端有愈演愈烈之势。今天在现代教育的社会危机和现代社会的教育危机中，人的自然与教育的关系需要重新反思。无论如何，"对教育的反思是一个国家和社会的大事"。②

第二节 人的教育何以可能

对人类而言，教育永远是一个最难的问题。如康德所言："能够对人提出的最大、最难的问题就是教育。"③ 历史上，教育虚无主义和教育万能论都曾盛行。虚无主义者完全否认教育的可能，万能论者则夸大了教育的作用。对于什么是教育，人与教育的关系，永远没有固定的答案。唯一可以肯定的是，人需要教育，人也可以被教育；分歧则在于如何教育以及教育的目的。"人类的成长依赖教育。我们生来柔弱，所以需要力量；我们生来无助，所以需要帮助；我们生来愚昧，所以需要判断力。我们出生时所缺乏的一切，我们长大所需要的一切，全都仰赖教育赐予。"④ 毫无疑问人是需要教育的，但现代教育却在走向教育的反面。在《爱弥儿》一书中，卢梭曾以丰富的想象和巧妙的手法对现代社会以及现代教育进行过淋漓尽致的批判。在他的教育哲学里，人的自然是第一位的。教育实践不能

---

① 弗里德里希·尼采. 论我们教育机构的未来［M］. 周国平，译. 南京：译林出版社，2012：52.

② 雅斯贝尔斯. 什么是教育［M］. 邹进，译. 北京：生活·读书·新知三联书店，1991：43.

③ 伊曼努尔·康德. 论教育学［M］. 赵鹏，何兆武，译. 上海：上海人民出版社，2005：7.

④ 让·雅克·卢梭. 爱弥儿［M］. 彭正梅，译. 上海：上海人民出版社，2005：2.

违背人的自然，而只能顺应它。"在万物的秩序中，人类有它的地位；在人生的秩序中，童年有它的地位：应当把成人看作成人，把孩子看作孩子。为了人的福祉，我们所要做的就是让他们各有其位，各安其位，按照人的天性处理人的欲念。其余的事情则源于各种外因，非我们所能控制。"① 现代教育后来的发展完全背离了卢梭的教育哲学，人的自然被抛在脑后，教育的目的就是要塑造社会或国家想要的或需要的人才而非培养人性。现代教育中，人的自然只能降格为第二自然。人性中只有适合现代社会和国家需要的部分才能被现代教育实践所容许，反之则被抑制或控制。教育与人的关系最终转化为教育与社会的关系。最终，在现代教育与现代社会的同构中，二者成为现代性的共谋。

就像社会学要回答"社会何以可能"一样，教育学最根本的问题也是"教育何以可能"。从人的自然出发，"所谓教育，即是为孩子们提供'对待生活的各种可能的终极态度'。这里的关键在于，教育并不是原原本本地为孩子们复制社会生活，并不是把原本的社会世界作为模板，加印在每个孩子身上，相反，教育的最终目的，是为孩子提供面对这个世界的'各种可能'的'终极态度'"。② 对于人而言，所受的教育不外三种。一是受之于自然或生活本身的教育；二是受之于父母或同伴的教育；三是学校教育。自然或生活本身的教育不可避免，也很难控制或人为干预。对此，教育学一般不加以探讨。受之于父母或同伴的教育对于人的成长至关重要。早期的教育学家对家庭教育或同伴教育都曾高度重视。但现代社会中，随着社会分工的细化，家庭逐渐退出或淡出教育的领域，教育成为了学校的专门工作。因此教育学仅仅是学校教育的教育学。最终在教育学的学科视野中，"教育何以可能"就被简化成了"谁来教""教什么"和"如何教"等一系列的技术问题。教育的哲学含义逐渐淡化，教育学成为一种工具性而非学术性的学科。但事实上，"真正的教育应先获得自身的本质。教育

---

① 让·雅克·卢梭. 爱弥儿[M]. 彭正梅，译. 上海：上海人民出版社，2005：32.
② 渠敬东. 现代社会中的人性及教育——以涂尔干社会理论为视角[M]. 上海：上海三联书店，2006：5.

须有信仰，没有信仰就不成其为教育，而只是教学的技术而已"。[①]

随着现代教育中人的自然与教育的关系被"教"与"学"的关系所取代。"所谓'教育'就是'传授'，'拿到'就是'学会'，而'拥有'就是'知道'。简言之，教育就是'灌输'。在这个意义上，教育等于意见的说服。当'教'与'学'发生了偏差，教育就意味着失败"。[②] 由于忽视了天性的秩序，也抛弃了自然，教育的目的与人的成长开始相互背离。一个突出的表现就是，教育中的人感觉不到知的欲求和幸福。由于教育的内涵缩小成为了学校教育，自然或生活本身与教育不可避免地从疏远走向对立。在钢筋水泥的城市里，在组织严密的学校体制下，学生接触不到真正的自然，人的自然本身也被教育者淡忘。现代教育里，教师的职业化使得师生关系淡漠。"学生"成为了所有人一生中的第一份"职业。"教师和学生什么时间相聚在教室里，不是因为教师想教，也不是因为学生想学，而是因为课程表的时间安排，教育制度的设计。而教师教什么，学生学什么，更完全与教师和学生无关，而是由某个政府部门或专家委员会决定。在这样的教育体制里，人是没有"人性"的存在，人的自然被科层的制度所取代。"野蛮的教育为了不确定的将来而牺牲现在，使孩子遭受各种各样的束缚。"[③] 为了满足政府和社会对于人的整齐划一的要求，所有被认为是不合时宜的天性均被抑制或扼杀。为了使被教育者服从教育者的安排，未来的幸福被作为筹码加以许诺。

现代社会是一个物质主义的社会。无论何种意识形态，丰裕的物质都是幸福的代名词。现代人可以忍受道德的平庸，但却难以忍受物质的匮乏。面对现实生活的道德困境和道德教育的危机，古典教育的美好并不能解决现代社会的问题。从古典到现代，教育的逻辑发生了根本变化。古典教育呈现了教育的形成史，现代教育呈现的则是教育的现在史。在形成史

---

① 雅斯贝尔斯. 什么是教育[M]. 邹进，译. 北京：生活·读书·新知三联书店，1991：44.

② 《思想与社会》编委会. 教育与现代社会[C]. 上海：上海三联书店，2009：10.

③ 让·雅克·卢梭. 爱弥儿[M]. 彭正梅，译. 上海：上海人民出版社，2005：30.

上，教育是对人类精神生活的浓缩，是一种精神性而非商业性的活动。"教育依赖于精神世界的原初生活，教育不能独立，它要服务于精神生活的传承。在我们时代里，精神命运必然决定教育的内涵。"① 在对待人的精神生活上，现代教育充满了矛盾——总是为了现实而放弃未来，为了未来而又放弃当下。在知识选择上，现代教育讲究实用。强调教育内容要对学生有用，对社会有用，对国家有用。现实的有用性大于可能生活的崇高性。在价值的选择上，现代教育放弃了对于学生当下精神生活的关注。教育许诺给学生的可能幸福总是在遥远的未来。而为了那个不确定的未来和虚无缥缈的幸福，学生必须放弃现在的精神追求和道德德性的养成，将主要时间和精力用于学习各门学科的知识或实用技能。对于人而言，未来永远是一个致命的诱惑。未来的不确定性经常被人们误认为是幸福生活的确定的来源。

当然，教育不是不应关注未来的生活。教育的价值就在于教育必须是面向未来的教育，教育必须为一个尚不存在的社会培养新人。因为只有新人才能建设新社会。"教育决定未来的人的存在，教育的衰落就意味着人类未来的衰落。"② 现代教育的误区在于颠倒了现实与未来的秩序。用未来的幸福生活遏制了当下的精神追求；用当下实用的知识与技能的传授取代了其他崇高生活的可能性。"教育艺术的一个原理就是：孩子们应该不是以人类的当前状况，而是以人类将来可能的更佳状况，即合乎人性的理念及其完整规定——为准进行教育"。③ 因此，教育必须关注学生当下真实的精神状况，为学生提供面对未来各种可能生活的"终极态度"；而不是从对未来幸福生活的假设出发，仅为学生适应现实生活做准备。

教育是从现实的生活出发还是关注可能的生活，体现了人们不同的教育态度和生活态度。"我们对教育的看法牵涉到我们对其他所有事务的看

---

① 雅斯贝尔斯. 什么是教育［M］. 邹进，译. 北京：生活·读书·新知三联书店，1991：42.

② 雅斯贝尔斯. 什么是教育［M］. 邹进，译. 北京：生活·读书·新知三联书店，1991：46.

③ 伊曼努尔·康德. 论教育学［M］. 赵鹏，何兆武，译. 上海：上海人民出版社，2005：8.

法。教育的目的和手段必须与生活最终的问题联系起来……教育是每个人的事情，它囊括了生活本身所包含的一切。"[1] 由于在人的自然中充满矛盾性（人既可以改变又难以改变），教育的理想总是难以实现。无论理论上还是实践中，对于什么是真正的教育，人们总是在实用主义和理想主义之间徘徊。但无论如何，"只教知识本身是不够的，教育必须深入发展并教给人们怎样生活"。[2] 对于人来讲，总是同时存在着两个世界，一个是现实的生活世界，另一个是可能的生活世界。现实的生活世界是真实的，可能的生活世界则是尚未成为现实的。实用主义者强调教育必须要植根于现实的真实生活，从现实出发持续改善人与社会，教育就是要为现存的社会培养它所需要的人。但问题在于，人总是渴望"生活在别处"，只有为了"可能的生活"和"终极态度"，教育才有意义。

　　总之，人的自然与教育的关系从根本上决定着人的教育何以可能。人的求知的欲望导致了科学的产生，但科学的最终目的绝不是要征服人的自然，而是要认识人的自然。现代教育淡忘了人的自然以及自然本身存在的普遍性和终极意义，人的自然被科学研究对象化。在教育中人与自然关系的变化也就决定了人的自然的状态。亲近自然使人性单纯而感性，远离自然使人性复杂而张扬。理性的张扬一方面使人脱离蒙昧，但工具理性的扩张也使人陷入另一种疯狂。欲望和贪婪会轻易突破能力和道德的界限，幸福也就越来越远。"人离他的自然状态愈近，他的能力和欲望之间的差距就愈小，因此，他达到幸福的路程就没有那么遥远。"[3] 现代社会将教育与幸福联系起来可能是美好的误会。古典教育是为了人的幸福，幸福也是人的自然的一部分；但现代教育则主要是为了满足人的欲望，欲望取代幸福成为了人性的底色。人性一旦为欲望所左右，教育就会在知识的汪洋大海中难以自拔。一旦有限的生命被投入到无限的知识海洋中，人的自然就让

---

　　[1] 伊丽莎白·劳伦斯. 现代教育的起源和发展 [M]. 纪晓林，译. 北京：北京语言学院出版社，1992：II.

　　[2] 伊丽莎白·劳伦斯. 现代教育的起源和发展 [M]. 纪晓林，译. 北京：北京语言学院出版社，1992：17.

　　[3] 让·雅克·卢梭. 爱弥儿 [M]. 彭正梅，译. 上海：上海人民出版社，2005：33.

位于知识的自然或自然的知识。"我们会发现，有些人为各种知识所诱惑，沉湎于知识的美，学了一门知识又赶快学另一门知识，没有一刻停息。他们就好比海滩上拾贝壳的孩子，起初拾了一些贝壳，可是看到其他的贝壳时，他又想去拾，结果扔掉一些又拾到一些，及至拾了一大堆贝壳不知道如何加以选择，最后只好通通扔掉，空手而归。"① 最终通过现代学校教育系统，现代人收获了知识却未必受到了教育。

第三节　教育的条件及其他

人的自然是教育的基础，但现代教育逐渐忽略了人性之于教育的价值，而以抽象的人性假设遮蔽了人的自然的差异性。在以知识为基础的教育系统内，人不是目的而是手段。社会与经济的发展而不是人的发展成为了现代教育发展的核心议题。伴随着学校在现代社会中的繁荣和普及，人的教育却出乎意料地衰落了。现代社会要走出教育的危机需要从古典教育中汲取营养，对于教育与人性的关系重新加以思考。人的存在是教育存在的前提，人的自然是教育得以展开的起点，也是终点。教育的发展就是要为人创造可能的生活。杜威在《经验与教育》的结尾写道："我坚信，根本的问题……在于究竟什么东西才有资格配得上教育这一名称。""根本的问题在于教育本身的性质，而不在于给它加上什么修饰的形容词。我们所缺乏而又是必需的教育，是纯粹的和简单的教育。只要我们专心致力于寻求教育究竟是什么，以及具备什么条件才能实现这种教育，而不使它停留在名称或口号上，我们就能取得更确实、更迅速的进步。"② 从杜威提出这个问题到现在，人类的教育实践，尤其是教育条件发生了巨大的变化，但"究竟什么东西才有资格配得上教育这一名称"，"以及具备什么条件才能实现这种教育"的疑问依然存在。重新反思教育的条件及其他相关问题仍

---

① 让·雅克·卢梭. 爱弥儿 [M]. 彭正梅，译. 上海：上海人民出版社，2005：90.
② 约翰·杜威. 我们怎样思维·经验与教育 [M]. 姜文闵，译，北京：人民教育出版社，1991：305.

然至关重要。

教育的发生需要条件,绝不是随便什么传播知识或灌输教条的活动都可以称之为教育。教师的"教"与学生的"学"加在一起,并不等于教育。"我不能借助别人的理解而知道,正如我们不能用别人的眼睛看见东西。"[①] 真正的教育需要教师与学生之间精神上的互动。如果实践中师生之间没有足够的"交往",没有"相互的承认",真正的教育就不会发生,理智就不会进步,道德也难以成长。"教育首先不是力求探索人的自然(Human Nature)之'真'的科学,因为受之于'自然'的教育,完全不能由我们控制。人的自然并不能被人的知性所把握,因此,教育也不能被理解为一种有关人的自然成长之规律的科学。教育中的科学因素只存在于对'人的条件'(Human Condition)的认识。"[②] 现代社会中由于制度化教育的迅速扩张,学校成为了人生的"驿站",老师和学生彼此互为熟悉的陌生人。在这种制度下,知识的传播是有效的,但真正意义上的教育却很难发生。"教育绝不能按人为控制的计划加以实行。教育计划的范围是很狭窄的,如果超越了这些界限,那接踵而来的或者是训练,或者是杂乱无章的知识堆集,而这些恰好与人受教育的初衷背道而驰。"[③] 现代教育体制中,由于课程表将教学时间和教学任务进行了严格匹配,时间的结构化决定了教师与学生的共同目的只是学好某门课程,学生内心的变化往往不在教学目标考评的范围之内。

无论古今,教育总是需要教育者。教育者是教育的必要条件。因为人只有通过受过教育的人才能受教育。现代教育的困难就在于,教师并不必然就是教育者。教育的理想要求教师"以教育为业",为学生提供"对待生活的各种可能的终极态度",但现代教育的实践却告诉我们,学校只是一个教学的场所或学习的场所,教师作为一种专业或职业,主要是教学工

---

① 渠敬东,王楠. 自由与教育:洛克与卢梭的教育哲学[M]. 北京:生活·读书·新知三联书店,2012:67.

② 渠敬东,王楠. 自由与教育:洛克与卢梭的教育哲学[M]. 北京:生活·读书·新知三联书店,2012:172.

③ 雅斯贝尔斯. 什么是教育[M]. 邹进,译. 北京:生活·读书·新知三联书店,1991:24.

作者而非教育工作者。"正由于教育机构的设立，使人们面临违背设置机构初衷的危险。"[1] 作为一种社会职业，无论专业化还是职业化都意味着教师不再是"以教育为业"的教育者，而只是"以教学作为任务"的"工作者"。教育者的终结也意味着"教育的终结"；而"教育的终结"正是海德格尔所称的"哲学终结"的症状之一。[2] 随着"哲学的终结"，教育不再是哲学的基本问题，教育也不再与自由相关。"什么是教育"不再是一个形而上的哲学问题，而是一个心理学或社会学意义上的技术问题。"本来是理想的陶冶，现在却只是为了通过考试学一些很快就被遗忘的知识。""如果变得日益严重的教育本质问题，竟被人们如此的忽略，那么教育就会变得丧失根本目标而不稳定和支离破碎。它带给学生的不再是包罗万象的整体教育，而是混杂的知识。"[3] 其结果，教育追求的将不再是更好的生活，而是更高的分数。在夸美纽斯所发明的以班级授课制为核心的现代教育系统中，"基本知识成为了教育的基础"，"教育系统成为了一种制度，一种依然存在争议的制度"。[4] 在这种制度下，各科教师按照课程表在学生心中播下的大多是"不孕"的知识，他们对于人的判断力和批判性思维并不关心。在理想的情境下，真正的教育需要的是心灵的导师，而不是职业化的教师。伟大心灵的存在是教育的重要基础。真正的教育只有通过研读"最伟大心灵留下的伟大的书"来完成，而不是通过完成任课教师所布置的家庭作业来实现。

在哲学的意义上，教育专为人的自然和自由而设。教育要顺应人的自然以实现人的自由。"其目标不是教育技术的可替换的产品，而是人性的

---

[1] 雅斯贝尔斯. 什么是教育 [M]. 邹进, 译. 北京：生活·读书·新知三联书店，1991：25.

[2] 威廉·V. 斯潘诺斯. 教育的终结 [M]. 王成兵, 等, 译. 南京：江苏人民出版社，2006：1.

[3] 雅斯贝尔斯. 什么是教育 [M]. 邹进, 译. 北京：生活·读书·新知三联书店，1991：45.

[4] 克里斯托夫·武尔夫. 教育人类学 [M]. 张志坤, 译, 北京：教育科学出版社，2009：17.

实现。"① 在教育学意义上，教育强调知识的传递，为了知识本身的目的或社会需要，人的自然和自由都可以放弃。现代教育实践规训了教育学，教育学作为一种话语体系也反过来规训着现代教育实践。古典教育关注人的自然与自由，是一种整体性教育，这种教育将与人有关的诸种教育职能集于一身，无论秉持何种教育理念，教育就是教育，教育本身都既传播知识，也造就德性，既培养公民，也造就好人，既强调理性，也充满感性。古典教育是为了培养一个整全的人，人是目的而不是工具。相比之下，现代教育不再是一种整体性的教育，教育内部的分工越来越细，一种教育方案只针对人的一个方面。原先那些整体性的教育理念，比如，公民教育、人文教育、自由教育、博雅教育、通识教育等都降格成为了一种具体的教育类型。卡斯尔写道："古希腊人认为他们须创造的最伟大的艺术品是人……今天，我们却不问怎样使一个孩子成为一个完整的人；而是问我们应当教他什么技术，使他成为只关心生产物质财富的世界中的一颗光滑耐用的齿轮牙。只要我们把自己的目标局限于解决眼前的实际问题，忽略古希腊哲学家和希伯来先知们关于教育是创造人使其遵守道德、法律，为其展现'伟大的远见'等学说，那么，我们便不能找到符合现代男女儿童条件的现代教育的目的。"② 现代教育里人的整体性以及知识的整体性都丧失了。知识成为了分类的知识，人成了单向度的人。名义上人是目的，实际上人是手段。"对将来生活有用与未来职业作准备的知识才是有用的，整体精神的传播、对教育团体的信仰都越来越不起作用。为满足专业精细化而降低原来作为人的教育的总体要求。"③ 最终教育只能退化为教学的技术或知识的传播。

除了有退化为教学技术的危险外，现代社会中教育还经常面临一种悖论。一方面需要教育的地方没有被教育，另一方面不需要灌输的地方则被

---

① Birgit Sandkaulen. 教育：人性实现的内在过程[N]. 谢永康，译. 中国社会科学报，2011—03—15.

② 伊丽莎白·劳伦斯. 现代教育的起源和发展[M]. 纪晓林，译. 北京：北京语言学院出版社，1992：IX-X.

③ 雅斯贝尔斯. 什么是教育[M]. 邹进，译. 北京：生活·读书·新知三联书店，1991：32.

拼命地灌输。一方面教育似乎无所不能，另一方面教育又一无是处。教育既造就了繁荣的现代社会，又异化了人的天性，使人不再是自然的人，纯粹的人，而是成为了分裂的人，危险的人。"人无论在何处都会把自身想象成是由两种完全异质的存在组成的：身体和灵魂。这两种存在不仅有着实质的不同，而且在很大程度上都彼此独立，甚至经常发生冲突。"① 现代社会中教育的目的不是把人造就成为受过教育的有教养的人，而是训练成为相信"知识就是力量"，充满物质欲望的知识人。在欲望的主导下，肉体的贪婪与灵魂的超越相互冲突。一方面教育依赖于人的身体，也服务于人的身体，身体是承载人的自然的唯一"容器"。教育无法脱离人的身体而存在。另一方面教育的理想又要超越身体的存在，"违背我们身体之中最根深蒂固的本能和偏好"，"追求道德的目标"，而"一切道德行为均意味着牺牲"。② 教育过程中源于身体的欲望，要求我们追求生活的安逸，服从于灵魂的理性则强迫身体遵守道德的律令。与古典社会有所不同，现代社会"不是自然和谐的状态，而是一种政治工作的结果"。③ 在现代社会里，人的自然不再是教育的必然基础，"人的社会构成"的重要性凸显，教育的主要功用就是为了传播知识与培养技能。但实质上，"教育是人的灵魂的教育，而非理智知识和认识的堆集"。④ 基于此，真正的或最终的教育只能是自我教育。"整个教育过程是一个受教育者逐步把自己变为自己的教育者的过程。"⑤ 毕竟无论教育者如何努力，如果缺少了自我的有效参与，教育就不可能发生。真正的教育必须唤醒灵魂深处的自我，而不是着眼于身外的知识。教育过程中知识本身不是目的，而只是教育的手段。

---

① 涂尔干. 乱伦禁忌及其起源 [M]. 汲喆，等，译. 上海：上海人民出版社，2006：178.

② 涂尔干. 乱伦禁忌及其起源 [M]. 汲喆，等，译. 上海：上海人民出版社，2006：180.

③ Birgit Sandkaulen. 面向自由的教育 [N]. 谢永康，译. 中国社会科学报，2011—04—19.

④ 雅斯贝尔斯. 什么是教育 [M]. 邹进，译. 北京：生活·读书·新知三联书店，1991：4.

⑤ 伊丽莎白·劳伦斯. 现代教育的起源和发展 [M]. 纪晓林，译. 北京：北京语言学院出版社，1992：310.

"什么地方计划和知识独行武断,对精神价值大张挞伐,那么这些计划和知识就必然会变成自身目的,教育就将变成训练机器人,而人也变成单功能的计算之人,在仅仅维持生命力的状况中人可能会萎缩而无法看见超越之境。"[①] 无论如何,知识不等于教育。相反,教育"是一种对知识的目的理性和功能性的坚决反抗"。[②] 如果我们将知识的传播或转移当成了教育的目的,那么自有印刷术以来教育就失去了本真的意义。

总之,义务教育的普及促进了学校的繁荣,但随着学校的繁荣教育本身反倒可能衰落了。今天更多的人进入了学校并不意味着更多的人接受了教育,更不意味着更多的人成为了受过教育的人或通过教育成为了"人"。通过教育使人成为人,是人的理想,也是教育的梦想。但由于人的自然中"那些无法改进或不能教育的方面"[③] 以及教育系统本身的缺陷,教育的梦想经常遭遇挫折。"'最大可能的普及教育'使教育大为贬值,以至于它不但不能给人以特权,甚至不能使人受尊敬。最广泛的普及教育恰恰就是野蛮。"[④] 尼采当年的批评虽然很偏激,但也不无道理。教育的实现不是一个自然的过程,而是需要诸多的条件。随着越来越多对于教育没有热情的学生被迫进入学校,越来越多不够教育者资格的教师也随之走上讲台,"靠了他们占优势的人数,凭借物以类聚(Similis Simili Gaudet)的本能,他们逐渐决定了这些机构的精神实质"。[⑤] 实践中,学校数量的扩张并不必然能够带来真正的教育繁荣,毕竟真正通过教育"成人"的在诸多接受过学校教育的人当中只能是少数。"教育的真正秘密,即无数的人表面上似乎是在为了自己受教育,实际上是在为了使少数人受教育成为可能而替教育

---

① 雅斯贝尔斯. 什么是教育 [M]. 邹进,译. 北京:生活·读书·新知三联书店,1991:35-36.

② Birgit Sandkaulen. 教育:人类实践的根本性事务 [N]. 谢永康,译. 中国社会科学报,2011-03-18.

③ 克里斯托夫·武尔夫. 教育人类学 [M]. 张志坤,译. 北京:教育科学出版社,2009:9.

④ 弗里德里希·尼采. 论我们教育机构的未来 [M]. 周国平,译. 南京:译林出版社,2012:26.

⑤ 弗里德里希·尼采. 论我们教育机构的未来 [M]. 周国平,译. 南京:译林出版社,2012:52.

事业工作。"① 当然，我们也不能因为实践中只有少数人被教育"成人"而否认绝大多数人受教育的权利。相反，正是因为有了众多人的教育参与，那些少数通过教育"成人"的人才有可能存在。无论如何教育是人类最大的福利，那些通过教育"成人"的人代表了整个人类而不是单个的人。

---

① 弗里德里希·尼采. 论我们教育机构的未来 [M]. 周国平，译. 南京：译林出版社，2012：23.

第三章

劳动、工作与教育

　　劳动、工作与教育是人类社会的三种基本活动。古典时期，劳动与工作，工作与教育，教育与劳动间有清楚的界限。但近代以来，三者的边界愈来愈模糊。在新教伦理关于天职的观念中，劳动本身被作为了人生的目的。在工业化的过程中，"随着宗教根基的衰败，功利主义的解释悄然渗透了进来"。[①] 最终在资本主义的经济秩序中，劳动作为一种意识形态主导了一切，人类的一切活动都成为了各种不同形式的劳动。其结果，在劳动社会里，工作失去了它原本具有的不同于劳动的高贵含义，被不适当地降低为了劳动。但是客观上，由于劳动的地位被不合时宜地高估，在马克思主义经典作家的很多著作里，劳动在事实上又被等同于了工作。整个20世纪，伴随着马克思关于劳动的学说广为传播，在工作被劳动化的同时，劳动的工作化也水到渠成。在现代社会里为了显示某种身份，工作又压倒劳动成为了一个使用更加广泛的用语。作为一个古老而年轻的概念，从传统到现代，教育的内涵也在不断变迁。按伽达默尔的说法："教育这个概念，的确是18世纪的伟大思想，在当时获得了统治地位。"[②] "教育在18世纪之所以能够成为一个新的基本词，首先是因为教育标志着一种内生的过

[①] 马克斯·韦伯. 新教伦理与资本主义精神 [M]. 马奇炎，陈婧，译. 北京：北京大学出版社，2012：179.

[②] Birgit Sandkaulen. 教育不再是田园诗 [N]. 谢永康，译. 中国社会科学报，2011-04-12.

程。这一概念蕴涵了一种批判性的潜能，成为与启蒙的理性主义相对立的所有思潮的通用语。"[1] 进入 19 世纪，在目的—手段—关系的工具性逻辑支配下，教育不再以自身为目的而是成为了实现外在目的的手段。如尼采所言："在现代，有两股貌似相反、就其作用而言同样有害、就其结果而言终于汇合的潮流，统治着我们原本建立在完全不同的基础上的教育机构：一方面是尽量扩展教育的冲动，另一方面是缩小和减弱教育的冲动。按照前一种冲动，教育应当被置于越来越大的范围中，另一种倾向的人则要求教育放弃它的最高的骄傲使命，而纳入为另一种生活形式即国家生活形式服务的轨道。"[2] 现代社会里，扩大教育的倾向使教育沦为谋生的手段，缩小教育的倾向则使教育成为高深知识的媒介或学术工作，两者的共同作用导致现代教育逐渐失去了精神性。从近代到现代，随着"劳动"转变成"工作"，教育领域原本作为工人阶级一部分的知识分子（脑力劳动者）又变成了知识工作者。此时，教育也从一种劳动变成了一种工作。当前随着信息技术的飞速发展，人类社会正在进入一个近乎无工人、无劳动、无工作的知识社会，在这样的社会里，劳动、工作与教育之间的关系面临重构。这是因为现代社会和现代教育皆建立于工业文明的基础上，而工业文明又主要是由劳动和工作所造就。未来在一个大多数人将脱离劳动，工作机会大幅减少的高技术信息社会里，劳动与工作背后所隐藏的工业社会与工业文明的态度和价值观将会失去存在的必要性和合法性；为了应对可能出现的大规模的失业和闲暇时间的增多，保障社会的和谐、稳定与健康发展，教育扮演什么样的角色将至关重要。

第一节 劳动与工作

劳动是人的一种特有的活动，动物并不存在劳动。按基督教的说法，

---

[1] Birgit Sandkaulen. 教育：人性实现的内在过程 [N]. 谢永康，译. 中国社会科学报，2011-03-15.
[2] 弗里德里希·尼采. 论我们教育机构的未来 [M]. 周国平，译. 南京：译林出版社，2012：5.

劳动是上帝对人的惩罚，"唯有劳作方能增添上帝的荣耀"[①]"不劳动者不得食"。[②] 而按哲学家的说法，劳动是从猿向人转变过程中的决定性因素。"劳动创造了人"。[③] 无论何种说法，劳动与人的生存都密切相关。劳动是人维持生命的一种必需的手段。"劳动本质上是一种严肃的活动，这不仅因为劳动是一种不得不做的事情，无论快乐还是痛苦，而且因为劳动是一种很大程度上被预先决定不得不做的事情。既然劳动总是受劳动者无力改变的法则的支配，我们都必须承认，劳动中存在着一种永恒的令人厌烦的基础。"[④] 不过，"令人厌烦"本身绝不是劳动的本质所在。因为令人厌烦的事情还有很多。最初意义上的劳动主要就是人通过身体与自然做相适应的活动。其目的就是通过体力的付出从自然界获得生存的必需品。就人的本性而言，劳动并不美好，也不值得赞美。没有人愿意劳动，但为了生存又不能不劳动。

发生学的意义上，劳动的原型就是体力劳动，长期以来被认为是一种"卑贱"的活动。在形而上的层面上，体力劳动也是劳动含义的最完整的体现。"在大多数欧洲语言里，表示拉丁语和英语中的'劳动'的词汇，都是极端努力与痛苦相合之意。希腊文 πόνος，法文 travail，德文 Arbeit 也都有分娩之巨痛的意思。按照阿伦特的说法，labor（劳动）labare（负重蹒跚而行）有着相同词根；πόνος 与 Arbeit 都有意为'贫穷'的词根。在中世纪的德国，Arbeit 一词被用于翻译 labor、tribulatio（苦难、忧患、磨难）、persecutro（迫害、烦恼）、adversitas（不幸、灾祸、逆境）、malum（疾病）等词。同样，法文 travail 一词源于 tripalium，意味着某种痛苦与折磨。毫无疑问这些词源都说明了劳动与痛苦或者厌烦的历史性联系。尽管对待劳动的态度发生了变化，事实上劳动的条件也变化了，但这

---

① 马克斯·韦伯. 新教伦理与资本主义精神［M］. 马奇炎，陈婧，译. 北京：北京大学出版社，2012：159.

② 马克斯·韦伯. 新教伦理与资本主义精神［M］. 马奇炎，陈婧，译. 北京：北京大学出版社，2012：161.

③ 汉娜·阿伦特. 过去与未来之间［M］. 王寅丽，张立立，译. 南京：译林出版社，2011：17.

④ 伊夫·R. 西蒙，瓦肯·魁克. 劳动、社会与文化［M］. 周国文，译. 北京：中国经济出版社，2009：22.

种联系看来仍然在继续"。[1] 在西方，新教的兴起极大地改变了人们对于劳动的态度。"清教徒愿意在天职中劳作；而我们现代人只是被迫如此。"[2]与劳动相比，在古典意义上，工作比较高贵，与技艺人的手艺或制作有关。按阿伦特的说法，工作与劳动有着截然不同的来源。工作是人的积极生活的主要内容，是工作造就了人类世界的持久性。[3] 工作是人类文明的基石。近代以来，为了工业资本家和民族国家的经济利益，为了实现对于劳动的赞美，古典时期的工作的含义被泛化，作为一种劳动的工作成为了社会大众的日常用语，从而失去了原本具有的形而上的含义。因此现代社会在很多情况下，劳动就是工作，工作就是劳动，什么是劳动，什么是工作的区分基本上失去了实质的意义。随着语言习惯的变化，人的价值观和行为也开始变化，而这些变化最终都将投射到教育领域。

在远古的农业社会，劳动改造人，并加速了人的进化。正是通过劳动，人类维持了种群的生存和壮大，并发展出了各种技艺，创造了有意义的非自然世界。人类历史上，自文字产生以后，教育活动逐渐从劳动中分离出来，成为人的完善和充实的一种专门途径。近代以来，随着工业社会的来临，技艺人的工作被机器大工业生产逐渐取代，所有人都成了某种"劳动者"。驱动劳动的不再是宗教意义上的天职，而是源源不断的利润。工作的目标是为了世俗生活的富足，而非为了上帝的荣光，人的完善和充实被彻底地抛到了脑后。按马克斯·韦伯的说法："专家们失却了灵魂、纵情声色者丢掉了心肝；而这种空壳人还浮想着自己已经达到了一种史无前例的文明高度。"[4] 在现代资本主义精神的主导下，人类社会对于劳动的态度发生了根本性的变化。新教伦理赋予劳动的宗教救赎含义逐渐淡化，对于身外财富的追逐成为劳动的主要目的。资本主义经济秩序中的人不再

---

[1] 伊夫·R. 西蒙, 瓦肯·魁克. 劳动、社会与文化 [M]. 周国文, 译. 北京：中国经济出版社, 2009：12.

[2] 马克斯·韦伯. 新教伦理与资本主义精神 [M]. 马奇炎, 陈婧, 译. 北京：北京大学出版社, 2012：183.

[3] 汉娜·阿伦特. 人的境况 [M]. 王寅丽, 译. 上海：上海人民出版社, 2009：67.

[4] 马克斯·韦伯. 新教伦理与资本主义精神 [M]. 马奇炎, 陈婧, 译. 北京：北京大学出版社, 2012：184.

讨厌劳动,而是害怕失去劳动的机会。劳动权成了人权的重要组成部分。"现代社会实际上抬举了劳动,这与传统文化的普遍态度形成鲜明对比。对几代人来说,这种新观念的主要受益者,就是所谓的工业巨头。"[1] 其结果,为了经济的发展,在各种意识形态的裹挟下,"现代已经从理论上完成了对劳动的赞美,并导致整个社会事实上变成了一个劳动者社会"。[2] 在对劳动的赞美声中,一切人类活动都成为了劳动的一部分;劳动本身也成了一种意识形态或意识形态的一部分。无论是否愿意,"热爱劳动"都是一种"政治性正确"的话语,懒惰成为了一种"罪过"。但有意思的是,人类"赞美"劳动,"热爱"劳动的目的却正是为了最终从劳动中解放出来,即为了不劳动。如凡勃伦所言:"在劳动中缺席者因此成为非凡金钱成就和名誉的惯用标志,相反,从事生产性劳动者是贫穷与服从的标记,所以它便与社会中的受尊敬身份全然无关。"[3] 从具体的实践来看,现代社会里由于劳动本身已高度泛化,并弥散于人类社会生活的所有领域,在一个劳动者社会里,通过劳动以实现人从劳动中解放并获得自由的梦想将是难以实现的悖论。"如果劳动是最人性的且最富有创造力的人类活动,那么在革命之后的'自由领域内','劳动被取消了',当人类成功地将自己从劳动中解放出来的时候,会发生什么事?还剩下什么样富有创造力的、本质上属人的活动?"[4]

从历史上看,人类对于劳动的态度的变化和社会的发展阶段有关,也和人类对于自身的认识有关。在崇尚永恒的古典时代,那些拥有可以超越人的必死性的技艺的人的工作受到普遍尊重。生命短暂,技艺永存。而在只关注当下,强调消费的现代社会,赞美具有"生产力"的劳动也顺理成章。二者相比,劳动的成果需要迅速被人消费掉,以获得即时的满足;工

---

[1] 伊夫·R. 西蒙,瓦肯·魁克. 劳动、社会与文化[M]. 周国文,译. 北京:中国经济出版社,2009:2.

[2] 汉娜·阿伦特. 人的境况[M]. 王寅丽,译. 上海:上海人民出版社,2009:前言·4.

[3] 詹姆斯·卡斯. 有限与无限的游戏:一个哲学家眼中的竞技世界[M]. 马小悟,余倩,译. 北京:电子工业出版社,2019:65.

[4] 汉娜·阿伦特. 过去与未来之间[M]. 王寅丽,张立立,译. 南京:译林出版社,2011:20.

作的产物则逐渐积累成人类意义世界的一部分，可以实现延迟满足。劳动产品维持了人的存在，工作的成果则铸就了人类世界的持久和稳固。没有劳动，就没有人的生命的持续存在；没有工作，人类的生存也就不过是如其他生物一样简单的新陈代谢与生死循环。因此，无论是崇尚劳动还是讴歌工作都有其相对合理性。关键是要合理区分二者的界线，既不能以劳动代替工作，也不能以工作贬低劳动。二者地位的此起彼伏自有其历史合理性。"劳动突然从最低级、最卑贱的地位上升到最高级、在所有人类活动中最受尊敬的地位，这种变化始于洛克发现劳动是一切财产之源，接着亚当·斯密断言劳动是一切财富的源泉，最后在马克思的'劳动体系'中达到了顶点，在那里变成了全部生产力的源泉和人性的真正表现。"① 但事实上，无论是洛克、斯密还是马克思以及其他学者，他们对于劳动的赞美都有"矫枉过正"之嫌。"根本上在于他们都把劳动和工作画上了等号，为劳动赋予了某些只有工作才具有的功能。"② 在当时的社会背景下，他们在对劳动进行赞美的过程中，无意间赋予了劳动以工作的新含义，突破了劳动本身必要的边界。他们所赞美的劳动已不再是纯粹的劳动，而可能是"工作"或是作为"工作"的"劳动"。究其根本，"劳动的传统概念与现代概念之间存在着根本的不相容性，传统将劳动本身视为人受必需性（Necessity）支配的特殊标志，而现代将劳动提升为积极自由、创造性自由的表达"。③

近代以来，由于将"双手的工作"纳入了"身体的劳动"的范畴，工作也就成为了一种劳动，进而劳动也就被等同于了工作。这种观念在逻辑上是行不通的，在实践中也是有害的。就像在生物学上人也是动物的一种，属人科的灵长目动物。但无论如何，我们不能说动物也是人，甚至也不说人是动物。因此，逻辑上工作也许勉强可以作为一种特殊的劳动，但

---

① 汉娜·阿伦特. 人的境况 [M]. 王寅丽，译. 上海：上海人民出版社，2009：74.
② 汉娜·阿伦特. 人的境况 [M]. 王寅丽，译. 上海：上海人民出版社，2009：74.
③ 汉娜·阿伦特. 过去与未来之间 [M]. 王寅丽，张立立，译. 南京：译林出版社，2011：27.

绝不能将劳动等同于工作。工作与劳动的关系类似人与动物的关系。特殊情况下，我们也可以说人是动物的一种，但若因此将人作为动物那就抹杀了人的特殊性。人是人，动物是动物。二者分属不同的范畴。同样，在某些情况下，工作也可以说是一种特殊的劳动，但如果就此将工作简单地归为劳动的一种，也会模糊了工作之于人的独特价值。对于人类而言，工作是工作，劳动是劳动。"如果我们要弄清楚教育和工作之间的关系，我们就需要弄清楚劳动和工作之间的明显区别。一种人把他的职业生涯看作是一系列的工作，一种人把他所从事的一系列工作看作是完成某种劳动所作的贡献。这两种人之间存在着巨大的差别……劳动最基本的意义在于它是一条人们寻求把他们的人生从徒劳中拯救出来的途径。因此，它要求有一个人们有可能实现希望的世界，也就是说，它要求那种能够屈从于人的力量的世界。"[①] 由此可见，劳动主要强调身体和体力付出，工作强调双手和大脑的创造。劳动是为了生命的延续，工作则是为了超越人的必死性，创造自然生命之外的意义世界的不朽。

遗憾的是，当前在劳动者社会里工作与劳动的区分逐渐淡化。把一切工作都视为劳动，把一切劳动都视为工作，成了社会大众的一种常识。无论理论上还是实践中，工作与劳动的措辞差异逐渐成为了一种语言习惯，丧失了其内在价值层面的分歧。对于人类而言，工作原本具有独特的意义。由于人类面临必死性的困境，对于长生不老的追求一直是人类不息的理想。但现实告诉我们，在自然界中人是脆弱的，身体的消亡是不可逆转的规律。人类社会中可以持久存在的不是人的身体而是人类创造的非自然的世界。轴心时代，人类不同的文明为了人的不朽给出过不同的解决方案。在地狱天堂的约定和前世今生的轮回之外，通过工作以实现永恒、稳固与持久是人类最容易实现的梦想。今天由于理性主义和实用主义的扩张，生产充裕的可消费品取代了对于永恒的追求，成为了人类的新理想。在一个劳动和劳动者占主导的社会里，为了富足的生活，我们几乎把所有的工作都变成了劳动。人与人之间只有分工的不同，没有了劳动与工作的

---

① 厄内斯特·博耶. 大学：美国大学生的就读经验[M]. 徐芃，李长兰，丁申桃，译. 郭晓玲，蔡振声，校. 北京：北京师范大学出版社，1993：101.

差异。谋生成为了劳动与工作共同的目标。我们追求的不再是由工作或双手的技艺所创造的永恒的存在，而是由劳动所带来的即时的享受。今天由古典社会技艺人的技艺衍生而来的工作的传统已被现代社会强大的劳动主义的意识形态所遮蔽。在现代社会的新传统里，劳动成为了一切价值和财富的源泉，劳动者成为了"最可爱的人"。"由于在现代条件下每个职业都必须证明它自己对社会整体的'有用性'，而同时由于社会对劳动的赞美，脑力职业的有用性就变得更加可疑，从而自然地，知识分子渴望成为工人大众中的一员。"[①] 其结果，原本以行动、沉思和理性见长的"技艺人"也退化成为了"劳动动物"。最终随着教育与生产劳动的紧密结合，知识分子成为工人阶级的一部分也就不可避免。

第二节　教育与劳动

在一个劳动社会同时也是消费社会里，关于人的自由与解放的理想逐渐枯萎，幸福随之被提到了人类社会生活的至高位置。人们普遍相信幸福是可以通过劳动来创造或追求的，并认为凡追求幸福的都是应该能够得到幸福的。其结果，无论是劳动还是教育都不可避免地与幸福挂上了钩。但事实上，如果我们不改变对于劳动的态度，不能合理有效地区分什么是劳动，什么是工作，不清楚什么是真正的教育，教育的真正目的是什么，我们越是追求幸福就越是不可能拥有真正的幸福。"不幸福一方面是由于劳动和消费之间难以取得平衡，另一方面是由于劳动动物坚持不懈地追求幸福，而幸福只有在生命过程的消耗和再生、痛苦和痛苦的释放之间达到完美的平衡时才能获得。"[②] 在一个劳动与劳动者占主导地位的社会里，工作和教育都被降低为了劳动。由于劳动与消费之间恶性循环（劳动为了消费，更多消费需要付出更多的劳动）的难以避免，真正的幸福几乎难以实

[①] 汉娜·阿伦特. 人的境况 [M]. 王寅丽，译. 上海：上海人民出版社，2009：68.
[②] 汉娜·阿伦特. 人的境况 [M]. 王寅丽，译. 上海：上海人民出版社，2009：95.

现。"在我们的社会中，对幸福的普遍渴求和普遍的不幸福（这是一个硬币的两面）是一个最有说服力的表征。"① 幸福作为个体的一种主观体验，原本与沉思的生活有关，是工作的副产品，与劳动几乎相对。

近代以来，随着新教伦理的普世化以及政治和经济意识形态中对于劳动的极端推崇，"劳动创造幸福生活"的信条开始深入人心。而在教育方面，随着宗教的祛魅以及教育实践全面进入人类的生活世界，在易朽与不朽的挣扎中，教育最终成为人类实现自我救赎和自我实现的新途径。"人都必有对尘世幸福的要求，因此教育是必要的，但也仅仅因此是必要的！"② "尽量多的知识和教育——导致尽量多的生产和消费——导致尽量多的幸福：这差不多成了一个响亮的公式。"③ 社会现实绝非如此简单。在劳动社会里，由于劳动者对于消费的执著，对于身外财富的贪婪，教育机构也就不可避免地成为了人们获取谋生手段的场所，教育本身作为地位商品也成为了教育者和受教育者共同消费的对象。因此，无论劳动还是教育都绝非必然是人类走向幸福的桥梁。就像劳动从贬义到褒义的转变一样，工业社会里"消费"也实现了从贬义到褒义的变迁。"'消费'（Consumption）这一词从英语和法语中都可找到它的根源。原来的含义是破坏、掠夺、征服和耗尽的意思，浸透了暴力的意味，一直到本世纪，它还只是一个贬义词。"④ "消费"一词的含义在20世纪的变迁与劳动观念的变迁一脉相承，只不过这种变迁长期被忽视。由于工业化的需要，劳动的价值被高度肯定；而由劳动创造的大量工业产品急需消费方能实现扩大再生产，而再生产本身又会创造大量就业，吸纳更多的劳动力，进而促进经济的繁荣和社会的发展。在此背景下，通过铺天盖地的广告，"消费"成了人的身份和地位的象征，甚至成为一种"美德"。最终，在消费主义的意识形态

---

① 汉娜·阿伦特. 人的境况［M］. 王寅丽，译. 上海：上海人民出版社，2009：95.

② 弗里德里希·尼采. 作为教育家的叔本华［M］. 周国平，译. 南京：译林出版社，2012：52.

③ 弗里德里希·尼采. 论我们教育机构的未来［M］. 周国平，译. 南京：译林出版社，2012：24-25.

④ 杰里米·里夫金. 工作的终结——后市场时代的来临［M］. 王寅通，译. 上海：上海译文出版社，1998：24.

下，人的欲望被激活，在不停劳动的同时，消费的观念开始无孔不入。为了应对消费社会的来临，教育需要在职业教育（为工作或劳动做准备的教育）之外，重拾并复兴古典的闲暇教育（为了人的完善和充实的教育）的理念。

教育的梦想原本是促进人的完善，其实现形式是"真理的沉思"和"师生的对话"，主要的内容是处理人与真理的关系。"沉思与劳动的区别体现在手段与目的两个方面。劳动总是有用的，永远都是某种目的或手段。与此相反，沉思的一个目的就在于其本身，因此也可以完全没有用。事实上，它比有用更有用。沉思的价值在于其本身，也正是靠它本身而具有了独立的价值，再无别的其他关系。"[①] 由此可见，对于人来说，教育活动绝对不属于劳动。"为了生存，为了进行他的生存斗争，人必须多多学习；可是，他作为个体为这个目的所学所做的一切仍与教育毫不相干。相反，唯有在一个超越于这个窘迫、必需、生存斗争世界的大气层里，教育才开始。"[②] 将教育活动作为劳动就像将人作为动物一样，不仅是一种不适当的贬低，而且还会影响教育的实际效果。但现代以降，在世俗化的过程中教育又的确被降格到了造就谋生手段的层次。"教育的正确的格言似乎成为'为了生存的缘故，丢掉值得生活的一切'。物质在生活中占了主导地位……精神和道德生活被遗忘了。智慧和判断退居幕后。一个使用手和眼，效率不断提高，征服自然使其服从自己意志的时代出现了，但却是缺乏最终的信念，错误地使用了它无可限量的机会。"[③] 在教育与生产劳动相结合的呼声中，教育活动本身也成为了一种劳动。教书是劳动，科研是劳动，学习是劳动，写作业是劳动，改作业也是劳动。教育过程中理性的沉思不见了，师生的对话消失了，对于善的永恒的追求也不见了。"结果，所有严肃活动，不管它们的成果是什么，都叫作劳动；所有活动，如果不

[①] 伊夫·R. 西蒙，瓦肯·魁克. 劳动、社会与文化［M］. 周国文，译. 北京：中国经济出版社，2009：9.

[②] 弗里德里希·尼采. 论我们教育机构的未来［M］. 周国平，译. 南京：译林出版社，2012：66.

[③] 伊丽莎白·劳伦斯. 现代教育的起源和发展［M］. 纪晓林，译. 北京：北京语言学院出版社，1992：321.

是为个人生命或种群生命所必需，就都被归入玩乐之列。"① 而现代教育的一个典型特征就是尽可能地禁止玩乐，这在某种意义上也可以反证现代教育的劳动化。

教育劳动化的直接后果就是，教育所培养的人愈来愈倾向于成为劳动者而不是工作者，消费者而不是创造者。劳动者的理想是生产并消费所生产出的一切，而工作者的理想则是尽力地去创造永恒而持久的存在。表面上，劳动者的付出实现了经济的繁荣、社会的进步以及物质产品的极大丰富。但客观上，经济的繁荣、物质的丰富也在过度刺激着劳动者的贪婪的消费欲望，可消费的范围愈扩愈广，消费社会的来临也就不可避免。在消费社会里，劳动者与消费者成为了社会大众的主要角色，教育不再是人类完善自身的策略，而是成为了劳动的一部分。教育本身成为了生产人力资本的劳动，满足的是经济社会发展对于劳动力的需求。"在这里，利益——更确切地说，收入，尽量多赚钱——成了教育的目的和目标。""任何一种教育，倘若会使人孤独，倘若其目标超越于金钱和收益，倘若耗时太多，便是可恨的。""所要求的当然是一种相反的东西，即一种速成教育，以求能够快速成为一个挣钱的生物，以及一种所谓的深造教育，以求能够成为一个挣许多钱的生物。"② 简言之，在一个劳动者必须生存其中而又不能改变其游戏规则的资本主义经济秩序里，现代教育的目的只能是"教"人通过合法赚钱追求富足的生活。如果这种情况持续下去，人类通过教育实现自由与解放、完善与充实的理想将永远不可能实现。

工业社会的物质文明主要建立在生产劳动的基础上。当前人类社会的主要活动很大程度上也是主要围绕劳动的概念而展开。不过，由于信息技术的飞速发展，人类生活的所有方面都在经历剧变。"较早时期的工业技术代替的是人类劳动的体能方面，即用机器代替肢体和肌肉，而新的以电

---

① 汉娜·阿伦特. 人的境况 [M]. 王寅丽, 译. 上海：上海人民出版社, 2009：92.
② 弗里德里希·尼采. 论我们教育机构的未来 [M]. 周国平, 译. 南京：译林出版社, 2012：25.

脑为基础的技术取代的却是人的头脑本身。"① 在即将来临的信息社会里，"劳动作为一种关键的生产要素，消失的前景正在出现，这是资本主义社会一项关键性的未完成的事业。"② 技术的进步和价值观的变化无疑对于劳动提出了空前的挑战。今天的社会结构和价值体系都是建立在劳动的基础上。一旦不需要了劳动，人类的社会结构和价值体系就需要重组。在一个近乎无劳动的高技术信息社会里，那些具有知识和教育优势的人将拥有一切，而那些不具有知识和教育优势的人恐将失去一切。而在数量上，那些具有知识与教育优势的人与那些不具有知识与教育优势的人相差巨大。由于劳动机会的丧失以及价值观的剧变，未来的社会将愈来愈被少数的精英分子所统治。

在工业社会里，一般的劳动者至少还可以靠出卖自己的体力谋生，而在新的知识社会里，单纯的体力将不再必然地具有交换价值。价值的断裂将造成人的被遗弃。"一个不是建立在劳动基础上的社会的想法是和我们现有的一切关于如何将大批人群组成一个社会整体的观念大相径庭的，也就是说我们面临的正是不得不重新考虑社会契约这个基础的前景。"③ 在这种背景下，如果教育不能及时地介入，由于贫富差距的持续扩大，社会的动荡将不可避免。如果我们对当前社会中正在发生的细微变化不加以注意，一直因袭工业社会中一个人从劳动者到消费者的观念，如果继续通过扩大市场以创造更多就业机会的经济政策，拥有丰富闲暇时间的后工业时代将不会是天堂而是地狱。因为那种闲暇可能不是真的闲暇，而是大规模的失业。"我们的政治机构、社会契约和经济关系都是基于劳动力能作为商品在公开市场上买卖而产生的。由于劳动力价值在商品和服务的生产与分配过程中已变得不重要，需要实施新的提供收入和购买力的方法。需要

---

① 杰里米·里夫金. 工作的终结——后市场时代的来临 [M]. 王寅通，译. 上海：上海译文出版社，1998：10.
② 杰里米·里夫金. 工作的终结——后市场时代的来临 [M]. 王寅通，译. 上海：上海译文出版社，1998：17.
③ 杰里米·里夫金. 工作的终结——后市场时代的来临 [M]. 王寅通，译. 上海：上海译文出版社，1998：18.

设计出相应的替代传统工作的方式以适合今后几代人的精力和才能。"① 面对人类历史上即将到来的第一次劳动时间与闲暇时间的逆转以及劳动者被机器人的取代,只有通过教育转变人的审美意识和伦理观念,合理区分劳动与工作的界限,平衡职业教育和闲暇教育的比例,才有可能均衡高技术信息时代因生产率提高所产生的社会收益和经济收益,以实现社会的和谐稳定。

如前所述,劳动原本是一种负担,后来被说成是一种美德;劳动原本是一种想要摆脱的义务,渐次演变成了一种需要争取的权利。无需劳动的社会曾是人类的远大理想,但当理想真要变成现实的时候,人们却突然发现被"脱离劳动"的社会其实很糟糕。技术主导和市场主义使得脱离劳动的人得到的不是生活的闲暇而是失业的恐惧。无论如何"被剥削的劳动力"总好过"被社会遗弃的人"。事实上,由于科学技术的飞速进步,机器和电脑对人的替代已不可避免,劳动机会的减少和劳动力的贬值也是大势所趋。就像电报发明以后,跑得再快的骏马也终将被电报公司淘汰一样;在高技术信息时代,继续强化劳动、生产与消费的循环,试图通过扩大再生产或技术创新以增加就业机会是没有意义的。但简单地认为高技术革命所导致的机器替代人力劳动将自动使人类摆脱劳动的束缚并实现人的自由与解放显然也是盲目的乐观。今天人类正站在第三次工业革命的十字路口。未来是进入一个高度发达的工业社会还是进入一个与工业社会完全不同的后工业社会将是一个艰难而又漫长的博弈过程。在做出最终抉择的过程中,教育尤其是高等教育的作用至关重要。因为高等教育机构不仅是高技术革命的发源地,而且直接培养应用高技术的人才。高等教育在人才培养过程中所传递的价值观甚至比高技术本身对于下一个社会形态的塑造还更重要。在一个多数人不需要劳动的社会里,教育就成了社会稳定与和谐发展的最大支柱。毕竟知识本身是无穷无尽的,知识创新的空间也是没有边界的,人性的实现和人格的完善是人类永恒的追求。教育过程中对于知识的持续探索既是人实现自我完善和充实的根本手段,也是社会前进的

---

① 杰里米·里夫金. 工作的终结——后市场时代的来临[M]. 王寅通,译. 上海:上海译文出版社,1998:249-250.

不竭动力。

总之，未来劳动时间与闲暇时间的逆转，将会使劳动与教育的关系发生根本性的变化。"教育关涉着劳动，但如果教育仅仅是为满足必然性而存在的话，那就成了苏格拉底所说的'饲养野兽式的教育'。"[1] 今天由于繁重的体力劳动逐渐被自动化的机器所取代，劳动不再必然是人的美德。建基于新教伦理基础上的资本主义精神也需要重新的审视。马克思主义经典作家预言的"劳动成为生活的第一需要"也将被证伪。"劳动不是，也永远不可能是，一种自由发展的活动。""马克思在《资本论》第三卷第四十分章写道'自由王国实际上只有在停止劳动的地方才能出现'。"[2] 未来在教育领域中职业教育与闲暇教育的倒转将成为可能，为了人的闲暇的教育将第一次压倒为了职业发展的教育。未来的教育不再主要是培养脑力劳动者，也不再主要是为未来的工作做准备，教育必须回归到人的完善与充实这一根本目的上来。为了人的完善与充实，整个社会的价值观也将发生根本的改变。"'时间自由'取代'物质积累'成为主要的价值观，社会目标也变得无关紧要。""在人类生活中，时间价值观的层次高于物质价值观，它是经济活动的基本价值观。因为时间价值观对应的是满足人性的和精神的需要，而物质价值观对应的则是满足生理的和物质的需要。"[3] 由高技术所导致的劳动机会的减少只能通过时间价值观的凸显来加以应对。当前教育领域中闲暇教育的回归就彰显了时间自由对于人的完善的重要价值。不过，现在最紧迫的问题还是，在从工业社会向后工业社会，从物质积累向时间自由价值观转变的过程中，对于那些因失业而被社会抛弃的人应如何给予再教育，给予何种形式的再教育。

---

[1] 高德胜. 论教育的行动性 [J]. 高等教育研究，2012（8）：13.

[2] 伊夫·R. 西蒙，瓦肯·魁克. 劳动、社会与文化 [M]. 周国文，译. 北京：中国经济出版社，2009：21.

[3] 杰里米·里夫金. 工作的终结——后市场时代的来临 [M]. 王寅通，译. 上海：上海译文出版社，1998：253-254.

第三节　工作与教育

在古希腊，教育具有一种形而上的独特气质，因为那里是"教育的真正的故乡"。[①] 那时的教育以闲暇为基础，关注人的自由与完善。希腊文中，"教育"与"游戏"在字根上是相关联的；当时"自由教育"的目的就是为了人性的实现。在古希腊，与教育相比，工作还没有后来那么高尚的地位，具体含义上工作甚至与学校相反。"希腊文里根本没有'工作'一词。'Ponos'本意是指痛苦的事，用来描述不愉快的工作。另一个词汇'ergon'，则用来形容需要完成的任务，通常用在农业方面。表示休闲的词汇'scholia'与'ascholia'相对，但后者字面上是'不休闲'的意思，也不是工作。英语的学校一词'school'希腊语'scholia'，意思是'休闲'，将学习与休闲如此结合真是再确切不过了。"[②] 将休闲与学校完美结合起来，对于古希腊人而言是一件再自然不过的事。那时的古典教育主要致力于人的完善和充实，与职业有关的东西极少会成为教育的内容。近代以来，在教育世俗化的浪潮中职业教育成为了教育的主要内容和目的，休闲不再意味着教育，教育也不再为了休闲。先是劳动，后是工作把人类永久地囚禁在了某种固定的谋生职业上。"人类已成为他所从事的行业的工具。"[③] 现代教育所传递出的核心价值观就是，宁要工作的束缚也不要无工作的自由。工作成了现代人的唯一信仰。但我们必须意识到工作永远是一种手段而不是目的。"工作应该是一种结束的方式。但对我们大多数人来说，工作已经失控。在世俗化新教工作伦理的影响下，在社会和家庭的耳濡目染下，我们的工作态度已经成为一种惯例。在我们的观念中，工作的

[①] 弗里德里希·尼采. 论我们教育机构的未来［M］. 周国平, 译. 南京：译林出版社, 2012：28.

[②] 理查德·唐金. 工作的历史［M］. 谢仲伟, 译. 北京：电子工业出版社, 2011：24.

[③] 理查德·唐金. 工作的历史［M］. 谢仲伟, 译. 北京：电子工业出版社, 2011：209.

重要性应该被稀释一下。它是生活的一部分，但不是生活的全部。伏尔泰称'工作乃休闲之父'，到如今我们还在用这种观念束缚下一代。工作和休闲应该结合起来，以一种更平衡的姿态出现在我们的生活中。"① 就像教育不是劳动一样，教育活动也不能简单地为了工作或等同于工作。本质上，教育与工作并列为人类的完善和充实过程中最根本的策略。"自西方文化诞生以来，在古希腊和基督教的传统中工作一直被认为是人类存在的一个人类学意义上的必要因素。因此，工作和教育应该被认为是人类的完善和充实过程中最根本的策略，这种策略的成功和失败左右着我们对人类文明进程的分析。"② 对于人类而言，工作的理想是创造一个永恒的、持久的世界，是要超越人的必死性。教育的功能之一就是为人的工作做准备，为人实现自己的不朽提供源源不断的动力。教育所要追求的根本目的绝不是帮助受教育者找到工作，而是帮助他们实现自我的完善与充实。

教育的理想与人性的实现密切相关。教育的困境在根本上也是由人的两面性所决定。人的可完善性赋予了教育的可能性，人的改变的困难性又注定了教育本身的局限性。一方面我们寄希望通过教育使人自由，另一方面教育本身却又成为套在人身上的一种枷锁，妨碍了人的解放和人性的实现。古典的教育曾是宗教之外人类完成救赎的重要途径。现代的教育却丧失了理想主义的气质，在实用主义和功利主义的驱动下，教育成为了延迟就业或为就业做准备的工具。"为就业而教育"或"为工作而受教育"成为了社会的潜规则。"按照加尔文派的动态观点，工作已经被戏剧化地强化和扩展了，似乎它已经成为人们生活唯一的目标和保证。工作的不断强化经常会导致过度工作，也就是说，在工作成为统领的情况下，即使所有生活过程和活动都投入到工作中，仍然不能满足工作的要求。工作已不再是一种需要，而是一种过分的需要。渐渐地，工作动作语蔓延到人们生活的所有领域，所以出现了以下各种说法：政治工作、文化工作、教育工

---

① 理查德·唐金. 工作的历史 [M]. 谢仲伟，译. 北京：电子工业出版社，2011：311.
② 克里斯托夫·武尔夫. 教育人类学 [M]. 张志坤，译. 北京：教育科学出版社，2009：44.

作，甚至还有关系工作。"① 与现代教育有所不同，古典的教育有着高贵的灵魂，柏拉图在《理想国》中的"洞穴"隐喻可以说是人类关于教育梦想的不朽的原型或最深层的结构。那一时期的教育活动与工作无关。无论教育者还是被教育者都有崇高的以人自身为目的的理想。近代以来，在工业化的背景下，教育与生产劳动建立了紧密关联，并最终成了国家经济活动的一部分。教育与人的关系被教育与经济的关系所取代。教育活动中的教育者被认为是脑力工作者，教育的目的就是为了培养新的脑力工作者。"柏拉图教育的精华是预见了善良的观念……而我们教育的精华却是仅看到了工程学概念、物理学概念、经济学概念或纯学问的概念。"② 当然，教育绝不应轻视对于体力和脑力工作者的培养，没有这些工作者人类社会可能就无法存在。另外，教育为工作做准备也是天经地义。在教育已经高度制度化的今天，没有正规的学校教育可能就难以完成任何真正意义上的工作。需要警惕的是，今天工作正在退化为劳动。工作的人类学意义在消逝，经济学意义在增强。"如果越来越多的人通过工作不能获得成就，工作和人类都将失去其普遍性。随着工作功能的相对化，'人'的普遍性也陷入疑问。"③ 这种背景下，教育成为工作的"敲门砖"就是一种危机的征兆。"任何一种学校教育，只要在其历程的终点把一个职位或一种谋生方式树为前景，就绝不是真正的教育，而只是一份说明书，用以指导人们在生存斗争中救助和保卫自己的主体。"④ 对此，不能不提高警惕。

现代社会对于工作的赞美与近代社会对于劳动的赞美一脉相承。随着"劳动"转变成了"工作"，资本主义的逻辑和精神被延续。"劳动解放人类"的口号也被"工作让人自由"的宣传所代替。"工作里包含着快乐，没什么能比完成一件事情更让人高兴的了。""在工作中你可以找到自由

---

① 克里斯托夫·武尔夫. 教育人类学［M］. 张志坤，译. 北京：教育科学出版社，2009：56.

② 伊丽莎白·劳伦斯. 现代教育的起源和发展［M］. 纪晓林，译. 北京：北京语言学院出版社，1992：321.

③ 克里斯托夫·武尔夫. 教育人类学［M］. 张志坤，译. 北京：教育科学出版社，2009：57.

④ 弗里德里希·尼采. 论我们教育机构的未来［M］. 周国平，译. 南京：译林出版社，2012：68.

——某种自由。"① 现代社会对于工作的盲目崇拜,不但影响了我们的价值判断,而且也曾造成巨大的社会灾难。"工作是纳粹的中心观念,给人犯工作就是给他们希望。工作可以振奋人心,鼓舞士气。长期以来被世俗化了的新教工作伦理,被引用、改造后成为纳粹理想主义的政纲。在纳粹的新语汇里,'工作'被赋予了极高的地位,它还跟其他词汇组合起来形成了一系新的单词。"② 当然,曾经的"社会灾难"并不意味着我们要排斥工作。人类需要工作,就像需要劳动一样,这是具有客观强制性的现实。大自然并没有为人类提供现成的住所和必需的食物,要想得到这些,我们必须工作。但无论如何工作都要有合适的限度,这个限度就是不能无视人的自我的完善和充实;如果超过了这个必要的限度,如果危及了人的自由,任何工作可能都是荒谬的。"伟大的工作不在于办公室设计是否符合人体工程学;也不在于办公室色调的搭配;不在于人力资源管理的种种细节;也不在于领导力的强弱——至少不在于自上而下的领导风格;更不在于技术的新旧。真正决定它是否伟大的关键,要看它能否点亮人性的光辉,使人们实现自己。别人的工作或许可以给你启发,但唯有作为个体的自己,才能点亮那把火炬,照看前辈的成就,启发后辈的灵感。"③ 人需要工作但又要超越工作。工作是为人而存在,而不是人为了工作而存在。

为了实现对于工作的超越,我们通过教育来传递什么样的价值观至关重要。"我们对教育的看法牵涉到我们对其他所有事务的看法。"④ 由于处在不同场域,教育与工作有着不同的价值观。学校和职场拥有不同的行为准则和场域逻辑。对学校而言是优秀的品质对于职场并不适用,对于职场很重要的标准在学校看来也可能很荒谬。"职场的情况则完全不同。在那个世界里,拥有不同能力的人结成团队一起完成任务。能力的组合就是指

---

① 理查德·唐金. 工作的历史 [M]. 谢仲伟,译. 北京:电子工业出版社,2011:154.
② 理查德·唐金. 工作的历史 [M]. 谢仲伟,译. 北京:电子工业出版社,2011:184.
③ 理查德·唐金. 工作的历史 [M]. 谢仲伟,译. 北京:电子工业出版社,2011:308.
④ 伊丽莎白·劳伦斯. 现代教育的起源和发展 [M]. 纪晓林,译. 北京:北京语言学院出版社,1992:序·Ⅱ.

一组人拥有同等水平的不同能力，但到了学校，却变成了把具有不同水平的同样能力的学生分在一起。"① 这种情况的出现是正常的，也是自然的。教育面临的问题绝不在于学校逻辑与职场规则的不同，而在于工作的欲望左右了教育的理想。教育改革的趋向也绝不是让学校模仿职场，让学生将学习作为工作。学习的工作化与教育的劳动化一样都会贬低人的价值和教育的想象力。如果学校与职场同构，学生将学习当做一种工作，把学校当作职场，肯定会适得其反。表面上看，把学校当作职场也许学生毕业以后更容易适应职场的需要，但这在本质上却是对人的异化。毕竟，教育的存在不能完全是为了工作，教育的目的在于人的完善而不是要培养工作狂人或劳动动物；更何况随着后工业社会的来临，工作与教育的关系将发生剧烈的变化。由于科学技术的发展，很多原本需要由人从事的工作将被机器或机器人所替代。可能极少一部分人的劳动就可以养活整个人类，很少一部分人的工作就可以维持整个社会的运转。由于劳动和工作的终结，大量的人可能将无所事事，甚至失去了存在的意义和价值。为了维持人的有意义的存在，并避免这种不幸的发生，"我们需要重新评价工作的价值，重新认识工作和教育的关系。工作对于人类所追求的目标的意义以及生活相关价值多元化之间的相关性已经被提到议事日程之上，因为这两方面已经在年轻一代中表现得很明显了。有很多可能性会促使这种生活相关因素的多元化趋势更加迅猛。其中一种可能性就是在可以将工作理解为一种社会建构的情境中对我们和工作之间的关系进行历史重构"②。换言之，我们必须将教育作为一种最为重要的积极生活，而不是简单的工作或脑力劳动。只有通过作为积极生活的教育实践才有可能实现教育与工作的相对分离，才能实现人与自然的生动交换，才能重塑人类的意义世界，才能维持"非自然"世界的稳固与持久。

长期以来，有用性一直是人类社会发展中难以回避的话题，"有什么用"也一直是功利主义者的"杀手锏"。"但我们总得问：'有用有什么

---

① 查尔斯·汉迪. 工作与生活的未来［M］. 方海萍，等，译. 北京：中国人民大学出版社，2006：150.

② 克里斯托夫·武尔夫. 教育人类学［M］. 张志坤，译. 北京：教育科学出版社，2009：48.

用?'（Useful for what?）有用在本质上是对某东西有益，除非与某种作为终极性特征的效用联系起来，否则它真的很难理解。"[1] 对人类社会而言，终极性的特征就是人的充实与完善。与劳动和工作不同，教育的根本目的是发展人的智性美德（Intellectual Excellence）而非生产出能更好地适应社会生活的普通劳动者与专业工作者。当然，强调教育的目的在于人的完善，并不是要否认教育有着更实际的用途。在实践中，教育可以生产技术性的知识，可以帮助人类改造自然，也可以培养劳动者和工作者，这些都不是坏事情。但需要强调的是，教育绝不能把所有的注意力都集中于那些功利主义或实用主义的目的上，这样做可能会适得其反。"教育的职业性和社会性诚然重要，但是舍掉其精神性则是致命的，它之所以致命，是因为可能长时间都看不到缺少精神性，就如同一种不知不觉加重的病患一样。一个国家会因此受苦，直到病入膏肓才认识到病情的严重。"[2] 真正的教育要有更崇高的使命，要关注人的完善。而要实现人的完善的使命，教育"必须从本质上来说是一件精神方面的事情"[3]。真正的教育通过"真理的沉思"和"师生的对话"以实现人的完善和充实，绝非是要脱离实际，而是一种理性的选择。人的"完善"本身不仅是有用的，而且比有用更好，因为它本身就是人们想要的，是作为目的的人的一部分。因此，教育对于人的"完善"的促进将比为工作做准备更符合社会发展的长远利益。

　　历史上，教育与劳动的分离是社会进步的一种表现，后来教育与生产劳动的结合模糊了教育与劳动的界限。今天就像教育与劳动的关系一样，工业社会中教育一直在为工作做准备，接受更高的教育是为了拥有更好的工作，挣更多的钱。但是随着后工业社会的来临，起源于高等教育中的高科技在创造新工作的同时也在夺走人们从事传统工作的机会。"我们正在进入世界历史的一个新阶段——一个对生产满足全球人口的服务和商品的

---

[1] 伊夫·R. 西蒙，瓦肯·魁克. 劳动、社会与文化［M］. 周国文，译. 北京：中国经济出版社，2009：120.

[2] 伊丽莎白·劳伦斯. 现代教育的起源和发展［M］. 纪晓林，译. 北京：北京语言学院出版社，1992：序·X.

[3] 伊丽莎白·劳伦斯. 现代教育的起源和发展［M］. 纪晓林，译. 北京：北京语言学院出版社，1992：314.

工人的需要越来越少的阶段。"[1] 实践证明，技术进步和生产力提高对于劳动、工作和教育都是强大的推动力量。信息技术和人工智能的发展既促进了教育的普及也在消解着教育的价值，既在帮助人们从繁重的体力劳动和工作中解脱出来，也在增加着失业的危险。高技术既可能增加人们生活中的闲暇时间也有可能导致过度的工作。"工作的终结可以招致文明的死刑。工作的终结也可以表明一场伟大的社会改造运动的开始，人类精神的再生。未来掌握在我们的手中。"[2] 面对不确定的未来，一切的可能都取决于我们如何处理工作和教育的关系。近代以来，义务教育的普及在很大程度上是为了适应机器大工业生产对劳动者基本读写和计算能力的需要。第二次世界大战以后，高等教育逐渐趋向大众化和普及化同样也是为了满足信息化时代社会对于知识工作者的大规模需求。未来的教育必须摆脱对于工作的依附。我们不是为了工作而受教育，相反工作是为了闲暇，闲暇则是为了能更好地受教育。我们必须强调，教育的目的是为了人的完善和充实，而不仅仅是要培养合格的专业工作者。工业社会的思维方法导致我们习惯于把教育作为一种手段而非目的，但就像人只能是目的而不能是手段一样，教育作为人实现完善的根本性途径也只能是目的而非手段。

当前对于科技进步与工作机会之间的关系大致有两种看法。一种看法认为科技的进步虽然也创造一些新的工作机会，但相比之下被科技所取代的工作更多。在那些新兴的知识部门，"虽然他们的成员会继续增加，但其数量和被新一代'思维机器'所取代的工人数量相比实在是微不足道"。[3] 另一种看法则认为，科技进步虽然可以节约或替代劳动，但相比之下科技所创造出的新的工作机会更多。"宽泛地说，'进步'与工作之间存在着指数级的关系。"[4] 科技进步所带给人类的可能不是闲暇的增多而是过

---

[1] 杰里米·里夫金. 工作的终结——后市场时代的来临[M]. 王寅通，译. 上海：上海译文出版社，1998：2.
[2] 杰里米·里夫金. 工作的终结——后市场时代的来临[M]. 王寅通，译. 上海：上海译文出版社，1998：334.
[3] 杰里米·里夫金. 工作的终结——后市场时代的来临[M]. 王寅通，译. 上海：上海译文出版社，1998：44.
[4] 理查德·唐金. 工作的历史[M]. 谢仲伟，译. 北京：电子工业出版社，2011：前言·15.

度的工作。现代社会给人的直接感觉就是工作已经主宰了全人类,很多人已经变成了劳动动物或工作奴隶,甚至失去了休闲和娱乐的能力。"就像马克斯·韦伯所谓的'囚笼',我们在消费为主的物质社会里,自愿、理性地成为囚徒。"[1] 对于人类而言,最糟糕的社会可能还不是过度工作的社会而是想成为工作的"囚徒"而不能的社会。从当前的社会发展趋势看,一个近乎无工作的社会随着高技术信息时代的来临正在变为现实。在那样的社会里,所有关于工作和教育的价值观都面临重构。"工作的功能就在于为人们提供一种生活方式。不是无限地扩大他们的消费力,而是释放他们的创造力。一份工作的社会意义在于它能激发多少创造力。"[2] 今天我们的教育还没有为下一个社会的来临做好准备。现代教育的核心结构仍然是应工业社会的需要而建立,不能适应高技术信息时代的要求。教育系统内部从目的、内容到手段仍然没有走出"教育与生产劳动相结合""为就业而教育""为工作而受教育"以及"知识改变命运"的窠臼。理论上我们意识到了教育应具有前瞻性,需要为一个尚不存在的社会培养人才。但在现实中教育的改革总是滞后于社会的发展和时代的进步。今天世界正进入一个工作和劳动机会急剧减少的新时代,然而教育领域却仍然静悄悄。由于结构性因素,由高技术进步所带来的红利对个人而言并非均等。有些人、有些行业因为技术的进步而获利,另一些人、另一些行业则将因为技术的进步而受损。"对于乐观主义者、公司总裁、未来学专家以及激进派政治领导人来说,信息时代的到来标志着一个黄金时代的来临。在这个时代,产量是无限的,消费不断增加,科学技术有更新更快的突破,市场一体化,还有就是需求可以得到即时的满足。然而,对于另外一些人来说,新技术的大获全胜意味着一场灾难。新的世界经济形势和在自动化技术方面的突破性进展使许多人被排除在经济发展进程之外,使他们成为多余的人,对于他们来说这只是一首挽歌。对于他们,未来充满着恐惧、绝望和

---

[1] 理查德·唐金. 工作的历史 [M]. 谢仲伟, 译. 北京: 电子工业出版社, 2011: 前言·17.
[2] 理查德·唐金. 工作的历史 [M]. 谢仲伟, 译. 北京: 电子工业出版社, 2011: 310.

愤怒。"①

在高技术信息时代，与工作机会减少相伴随的是工作时间的缩短。工作时间的缩短不仅体现在每周工作的天数，每天工作的小时数的缩短，还反映在首次参加工作的时间的推迟。现代社会里，由于技术的进步和知识的丰富，个人受教育的时间被不断延长。过去很多体力劳动者根本无须接受学校教育，稍后由于机器大工业生产的需要，基本的读写和计算能力被义务教育所普及，而今天随着高等教育的逐渐普及化，学制的不断延长，人们参加工作的年龄被进一步推迟。"德国现在6—7年的大学课程外加18个月的兵役或是社区服务工作，使得年轻人进入工作的平均年龄为27岁。在美国，4年本科教育之后再取得研究生资历逐渐成为得到一个好工作的必要前提，这使得24岁成为开始正式工作的年龄。英国仍然保持3年的学位课程，也不必服兵役，但是企业渐渐倾向于寻找具有更高职位、专业资历，或是具有相关工作经验的人。在传统的医学、建筑和法律领域已经有一条从业惯例：长时间（7年）的教育、实践与职业培训。我们将看到这种惯例会延伸到其他更多职业，结果就是24岁或25岁时才能开始一份全职工作。"② 为了适应和应对信息化时代工作方式的变化，教育需要革新，学校需要变革。在这方面，学制的延长以及终身教育体系的建立尤为迫切。学制的延长既是社会应对知识复杂性的必要措施，客观上也在推迟就业；终身教育体系的建立则意味着学校随时可以为那些因技术进步而失去工作机会的人提供暂时的容身之地和学习之所。

总之，劳动、工作与教育既有联系又有区别。一方面，为了实现人的自由与解放，劳动与工作是教育不可或缺的两翼。劳动为教育奠定了必要的物质基础，工作则为教育提供了实现伟大梦想的舞台。另一方面，"教育机构与生计机构"是"一种真正的对立"。③ "教育与工作或制作有关，

---

① 杰里米·里夫金. 工作的终结——后市场时代的来临[M]. 王寅通，译. 上海：上海译文出版社，1998：249.

② 查尔斯·汉迪. 工作与生活的未来[M]. 方海萍，等，译. 北京：中国人民大学出版社，2006：26.

③ 弗里德里希·尼采. 论我们教育机构的未来[M]. 周国平，译. 南京：译林出版社，2012：70.

但教育自身不是工作或制作活动。"① 实践中，尽管劳动与工作之间存在不可否认的相似性，但相比较而言，劳动强调体力的付出，工作侧重脑力的创造。近代以来，由于劳动遮蔽了工作，工作等同于了劳动，在理论和实践中劳动、工作与教育的关系被异化。一方面，教育与劳动的关系被政治化，原本致力于人的自由发展的教育成为了经济和意识形态的战场。而另一方面，教育与工作的关系也被庸俗化，原本是人类完善和充实过程中最根本策略之一的工作降格成为了一种谋生的手段。在经济和政治意识形态主导下，教育与生产劳动的紧密结合不可避免地伤害了教育的自主性和超越性。无论如何，教育不是劳动，也不能被等同于工作。为了人的完善和充实，为了人性的实现，教育要有自身的梦想，遵循自身的规律。"真正的教育不肯让利欲熏心的个体玷污自己，它善于机智地从那种想把它用作实现利己目的之手段的人身边溜走，哪怕有人误以为已经抓住了它，可以从它身上获利，通过榨取它来安排自己的生计了，它仍会带着嘲笑的表情悄无声息地逃脱。"② 未来社会必须破除"为了工作而受教育"和"为了工作而生活"的信念，把教育的重点从"为生计而训练"转移到人性的自我实现上来。③ 如果教育失去自己的梦想，被降格为一种劳动，如果教育着眼于现实，只是为工作做准备，那么将不可能有真正的教育发展，我们拥有的将只能是一种阿多诺所说的"伪教育"④，人的启蒙、解放和自由将难以实现。

---

① 高德胜. 论教育的行动性 [J]. 高等教育研究，2012（8）：14.
② 弗里德里希·尼采. 论我们教育机构的未来 [M]. 周国平，译. 南京：译林出版社，2012：67-68.
③ 李长伟. 古典传统与公民教育 [M]. 北京：教育科学出版社，2010：225.
④ Birgit Sandkaulen. 教育不再是田园诗 [N]. 谢永康，译. 中国社会科学报，2011-04-12.

第四章

人性、道德与教育

　　道德与教育是人之为人的两个关键所在。人是教育的产物，道德是教育的结果也是前提。不道德的教育不是真正的教育。只有人才需要受教育，也只有人的教育才要考虑道德的问题。因为人性"涉及的不是知识和言论，而是品性和行为"。[①] 在人的自然的层面上，一个没有道德的人不是真正的人；在社会构成的层面上，一个没有受过任何教育的人也不是真正的人。一个真正的人一定是一个受过教育的且有道德的人，即作为一种理念的"好人"。在现实生活中，虽然有道德的人总是受过某种教育，但受过教育的人却并不总是有道德的。在人性、道德与教育之间存在错综复杂的关系。由于现代教育过分强化政府的教化意志，而忽略了人的天性秩序，道德如何教育，道德教育何以可能，一直是现代教育的难题。人性中的"善因"是道德得以形成的基础。道德教育的作用就是要尽可能张扬人性中的善并抑制可能的恶。现代以降，以学校为载体的教育实践主要依附于教育社会学和儿童心理学的理论主张，逐渐偏离了古典的教育哲学和道德哲学的教诲。现代社会中是教化意志而非天性秩序在主导着规模庞大的现代教育系统。现代教育重点关注的是公民伦理和职业道德的培养而非人的德性的养成。由于现代社会中人的道德逐渐平庸，基于教化意志的道德

---

　　① Birgit Sandkaulen. 面向自由的教育［N］. 谢永康，译. 中国社会科学报，2011-04-19.

教育的可能性面临严峻的挑战，重审人性、道德与教育的关系是回答道德教育何以可能的关键。

第一节 道德教育的人性基础

对于道德教育，无论性善说还是性恶说都只是一种假设。真实的人性是复杂的。善、恶与人性之间只是事实关系而非逻辑关系。[①] 即便承认人性有善恶的两重性，但对于何为善，何为恶，仍然难以认定。阿伦特认为，"只有善才是第一性的，邪恶是第二性的，邪恶是缺乏善或是善的丧失"。[②] 拉罗什福科却认为："我们的德性经常是隐蔽的恶。"[③] 我们既无法根据对人性的假设进行道德教育，也无法在道德教育中对人性进行任意的假设。真实的人性既不可能是一块白板，也不可能偏执于任何一端。真正的道德教育必须直面人性本身。人性的自然和谐注定了其内在一定包涵相互矛盾的因子。一个人的天性之中内部的差异与他和其他人之间的外部差异一样大。所以，人性既是双重的又是矛盾的。从人的自然出发，道德教育的价值取向总是使人朝向"好"的方向发展，即从实然走向应然，从身体走向灵魂，遵循善、避免恶。"必须承认，不可因为'应当'（ought）提供不了一些'是'（is）作为资格证书而解雇'应当'。假如没有事物不证自明，那么也就没有事物会得到证明。同理，假如没有事情因其自身而义不容辞，那么就根本没有什么是义不容辞。"[④] 道德教育的前提不仅仅是相信所有受教育者能够通过教育而避免作恶，而且相信通过教育确实可以使人变得更好，从自然人走向道德人。"教育基本上是一项道德事业，之所以如此是因为它的目标是改善。它试图让接触它的每个人，老师以及

---

① 涂又光. 教育哲学课堂实录 [M]. 雷洪德，整理. 武汉：华中科技大学出版社，2020：87.
② 徐贲. 平庸的邪恶 [J]. 读书，2002 (8)：92.
③ 拉罗什福科. 道德箴言录 [M]. 何怀宏，译. 北京：生活·读书·新知三联书店，1987：扉页.
④ C. S. 路易斯. 人之废 [M]. 邓军海，译注. 上海：华东师范大学出版社，2015：53-54.

学生，比现在更好。放眼全球，它尽力让这个世界变成一个更好的地方。"[1] 换言之，所谓"教育"就意味着一个人在接受教育后应该比接受教育前成为一个更好的人。教育如果失去了对于培养"好人"的热情，失去了对于美好生活的追求，学生也就无法通过教育实现自我的道德成长。

虽然道德是教育的理想，但对道德教育而言，人的自然充满矛盾性和差异性。在《尼各马可伦理学》中，亚里士多德就认为："多数人把快乐等同于善或幸福，所以他们喜欢过享乐的生活，第二种是有德性的生活，第三种是沉思的生活。一般人显然是奴性的，他们宁愿过动物式的生活。不过他们也不是全无道理。"[2] 当今的教育恰恰就是基于亚里士多德所说的"一般人"的大众的教育，而不再是少数人的精英教育或贵族教育。除了教育参与者的变化之外，道德教育的理想经常还要面临现实的困境。一方面是人性易变，人本身总是充满了不确定性；另一方面人又不易改变，人性中残留有很多不可教育的方面。所谓"易变"就是人性容易从善变恶，所谓"不易变"是人很难从恶变善。究其原因，只有适度才是善，过度和不及都会导致恶。由善变恶不需要个体特殊的努力，弃恶从善则需要个体持续的努力。"勿以恶小而为之，勿以善少而不为"的警言背后就反映了人的自然的矛盾性。因为现实的社会生活中人总是"以恶小而为之，以善小而不为"。人在实现自我之卓越的过程中，尤其是在德性养成的过程中，总是难以摆脱"西西弗斯"的"魔咒"。稍有松懈，人性中的恶就会使对德性的追求功亏一篑。遵循善和避免恶经常发生激烈的冲突。此外，人的"易变"还表现在，人总是以自我为中心来评价周围世界的好坏。人性的一个根本特征就是高度的主观抽象性和不确定性，偶尔还掺杂有不可揣度的恶意。"人们说某种东西是好是坏，往往说的不是'它本身'是什么，而是'它对我'意味着什么，'我觉得'它好不好。"[3] 人性中的"易变"

---

[1] 菲利普·W. 杰克森. 什么是教育 [M]. 吴春雷，马林梅，译. 合肥：安徽人民出版社，2012：151.

[2] 刘小枫. 当今教育状况的几点观察 [J]. 中山大学学报（社会科学版），2006（2）：3.

[3] 渠敬东，王楠. 自由与教育：洛克与卢梭的教育哲学 [M]. 北京：生活·读书·新知三联书店，2012：16.

与"不易变"看似矛盾，实则又相互统一。因为正是人性的"易变"导致了"不易变"。不过，无论是"易变"还是"不易变"，都是人性的根本特征，即人性的双重性和矛盾性。假如人性都像童话故事里描写的那样美好，假如教育对于人性的改变可以像由蛹化蝶那样神奇，教育本身也就失去了存在的意义，道德也就不再是永恒的话题。"人无限膨胀的主观抽象性，无尽的欲望和意志，恰恰是教育所要疗救的现代人的恶疾。"① 道德教育之所以必要就在于人性深处有不可遏制的欲望和作恶的冲动。道德教育存在的目的就是要为人提供一种崇高生活的可能性，以道德遏制不道德。

由于教育本身必须是一项道德的事业，人性既是道德教育难以逃脱的限制，也使人有可能通过道德教育实现自我的完善。"人的天性将通过教育而越来越好地得到发展。而且人们可以使教育具有一种合乎人性的形式。"② 对于人而言，道德教育的实施既不能任由人的自然"恣肆汪洋"，也不能"遁天倍情"。道德教育必须要在人的天性秩序和教化意志之间取得平衡。"没有河床的河流不成其为河，那只是恣肆的洪流。但是，只有河床没有流水同样不是河。河既是不断流动和变化的存在，又要始终'在那里'。"③ 人性与道德教育的关系也大致如此。人的自然犹如河床，道德教育则犹如河中的水。若没有关于道德的教育，人的自然之河必将干涸；而没有了人的自然，忽略了天性的秩序，道德教育也就不再道德。人的自然规定了道德教育的起点，道德教育的目的则是引导人走向一种可能的道德生活。"道德教育不仅仅成就善，它本身就应该是善的成就。"④ 在这种意义上，教育即道德教育，教育的道德即是道德的教育，不道德的教育只能是一种"伪教育"或"仿真教育"。

无论在教育史还是人类道德史上，人性的复杂都注定要成为一个有道德的好人是困难的。人们对于"道德是不是可教"总是充满争议。但事实

---

① 渠敬东，王楠. 自由与教育：洛克与卢梭的教育哲学［M］. 北京：生活·读书·新知三联书店，2012：22.
② 伊曼努尔·康德. 论教育学［M］. 赵鹏，何兆武，译. 上海：上海人民出版社，2005：6.
③ 渠敬东，王楠. 自由与教育：洛克与卢梭的教育哲学［M］. 北京：生活·读书·新知三联书店，2012：149.
④ 林晖. 关于道德教育问题的思考［J］. 复旦教育论坛，2011（4）：43.

上，如果美德是可教的，那么恶行更容易学[1]。古典教育是少数人的教育，对于德性的追求是教育的主旨；现代教育则是大众的教育，知识的传播居于首位。随着教育生活中少数人向多数人看齐，道德教育逐渐趋于平庸，甚至沦为一种规训或统治人的技术。现代社会中由于现代性的高度发达，人的分裂（碎片化）不可避免。现实社会中人总是随着环境的变化，呈现出不同的自我。"道德教育变成了'情境道德观'。"[2] 教育实践中真理与美德、谬误和邪恶总是同时存在。无论何时，无论何地，人的社会生活中自然而真实的世界背后总是潜在着一个腐败的不道德的社会。现代社会里，由于社会力量的强大，单纯的自然状态的人是什么样子渐渐模糊。什么是好的，什么是坏的，什么是对的，什么是错的，不再是一个生活的常识。在道德相对主义和情感主义的影响下，黑与白的界限消失了，一切都变成了"灰色的"。由于放弃了对于人之卓越的追求，道德的平庸也不可避免。在一个道德平庸的时代里，道德教育的可能性愈来愈不确定，美德成为一种偶然，道德成为个人的隐私。但"人的自然及其社会条件，即自然的必然性以及外部条件的偶然性，乃是考察道德世界的不可或缺的基本要素"。[3] 古典教育以人的自然为基础确保了道德教育是确定的而不是偶然的。现代教育秉承进步主义、民主主义、乐观主义和技术主义，通过启蒙运动开启了人的理性，通过民主运动拓展了大众教育的权利，但随着学校教育的繁荣，关于人的道德的教育反倒逐渐衰落。"教育成为一个受雇的行业。社会第一次分成为两个阶层——教育者和受教育者。教育的宗旨不再主要是德育，而是智育和美学。"[4] 在自由与安全的抉择中现代人选择了安全，放弃了自由。在知识与道德的较量中现代人放弃了对"知识就是美德"的执著，而是热情拥抱"知识就是力量"的信条。古希腊先哲试图通

---

[1] 丹尼尔·科顿姆. 教育为何是无用的 [M]. 仇蓓玲, 卫鑫, 译. 南京：江苏人民出版社，2005：23.

[2] 约翰·S. 布鲁贝克. 高等教育哲学 [M]. 王承绪, 等, 译. 杭州：浙江教育出版社，2002：99.

[3] 渠敬东, 王楠. 自由与教育：洛克与卢梭的教育哲学 [M]. 北京：生活·读书·新知三联书店，2012：263.

[4] 伊丽莎白·劳伦斯. 现代教育的起源和发展 [M]. 纪晓林, 译. 北京：北京语言学院出版社，1992：3.

过教育来培养"好人"的梦想在现代社会彻底破产。

第二节　道德如何教育

道德与教育共同维护着现代社会的运转。没有道德就没有教育。没有教育也就不可能有道德的人，更不可能有道德的社会。道德、教育与社会正常运行密不可分。道德起源于人的自然中的善，教育则是利用了人的自然的可完善性或可教性，以创造崇高生活的可能。道德教育就是要利用教育来张扬人性中的善，并抑制可能的恶，从现实生活转向可能生活。"我们的教育仅仅不使人变坏是不够的，应该使人变好。"[①] 人是道德与教育发生联系的中介。只有人既需要道德的约束又需要教育的帮助。人的自然是道德与教育的共同载体。没有道德的约束，人的教育不可能展开；没有教育的帮助，道德的约束则很难持久。

人类社会，道德的衰落伴随着教育的危机。教育中的道德危机也意味着社会的道德危机。现代社会中，学校的繁荣与教育的式微并存，物质的进步与精神的衰退同步。虽然不能说是物质的进步导致了精神生活的萎缩，也不能说是学校教育的大发展导致了社会道德的危机。但一个不争的事实是，现代社会中教育与道德一起呈现危机的状态绝不是偶然或巧合。现代社会和现代教育中的道德危机不同于一般意义上的道德败坏。道德危机是抽象的，是一种存在状态；而道德败坏则是具体的，是一种社会现象。二者之间的区别就像坏人和做了坏事的人一样。坏人是对人的生存状态的一种高度抽象，做坏事的人则是对于人的日常生活中一个具体场景的描述。虽然常识告诉我们，坏人总做坏事，做坏事的多是坏人。但人的常识理性可以证实，坏人并不是尽做坏事，坏人有时也做好事；反之，做了坏事的人也并不一定就是坏人，好人有时也做坏事。道德危机与道德败坏

[①] 蒙田. 蒙田随笔全集（上）[M]. 潘丽珍，等，译. 南京：译林出版社，2001：155.

的关系也一样。"道德世界的难题在于：'坏'是伴随着'爱'而到来的。"① 道德实现的前提总是某种善的匮乏。现代社会和现代教育中存在道德危机并不是说每一个人都道德败坏，尽做坏事。教育中的道德危机的重要表征就是人的普遍的道德冷漠和道德平庸（Moral Mediocrity），即"好人"匮乏的危机。在道德德性上，好人与坏人之间没有第三条路。那些所谓不好不坏的人最终一定会主动或被动地滑向坏人。在道德上如果我们不能做一个好人，那其实离一个坏人也就不远了。同样，只要现代社会不再把道德德性作为判断是非的标准，只要人们主动摒弃了本能的怜悯与同情，自然在个人身上不充分在场，道德的危机也就开始降临。教育作为一项道德事业，原本对于道德危机十分敏感。教育本身甚至就是社会抵御道德"病毒"的有效"抗体"。但现代以来，在资本主义精神的冲击下，在现代性宏伟规划和实用主义哲学的诱惑下，教育本身的道德性开始坍塌。毕竟古典教育在起源上的道德性并不能保证现实中的现代教育是道德的。由此，道德教育也成为现代教育中挥之不去的梦魇，教育中的道德危机也就不可避免。

在道德方面，现代教育是一个典型的"两面派"。现代社会的道德教育总是"高不成，低不就"。一方面现代教育借助人的自然征服自然本身，另一方面现代教育又为了自然本身而去压制人的自然（德性）。在人性与自然的冲突中，现代教育选择了人性（知性）。但在身体与灵魂的冲突中，现代教育又选择了身体而放弃了灵魂。这也就意味着，现代教育虽然在合法性上是以人性假设为基础，但其根本的宗旨是为了身体而不是灵魂，是为了知识而不是道德。现代教育是以知识为目的，而不是以人为目的。本来知识是实现人的自由发展的一种手段，结果人却成了知识的工具。不是人控制了知识，而是知识在规训着人。知识独立于人而存在，人反倒成了知识人。在上述一系列看似矛盾的选择中，现代教育呈现了它吊诡的合理性逻辑，即人性是复杂的，教育也是复杂的，人性有多少种自由的可能，教育就有多少种可能的控制。在这种现代性逻辑下，教育内在的崇高性被

---

① 渠敬东，王楠. 自由与教育：洛克与卢梭的教育哲学［M］. 北京：生活·读书·新知三联书店，2012：182.

外在的世俗性和功利性所取代，道德教育成了一种教化或控制的技术，而不再是激励人追求美好生活的艺术。事实上，无论何时，道德教育必须关照人的自然。如果道德教育忽视了人的自然状况，完全服务于政治意识形态或抽象的社会需要，就会沦为空洞的说教。这种道德教育也许可以加速人的社会化，但却不符合教育的道德，也不是道德的教育。

总之，由于人的自然和社会构成之间的平衡被现代性逻辑所打破，现代教育虽然一直没有放弃道德教育的责任，但道德教育的前景一直堪忧。由于人对教育本身丧失了虔敬之心，道德如何教育的追问被搁置；现代教育充其量是在"劝说""诱导"或"警告"，甚至"恫吓"或"威胁"人不要去做坏事或做坏人，而无法真正教育人去做一个有道德的"好人"。"韦伯在《新教伦理与资本主义精神》中把人们的道德生活与经济生活勾连起来，为世俗活动建立了日常生活的合理基础；但也正是由于这个过程，启蒙运动中的'平等'概念逐渐演化成了日常生活中的'平均'和'平庸'状态，道德第一次以无差别的形式出现了。"[①] 自此以后，在现代社会里道德的平庸成为一种常态。平庸的道德如何教育成为一个难解之谜。吊诡的是，由于竞争的激烈，平庸作为知足的变种反倒为平庸者赢得了道德上的优越感。在现代社会生活以及教育生活中，一个人只要没有道德的污点就可以算是"好人"，只要做了一点好事，就可以算作是榜样。一百多年前尼采曾说："未尝有过一个时代，比现在更需要道德教育家，也未尝有过一个时代，比现在更难找到这样的教育家。"[②] 这句话用在今天同样合适，甚至更为合适。现代社会无论哪一个职业的人，衡量其好坏的标准都不再是道德德性或人性的卓越，而是所谓的职业成就或社会地位。教育生活中人之自然的卓越追求也一去不复返了。在这种时代背景下，衡量好教育的标准也不再是培养有道德的好人，而是对经济社会发展的贡献率。

---

① 渠敬东. 现代社会中的人性及教育——以涂尔干社会理论为视角 [M]. 上海：上海三联书店，2006：95.

② 弗里德里希·尼采. 作为教育家的叔本华 [M]. 周国平，译. 南京：译林出版社，2012：10.

第三节　道德教育何以可能

在现代性危机的影响下，社会各个领域道德败坏的现象层出不穷。道德败坏的直接表征与其说是日常生活中坏人的明显增多，不如说是好人的慢慢消逝。由于崇高生活的可能性被世俗化所解构，道德的平庸成为了工具理性扩张的借口。由于彼此的不信任或相互怀疑，社会凝聚力开始下降。在无尽的物质主义的诱惑下，人类的精神生活逐渐萎缩。伴随道德准则被从政治、经济以及社会生活中逐渐剥离，道德的冷漠反倒带上了理性的面具。"我不是好人，但也不是坏人"成为了个体自保的一种道德理由。此外，伴随人的自然的社会化，自然美德让位于自然权利；在生活世界中价值被事实阉割，自然正义也被程序正义所取代。法律的扩张与道德的后退相映成趣。凡事都讲法律、论证据成为一种新的社会时尚，道德评价反倒成为了一种不可思议的迂腐。人们相信只要合乎法律的规定，无论善恶是非都是一种个人自由。行善是一种自由，作恶也是一种自由。法治作为现代社会中最重要的一种秩序，本是人类进步的一种象征。但法律绝不能成为一种主义，法律主义可能会扼杀人类崇高生活的其他可能。没有法律不行，但如果只有法律而没有道德，那也不是人类值得追求的美好生活。对于人类而言，泛道德化是不对的，但去道德化同样也是可怕的。将人类生活中那些原本由道德调节的领域法治化，表面上看是一种进步，但却会导致整个社会领域更严重的道德衰落。

当然，社会中可能的恶以及人性的复杂并不意味着道德教育的不可能，反而凸显了道德教育的必要。教育是人之成为人的根本，也是道德得以延续的最重要的社会机制。卢梭曾讲："凡是出自造物主之手的东西，都是好的，而一到了人的手里，就全变坏了。"[1] 但"人是宇宙的精华，万物的灵长"（莎士比亚语），是意义世界的源头。没有人就没有任何规范和价值存在，包括道德。历史上，教育是人类赖以走出蒙昧的重要途径，现

---

[1] 让·雅克·卢梭. 爱弥儿 [M]. 彭正梅, 译. 上海：上海人民出版社, 2005：1.

在道德教育也是造就好人的不二选择。只有通过教育的引导，加之个人的努力，人性的全部自然禀赋才能逐步从自身中发挥出来。道德也不例外。没有道德教育的引导与激励，善行不可能持续，美德不能持久，美好的生活也就只能是泡影。当然，若仅有关于道德的教育，而教育和社会又是不道德的，那么道德教育将很难收到成效。在凡事均可交易的金钱社会里，"人们虽可以用金钱获得一切，但却决不能获得风尚与公民"。① 风俗的敦化和道德的提升需要教育，尤其是道德教育的努力。

实践中，道德教育的可能性建基于两个方面：一个是哲学人类学意义上的人的可完善性；另一个是教育社会学意义上的人的社会化。道德教育的成败一方面取决于人的自然中善恶的平衡，另一方面则取决于人与社会的相互适应，尤其是政治的社会化。成功的道德教育不但意味着人性中的善对于恶的抑制，而且还意味着良好的社会适应。尼布尔曾有"道德的人"与"不道德的社会"之区分，但根本上，人与社会的道德必须相互匹配，而不是冲突。道德的人不可能存在于社会的道德真空之中。如果人是道德的，即使抽象的社会是不道德的，也一定会有一个潜在的道德共同体存在。如果社会是不道德的，那么人的道德则只会局限于私人领域，公共领域的道德状况一定堪忧。不过，无论人和社会是道德的还是不道德的，道德教育中的善恶都是相对存在的，道德与不道德也是并存的，好人有做好事的理由，坏人也会有做坏事的想法。从人的天性出发，在伦理上做一个好人总是要比做一个坏人要难。做好人要抑制人性中的可能的诸种恶，做坏人则可能只是顺应了人性中的恶。《世说新语》有一个小故事——"殷中军问：'自然无心于禀受，何以正善人少，恶人多？'诸人莫有言者。刘尹答曰：'譬如写水著地，正自纵横流漫，略无正方圆者。'一时绝叹，以为名通。"成人或向善如逆水行舟，不进则退。不过，好在人是理性的动物，难易并非决定人的选择的最终法则。理性告诉人们，顺流而下多是枯枝败叶，逆流而上方可成为精华。选择顺流而下抑或逆流而上是每一个人的天赋权利。任何人都没有决定别人命运的权利。道德教育也不能强

---

① 让·雅克·卢梭. 论科学与艺术 [M]. 何兆武, 译. 北京：商务印书馆, 1963：25.

制为人选择道德标准或制定道德规则。教育不能为了好人而企图去消灭坏人。如果这样做最终的结果不是把坏人变成好人,而是会把好人当成坏人。在一个自然的健康的社会里,恰恰是因为有了坏人的存在才凸显了好人的价值,激励着好人的努力与坚持。一个社会德行的败坏也绝不是因为某个坏人做了件坏事,而是普通人在道德上的平庸化,放弃了对于自身卓越的追求。阿伦特在《艾希曼在耶路撒冷:一份关于平庸的恶的报告》中关于"平庸的恶"的论述充分表明,有时危害这个世界的并不是道德意义上的坏人,而很可能是一个"平庸无奇的正常人"。[①] 由于无思想或不思,平庸的恶有时可以毁掉整个世界。今天面对平庸时代人的道德平庸以及平庸本身可能造成的恶,反思现代学校道德教育的价值取向,重温古典教育对于人的道德德性的追求十分必要。

对于人的道德德性的关注是古典教育的根基。古典教育像一束自然之光,引导人的灵魂转向太阳。相比之下,现代教育更像是一束舞台之光,引导人的欲望转向知识或劳动力的市场。在自然之光下,人的自然单纯而质朴,在舞台之光下人的自然则扑朔迷离。"教育的正确的格言似乎成为'为了生存的缘故,丢掉值得生活的一切'。物质在生活中占了主导地位,精神和道德生活被遗忘了。"[②] 与古典教育对于人的自然的关注相比,现代教育更多的是一种传播知识的"教学技术"。由于建立了集中化的学校组织和教育制度,现代教育有着惊人的效率。任何一种思想或意识形态,任何一种科学或技术,任何一种学说或价值观,学校都可以通过课堂教学实现快速的灌输。现代社会中知识既可能是善的力量,也可能是恶的力量。通过对于政治意识形态的宣传与控制以及对于科学技术知识的传播,现代教育被赋予了确保国家和社会有效运行的重任。

在源头上,一个人之所以需要受教育,获取知识可能倒在其次,教育之于人的更重要的价值在于帮助他打开心灵之门,实现人性的自由发展。但现代社会中,"教育变成了对社会成员的'正常'的教化和自我改造,

---

① 汉娜·阿伦特,等. 《耶路撒冷的艾希曼》:伦理的现代困境 [C]. 孙传钊,译. 长春:吉林人民出版社,2003:54.

② 伊丽莎白·劳伦斯. 现代教育的起源和发展 [M]. 纪晓林,译. 北京:北京语言学院出版社,1992:321.

而道德则变成了新的'悔罪意识'和'身体的政治技术'。"① 从发生学上讲，知识原本是人的精神生活的自然产物，闲逸的好奇是人获取知识的主要动力。但在今天的现实生活中，知识已不再是一种真理体系，而是成为了一种控制身体的技术。知识的生产与选择不再是为了真理和美德而是为了权力和利益。起源上，现代教育以对人性的凸显获得合法性。但在后来的实践中，由于工具理性的扩张，人的发展和道德成长在教育中不再是第一位的。由于知识价值的凸显，"教育意味着教，教意味着知识，知识是真理，真理在任何地方都是一样的。"② 除了真理对于美德的取代之外，在"知识—权力"的谱系上，现代教育还与权力关系密切。在政治学意义上，现代学校制度的建立与其说是为了人的发展，倒不如说是为了国家的统治。现代社会里人的发展和道德的成长绝不能与国家的利益和意志相矛盾。"如果教育与国家站到了对立面上，那就是大大有害的。"③ 国家的意志不但为教育而且为人的自然都进行了立法。在"政治正确"的天平上，只有对于国家有用的才是真理。无论何时，无论何地，人是国家的人，道德是国家的道德，教育是国家的教育。

总之，现代教育的发展从以人为目的降格为以知识为目的，进而演变为以国家为目的，道德和精神生活逐渐被遗忘。教育中的德性意味着对于人之卓越的追求。道德教育的终极目的是将人从平庸的生活中解放出来，并实现人性之卓越。"教育的职业性和社会性诚然重要，但是舍掉其精神性则是致命的，它之所以致命，是因为可能长时间都看不到缺少精神性，就如同一种不知不觉加重的病患一样。一个国家会因此受苦，直到病入膏肓才认识到病情的严重。"④ 古典教育追求人之卓越，强调德性的重要，但现代教育则降格为一种大众的教育，注重知识的灌输。在社会和教育双重

---

① 渠敬东. 现代社会中的人性及教育——以涂尔干社会理论为视角 [M]. 上海：上海三联书店，2006：118.

② 罗伯特·M. 赫钦斯. 美国高等教育 [M]. 汪利兵，译. 杭州：浙江教育出版社，2001：39.

③ 渠敬东. 现代社会中的人性及教育——以涂尔干社会理论为视角 [M]. 上海：上海三联书店，2006：51.

④ 伊丽莎白·劳伦斯. 现代教育的起源和发展 [M]. 纪晓林，译. 北京：北京语言学院出版社，1992：X.

现代化的进程中，随着教育过程中人之自然禀赋的变化，为了自由的教育不可避免地被为了职业的教育所取代。"原先的创新精神堕落为职业精神，现在无论在哪里都能见到发展中的这种现象。""创新的精神生活完全处于孤立的境地。"① 大众教育与职业精神是现代社会的基础。离开这两者现代社会无法运转。就像古典教育信奉知识即美德，围绕着好人理想而展开，大众教育也适应了现代社会的知识生产方式和现代人的社会状态。正是以大众教育为基础，公民伦理和职业精神才满足了现代社会的需要。以职业精神为指导的大众教育也为现代人的公共生活和职业生活做好了准备。为满足大众的教育需要，自赫尔巴特以来现代教育哲学就已经实现了转向，"在教育的核心问题上，人的自然（Human Nature）逐渐转化成为心理的要素"，② 人的精神生活变成为了脑力劳动，理智教育直接导向了形式理性，知识而非人成为了教育的核心，知性而非德性成为了关于人的教育的核心议题。现代社会中人的精神生活的衰落已不是秘密。现代教育对于人的精神生活的衰落没有给予足够重视并做出回应，教育本身的精神价值也在迅速衰落，对于教育的虔敬之心被功利态度所取代。教育不再是靠自己的魅力吸引人，而是依靠法律的强迫或"好处"的诱惑。除了引导学生掌握先进的科学技术和实用知识之外，大众教育在精神层面上主要着眼于公民伦理与职业道德，人的其他精神生活被忽视，道德德性也遗失在知识市场的喧嚣里。

---

① 瓦尔特·本雅明. 本雅明论教育：儿童·青春·教育［M］. 徐维东，译. 长春：吉林出版社集团有限责任公司，2011：28.
② 渠敬东. 现代社会中的人性及教育——以涂尔干社会理论为视角［M］. 上海：上海三联书店，2006：63.

第五章

学者、公民与好人

无论传统社会还是现代社会，教育的目的都在于让人成为人，关键在于成为什么样的人。传统社会基本上是一个联系紧密的共同体，教育是完整性的教育，人是完整的人；现代社会在很大程度上是一个"抽象社会"，[①]教育是分裂的，人也是分裂的。按路易斯的说法："老教育是启发，新教育只是配制；老教育对待学生，像老鸟教小鸟习飞；新教育对待学生，则像养禽者对待幼禽——使得它们如此这般，对其目的幼禽一无所知。概言之，老教育是一种传承——人之为人代代相传；新教育则只是宣传。"[②]古典教育中知识、道德与政治间保持高度的一致，好公民也是好人，好人也是好学者。现代教育中知识与道德、政治与学术之间的关系错综复杂。伴随着追求卓越的好人教育的衰落，好人意义上的好公民与好学者不再可能。现代社会中好公民的标准是政治性的，好学者的标准则是学术性的。无论好公民还是好学者都不再意味着理念上的"好人"。普遍意义上的"好人"逐渐消失。"什么是好人"的追问被"什么人是好人"的追问所取代。"好人"不再是人之为人的一种理念，而是成了人的一种属性或能力，即做好事的人。从古典到现代，好人教育的变迁也折射了现代社会与现代教育的吊诡。一方面在现代社会中教育放弃了对于美好生活的

[①] 李猛. 论抽象社会 [J]. 社会学研究，1999（1）：1.

[②] C. S. 路易斯. 人之废 [M]. 邓军海，译注. 上海：华东师范大学出版社，2015：31.

追求。"放弃考虑和决定何为'好人'这回事情——是否做一个'好人'成了私人的事情。"① 另一方面现代教育却向现代社会的大众许诺更多的教育将会带来更多的幸福。在现代人对权利的索取取代了对美德的追求,对世俗的幸福的渴望代替了对自然的美好生活的沉思。在现代性危机日益严峻的背景下,反思现代社会中学者、公民与好人的关系,重审好人教育的哲学十分重要。

第一节 好人与公民

在自然界,人是最高等的动物;在社会生活中,人是社会关系的总和;在精神生活中,人是一种绝对理念的存在。没有人就没有一切。所谓"好人"就是一种关于人的绝对理念。它代表了人对于自身德性可能达到的终极状态的一种想象或信仰,体现了人对于自身卓越性的一种永恒追求。生活世界里,"好人,就是追问自然的美好生活,并把对自然的美好生活之追问看作一种生活方式"。② 教育是人的生活世界的重要组成部分。所谓教育让人成为人,也就是让一个自然人或社会人通过教育成长为一个"好人"。人类历史上,培养好人曾是古希腊哲人共同的教育理想或理念。在古典教育里,好公民就是好人,好人也是好公民,公民教育即好人教育。后世的哲学家和教育家之所以抛弃了好人教育的传统,不是因为"好人"不重要,而是因为社会环境发生了变化。随着城邦政治的瓦解,知识与美德的分离,以及社会分工的加剧,好人就是好公民的传统失去了传承的载体。随着好人作为一种理念的普遍性的消逝,人的公民性被凸显。最终,实践中教育哲学与政治哲学的冲突导致了好人不再必然是好公民,好公民也不再必然是好人。虽然雅斯贝尔斯认为,"一个正直的人,他同时就会是一个正直的公民"。③ 但在具体的教育实践和社会实践中,公民教育

---

① 李长伟. 古典传统与公民教育 [M]. 北京:教育科学出版社,2010:60.
② 李长伟. 古典传统与公民教育 [M]. 北京:教育科学出版社,2010:7.
③ 雅斯贝尔斯. 什么是教育 [M]. 邹进,译. 北京:生活·读书·新知三联书店,1991:9.

不再是好人教育，那些世俗意义上的好人也不再是好公民。现代社会中好人与好公民的矛盾逐渐显现。毕竟好人的"好"与好公民的"好"不再是同一个含义。"因为好公民指的是什么完全取决于政权。在希特勒德国的一个好公民在别处就会是一个坏公民。好公民与政权是有联系的，而好人则不必有这种联系。好人的意义在任何时候和任何地方都是同样的。"① 现代社会里，伴随教育从一个哲学范畴转为教育学概念，现代教育的主要功能不再是培养普遍的好人而是传授具体的科学知识、灌输特定的意识形态，以维护国家和社会的有序运行。在这种新的教育体制下，"好人"不再是教育的核心，有用的知识成为了教育的基础。

客观上，无论在人性层面还是在社会层面，好人教育的衰落都有必然性。人性之中恶的存在注定了好人难做。而现代社会本身又是以"性本恶"作为人性假设，驱动其运转的主要是利益的博弈和权力的较量而非道德德性。由于现代性对于自由、平等之类自然权利的过分强调，现代社会中的人在道德方面逐渐平庸化、中立化，德性不再必然是人之为人以及人之卓越的一部分。对于自然的征服成为了人最伟大的事业。在人类征服自然的过程中，伴随着工具理性的扩张，现代社会逐渐成为一个抽象的社会，现代社会中的人也成为抽象的人。抽象的人没有道德上的好恶和差异，只有利益上的计算。知是一种自由，无知也是一种自由；行善是一种自由，作恶也是一种自由。所谓的人性成了一种假设。这方面，经济人的假设就是一个典型。对于公民而言，同样如此。在经济人的假设下，"单纯的公民资格能够带来平等的权利和自由，但如果缺乏与美好生活的关联，公民资格的享有也会使个人陷入孤独、冷漠、虚无、平庸、无意义，甚至疯狂"。② 一个好人需要在价值观上有所选择、有所坚持，对于是非善恶能够根据常识做出正确判断，并勇于践行。好人作为社会的良心需要有社会的良知，既要认同共同的善也有行善的勇气。"教育的本质不在于使一个未来的公民要去适应社会生活的条件和相互影响，而是首先要造就一

---

① 李长伟. 古典传统与公民教育[M]. 北京：教育科学出版社，2010：8.
② 李长伟. 古典传统与公民教育[M]. 北京：教育科学出版社，2010：3.

个人，以此来准备一个未来的公民。"①

现代教育所造就的公民，无论是普通群众还是政治精英，充其量不做坏事或遵守规则。对于大多数的普通公民，甚至是政治精英，遵守规则即为美德，根本谈不上道德或责任担当。在法律越来越多的情况下，现代人对于规则的遵守很多时候也并非因为正义而是因为恐惧。日常生活中人们对于是非善恶偶尔也许会有理性的判断，但内心的怯懦往往会造成善行的远离，无意间反倒会因道德冷漠而在作恶。在道德德性上，好人与坏人之间没有第三条路可走。在道德上，如果我们不能做一个好人，那其实离一个坏人也就不远了。那些所谓不好不坏的人最终一定会主动或被动地滑向坏人。因此，无论是作为群众公民还是作为政治精英的公民，不但都不必然再意味着好人，而且经常面临成为坏人的风险。

总之，好人与公民的冲突是现代社会和现代教育的双重宿命。现代社会需要受过教育的公民而非好人，现代学校也就直接面向大众提供公民教育而非自由教育。结果就是，随着公民教育的扩展和自由教育的衰落，现代社会中充满了"危险的个人"。在私人化的潮流中，贪婪被合法化，公共人逐渐衰落，一个由欲望主导的"个体化的社会"逐渐形成。在个体化的社会里，由于意义无法共同分享，调节公民行为的主要是法律，善恶的区分也不再是个体道德追求的主要动力。对于个体而言，当道德缺席或不充分在场时，"人们必然是疯狂的"②。当然，疯狂原本就是人性中的一部分，是动物性在人性中的自然残留。人类文明面临的最大的威胁不是自然界的灾难而是人性的疯狂，道德的失控。今天在世界范围内所谓保护自然，保护环境，世界无核化，等等，其实不过是要保护人类自身。无论何时，无论何地，自然都要比人类更坚强。在人面前自然是不死的，而在自然面前人则是必亡的。人要避免类的消亡，必须好自为之。人的德性的养成就是为了避免或抑制这种动物式的疯狂，以确保人类的永在。

---

① 伊丽莎白·劳伦斯. 现代教育的起源和发展［M］. 纪晓林，译. 北京：北京语言学院出版社，1992：316.
② 齐格蒙特·鲍曼. 个体化社会［M］. 范祥涛，译. 上海：上海三联书店，2002：序言.

第二节 公民与学者

与作为一种理念的好人不同，公民与学者都是具体的人或人的具体身份。所不同的是，公民反映的是人的政治属性，具有普遍性，政治正确是第一位的；学者则体现了社会分工的特殊性，学术正确是第一位的。换言之，公民是一种身份，学者则是一种职业；凡人都可以是一个公民，而成为学者则必须经过专业的训练。政治的正确要求公民在意识形态的判断上必须有所选择，而学术的正确则要求学者为了客观必须尽可能摒弃主观的任意的判断。因此，学者与公民的冲突主要是学术与政治的冲突。公民需要有公民的政治觉悟，学者需要有学者的学术操守。不过，和好人与公民的冲突不同，学者与公民的冲突并非是必然的。无论传统社会还是现代社会，虽然好学者未必一定是好公民，但也未必一定不是好公民。

教育让人成为人，也可以让人成为公民和学者。无论公民还是学者都不是天生的。造就学者需要学术教育，造就公民则需要公民教育。对于学者的教育而言，博学多才是重要的，对于公民的教育而言，自由与权利才是重要的。只要能够满足自己的好奇，学者可以将自己的全部精力集中于某个生僻的领域。而公民则不然。公民离开公共生活就会像鱼儿离开了水。对于一个人来讲，可以不是一个学者，但不能不是一个公民。对于人，学者意味着一种特殊的职业，公民则意味着一种普遍的身份。作为一种职业，学者的身份是特殊的，学者有学者的使命和学术的操守；作为一种普遍的身份，公民也有公民的权利和义务。除非严重违反了法律，否则公民的身份无人可以剥夺。但学者的身份则不然。如果不持续努力，学者很快就将会被同行所遗忘，不再是学者。"不发表，就死亡。"由于再小的研究领域都是一个无底洞，学者的理想就是成为著作等身的好学者，公民的身份往往被忽略。按卢梭的说法："知识上的分化，使人们只是按照知识分类的方向来确认自身，按照知识专门化的程度来确定自己的属性，并沉湎于这样的想象之中。这样的想象越发达，人身和人心就会越发失去自身真正的力量，科学和艺术的行当由此也变成了一种最文弱的职业。人们往往将铠甲的装饰想象成铠甲，科学和艺术的教养越深，人们在政治共同体中作为公民的属性就越会被瓦解掉。"[1] 在社会生活中，当公民身份与学者的使命发生冲突时，学者的公民身份往往是消极的，而公民的学者身份则是积极的。对于一个学者而言，当面临成为好公民还是好学者的选择时，成为好学者是最为普遍的选择。

理论上，作为一个学者与作为一个公民，或者作为好学者与好公民并不矛盾。在政治和法律的意义上，学者也必然是公民。现在的问题在于，好学者未必就是好公民，或好学者很可能不是好公民。社会实践中，总是伴随着学者身份的凸显，公民身份逐渐消逝。尤其是在社会分工越来越细的今天，学者通常在非常专门化的知识领域里辛勤耕耘。虽然现代社会的学者不可能再"两耳不闻窗外事，一心只读圣贤书"，但与其他职业相比，学者还是更倾向于远离世俗生活，将精力主要集中于专业的学术问题。早在《论科学与艺术》一书中，卢梭就曾哀叹："我们有的是物理学家、几何学家、化学家、天文学家、诗人、音乐家和画家，可是我们再也没有公民了。"[2] 今天的现代大学里情况更是如此。教授、专家等头衔取代知识分子成为了现代社会对于学者的普遍称呼。无论大学里还是大学外，公共知识分子都逐渐没落。由于公民教育的普及，公民身份的法律规定性，成为好公民不再是对知识精英有吸引力的事情。由于学科的规训，当学者将精力集中于学术之后，对于政治就逐渐淡漠。

好学者要"以学术为业"，好公民则"以政治为业"。"在一个自由社会里，学术自由与公民自由相互依存，却并不是同一事物。前者关系到普泛的学识共和国，后者则关系到有限的政体。两者必须互相承认，如此才能形成一种微妙的平衡。一旦竞争双方陷入政治缠斗，并且开始把大学视为武器或障碍，就会轻易地打破平衡。"[3] 在当前高度专业化的学术体制下，哪怕再小的领域都隐藏着无穷的奥秘，我们无法要求一个好学者同时

---

[1] 渠敬东，王楠. 自由与教育：洛克与卢梭的教育哲学[M]. 北京：生活·读书·新知三联书店，2012：158.

[2] 卢梭. 论科学与艺术[M]. 何兆武，译. 北京：商务印书馆，1963：32.

[3] 道格拉斯·格林伯格，斯坦利·N. 卡茨. 学问生涯[C]. 吕大年，等，译. 杭州：浙江大学出版社，2018：105.

也是一个好公民,毕竟人的精力是有限的,志向也是不同的。一个学者将自己的全部精力投入到自己的研究事业上都未必能够收获职业的成功,哪还有空闲和兴趣去参加公共领域的活动,履行一个好公民的政治职责?在现代大学里,学者心目中最伟大的事乃学术上的发现,而非为了公共利益作为社会的良心。即便真有学者愿意在学术研究的基础上去做一个好公民,好学者也未必能成为好公民。如涂尔干所言:"伟大的生理学家一般都是平庸的门诊医生。同样,即使社会学家有这样的机会,也不可能成为一个完美的政治家。"① 好学者与好公民间的关系也大致如此。

总之,对于人而言,学者和公民是两个可以同时拥有的不同的社会角色。但通常情况下,一个身份的凸显总会伴随着另一个身份的隐退,同时出现时往往会相互冲突。对于学者而言,职业生涯中即便有道德考量,优先考虑的也是知性的美德,而非公民的伦理。学者的理想就是成为好学者而不是好公民。这种冲突既有社会的原因,也有人性的原因。社会的原因在于,现有的社会分工赋予了学者以职业的精神和学术的使命;人性的原因则在于,学者与公民的造就需要不同条件。好学者的造就需要优异的天赋、精深的学术教育以及良好的学术环境,好公民的造就则需要人对于政治的敏感性、完整的公民教育和良好的政治生态。

第三节 学者与好人

好人的灵魂是德性,学者的资本是才华。与才华不同,德性不是天生的。有时一个人可以凭天资而才华四溢,但德性需要后天的持续努力,且无半点运气可言。对于人而言,德性是人与动物的分界线。人性始于何处,动物性止于何处,全靠道德判断。只有德行糟糕的人,绝不会有道德败坏的动物。在人类社会中,德性原本是人之为人的基础,德性附属于人性。但随着人性的去自然化,成为"好人"不再是人类的普遍理想,德性

---

① 涂尔干. 乱伦禁忌及其起源 [M]. 汲喆,等,译. 上海:上海人民出版社,2006:164.

逐渐脱离人性成为一种"悬浮物","好人"也降格为一个与坏人相对的日常用语,不再是一个哲学上的高级概念。结果,好坏之分成为一种生活常识,在社会的各个领域中,人经常被简单地分成了好坏两类。一般情况下,做好事者为好人,做坏事者为坏人。此外,每一种社会身份或职业也都可以按相应的标准被区分为两类。公民有好坏之分,学者亦有好坏之分,其他职业亦然。由于"好"的标准截然不同,一个学术意义上的好学者既不一定是世俗意义上的好人,更不一定是理念层面上的好人。反之亦然。

古典意义上的作为一种理念的好人,与知识的获得密不可分。没有知识的人是野蛮的,不可能成为好人。古希腊先哲认为,"知识即美德","无人自愿作恶,作恶皆因无知"。[①] 现代以降,古典道德哲学中的好人说逐渐被抛弃,新兴的自由主义的社会科学奉行经济人的假设。随着知识的科学化和精细化,好人教育的理想逐渐破灭。卢梭就认为"人类是邪恶的;假如他们竟然不幸天生就有知识的话,那么他们就会更坏了"。[②] 随着古典意义上的好人理念的式微,世俗意义上的好人也开始与是否掌握高深知识毫不相关。从古典到现代,"好人"从一种关于人的德性追求的绝对理念演变为一种单纯的道德评价。根本原因在于,知识生产的社会环境以及生产知识的人的道德状况的变化。古典时期社会构成相对单纯而自然,作为知识生产者的学者德行高尚,知识本身就成为美德的象征;现代社会急功近利,学者自身如果德行不堪,知识经常就会成为助纣为虐的工具。"关心科学甚于关心人性。科学工作者如果不受更高的教育原则指导和限制,而只依据'多多益善'的信条一发而不可收,便必定会损害学者,就像 laisser faire(放任主义)的经济原则会损害整个民族的道德品质一样。"[③]

在科学史上,由于科学和人性的冲突,自然科学的兴起的确导致了道

---

① 陈真. 苏格拉底为何认为"无人自愿作恶"?[J]. 南京师大学报(社会科学版),2010(05):7-13.

② 卢梭. 论科学与艺术[M]. 何兆武,译. 北京:商务印书馆,1963:20.

③ 弗里德里希·尼采. 作为教育家的叔本华[M]. 周国平,译. 南京:译林出版社,2012:8.

德哲学的衰落。但科学并非必然就与道德不相容。就像无产者未必道德更高尚一样，愚昧无知者也未必就天生的心地善良。人的德性的衰落是由复杂的社会因素综合决定的。一个学者能否同时成为好人，虽与个人的修养有关，但在很大程度上也是由大的社会环境与知识生产方式所决定。在学术不断职业化，学者不断专业化，德性不再是衡量人性普遍尺度的现代社会里，要求学者独善其身是不切实际的空想。人性本恶，学者可能也不例外。知识对于人的德性的养成既不充分也不必要。人的自然之中德性的维持需要个体持续努力。虽然我们希望人类生产的所有知识都要有道德的考量，有大学问的人也要有高尚的德行。但事实上，德行的高低与学问的大小绝非对应。学问的大小主要取决于天资，其次是个人的努力；而德行则相反，努力与坚持是主要的，人的自然差异倒在其次。每个人通过努力与坚持皆有可能做到德行高尚，而能成就大学问的人只能是人群中少数的少数。没有一定天资的人，无论如何努力都不会有大学问。

正是由于德性不是天生的，所以人类社会道德的败坏，德性的衰落可谓"正常"现象。那些掌握高深学问的学者也不例外。无论何人，对于德性的坚守都是对个人意志的极大考验。卢梭在《论科学与艺术》一书中曾严厉批评，甚至攻击当时的法国是由于科学与艺术的复兴导致了道德的衰落。如他所言："自从学者在我们中间开始出现以后，好人就不见了。从前罗马人是安心于实践德行的，但当他们开始研究德行之后，一切就都完了。"[1] 但事实上，他自己也坦言："我自谓我所攻击的不是科学本身，我是要在有德者的面前保卫德行。忠诚对于善人要比博学对于学者更可贵得多。"[2] 对于知识与道德的冲突，以及对于学者德行的批评，卢梭的看法很大程度上是受了蒙田的影响。而蒙田对于知识，甚至对于教育本身都抱有一种虚无主义的看法。卢梭在那篇应征的论文中，很多的论述都带有矫枉过正的情绪性；和蒙田在《论学究气》一文中的许多观点如出一辙。

历史上，科学的兴起，尤其是自然科学的繁荣极大地拓展了人类对于自然、社会以及人自身的认识，满足了人的好奇心，促进了物质文明的进

---

[1] 卢梭. 论科学与艺术 [M]. 何兆武, 译. 北京：商务印书馆, 1963：18.
[2] 卢梭. 论科学与艺术 [M]. 何兆武, 译. 北京：商务印书馆, 1963：5-6.

步。对于人性或人的自然而言，科学的进步很难说全是正面的。科学裹挟着人类，意欲征服自然，超越自然。但人类仍然要生存于自然之中。在征服自然的过程中，自然失去了宁静，人也不再单纯、质朴。德性的衰落，道德的败坏不可避免。"知识的荣誉往往会带来道德的不幸，这是现代唯智主义的后果；它破坏了人的内在的统一和单纯性，因为人已离开他作为人的自然和自由越来越远了。"① 德行原本需要人的践行，就像信仰需要人的修行一样。在科学的名义下，关于德行的研究大行其道，过度的研究甚至成为了粉饰道德危机的一种手段。"没有任何德性而装出一切有德性的外表。"② 在这种意义上，卢梭当年的看法仍然是对的。

对于人来讲，德性是人精神的需要，就像身体保暖需要衣物一样，精神的空虚也绝不是那些理论的装饰物所能缓解的。但问题的另一面在于，无论何时学者对于德行进行研究都无可非议。发明和原创性是学者的美德。③ 现代社会的学者不再是古希腊时期的哲人或圣人。研究是学者的天职。理智而非道德才是学者的生命。至于学者的研究结论会不会成为一种理论装饰物或意识形态的遮羞布，这不是学者本人能够控制的。当然，这里问题的关键在于，学者本身是不是具有德性，他自己是否相信自己所提出的关于德行的种种学说。如果学者本人是真诚的，那么无论他的研究结论如何都符合学术自由的原则。相反，如果像尼采所说的那样，"世界从来不曾如此世俗化，如此缺乏爱和善良。学者阶层不再是这整个动荡不宁世俗化潮流中的灯塔或避难所；他们自己也一天天变得不安，越来越没有思想和爱心。一切都在为日益逼近的野蛮效劳，包括今天的艺术和科学。有教养人士已经蜕化为教育的头号敌人，因为他们讳疾忌医"，④ 整个学者阶层就真的需要彻底的反思。如果学者自身的德行有悖于自己关于德行的理论，如果学者的言说本身就不过是附庸风雅或出于意识形态的目的，那

---

① 渠敬东，王楠. 自由与教育：洛克与卢梭的教育哲学［M］. 北京：生活·读书·新知三联书店，2012：158.

② 卢梭. 论科学与艺术［M］. 何兆武，译. 北京：商务印书馆，1963：8.

③ 安东尼·克龙曼. 教育的终结——大学何以放弃了对人生意义的追求［M］. 诸惠芳，译. 北京：北京大学出版社，2013：42.

④ 弗里德里希·尼采. 作为教育家的叔本华［M］. 周国平，译. 南京：译林出版社，2012：30-31.

么随着学者关于德行研究的繁荣，好人会越来越少，德行的实践也会慢慢消逝。最终学者提供给我们的以及我们所得到的不过是用来遮掩人性异化的装饰品罢了。

古典意义上，知识即美德，掌握知识是成为好人的前提。世俗意义上，掌握知识者不再必然是一个道德意义上的好人，相反有时知识的进步还会危及个人的道德成长。现代社会，学者与好人的冲突本质上仍是知识与道德的冲突。对于知识的获取，苏格拉底曾讲："要想向我学知识，你必须先有强烈的求知欲望，就像你有强烈的求生欲望一样。"① 后来亚里士多德更是直接指出："求知是人类的本性。"② 由此可以看出，在西方文明里，对于知识的探求一直是人的理性生活的重要组成部分。求知若求生，知性的美德是人的德性的重要组成部分。现代社会里，与道德德性的普适性相比，知性美德主要集中于学者身上。一个好学者可能具有知性的美德，但却未必具有普适的道德德性。此时学者与好人的冲突就会显现出来。虽然求知的确源于人的天性，虽然对好奇心的满足也的确会助长人的骄傲和虚荣，但卢梭对"科学与艺术都是从我们的罪恶中诞生"③ 的判断仍然显失公允。虽然好的学者未必一定就是好人，但好学者也未必一定就是坏人。对于科学的探究，知识的生产虽然不是源于德行的需要，但科学或者知识在逻辑上也不必然有损于人的德行的践行。

如果说知识对于道德有什么消极影响，那就是在价值或功用的天平上，有时社会的评价会更加青睐知识而不是道德，从而导致人在道德修养方面的松懈。"我们不再问一个人是不是正直，而只问他有没有才华；我们不再问一本书是不是有用，而只问它是不是写得好。我们对于聪明才智就滥加犒赏，而对于德行则丝毫不加尊敬。漂亮的文章就有千百种奖赏，美好的行为则一种奖赏都没有。"④ 由于功利主义的普遍存在，现实生活中确实会存在这样的现象。但就像马基雅维利所开创的政治学轻伦理而重能

---

① 怀特海. 教育的目的 [M]. 庄莲平，王立中，译注. 上海：文汇出版社，2012：131.
② 亚里士多德. 形而上学 [M]. 吴寿彭，译. 北京：商务印书馆，2009：1.
③ 卢梭. 论科学与艺术 [M]. 何兆武，译. 北京：商务印书馆，1963：21.
④ 卢梭. 论科学与艺术 [M]. 何兆武，译. 北京：商务印书馆，1963：31.

力，政治家可以为了政治目的而不择手段一样，有时社会重知识而轻道德并非全然不对。人类的实践表明，有时候泛道德主义比能力本位或知识本位还要可怕。将人性放在一个更长的时空背景里来考察可以发现，德性的危机永远存在。一旦个体内在的努力稍有松弛，长期坚持的道德修养便会毁于一旦。因此，对不同时代人的道德状况的比较只能是"五十步笑百步"，人类社会从未存在道德的理想国。道德面前没有完人。忽视道德的知识本位或能力主义固然不对，但仇视知识的道德主义做派同样也会导致人性在道德上更加虚伪，而不是更加道德。"根据帕斯卡的程式，人类'既是天使，又是野兽'，而不能只成为其中之一。所以，我们不能完全符合自身，因为如果我们遵守了两种本性的一种，就会使另一种本性受苦。"[①] 学者也是人，也是一半是天使一半是野兽的人。学者成为好人是偶然的，学者成为坏人也是偶然的。在科学上诚实、勇敢，生活中不诚实、不勇敢，或者相反，科学中不诚实、不勇敢，生活中诚实、勇敢的例子不胜枚举。一个人既是对知识有贡献的好学者也是道德意义上的好人当然最好不过。如果不能，仅仅依照知识学的标准成为一个好学者也无可非议。如果以外力强制每一个人都必须成为某种道德意义上的好人，那么由于强制本身就违背了人的天性，自然也就没有道德可言。对于所有人，如果因为强制而没有了自由，好人不过是一个无意义的空壳。对于学者而言，更是如此。

总之，古典教育的理想是培养好人，但现代以降教育的性质和作用都发生了变化。一方面伴随着教育的扩展，传统的精英教育和自由教育被面向全体公民的大众教育所取代，另一方面在教育系统的顶端，以研究为主的大学为了培养学者正在把高等教育缩小为学术教育。无论是以培养公民为主的大众教育还是以培养学者为主的学术教育，共同的趋势就是放弃了对于好人的关注。大众教育关注的是职业，学术教育强调的是专业，通过教育培养好人的传统被遗忘。在教育危机和道德危机频发的今天，反思现代社会中学者、公民与好人的关系，重审好人教育的哲学十分必要。

---

① 涂尔干. 乱伦禁忌及其起源［M］. 汲喆，等，译. 上海：上海人民出版社，2006：181.

第六章

平庸时代的道德教育

　　道德如何教育是人类面临的永恒难题，但不同的时代道德教育会有不同的遭遇。在古典时代，教育就是道德教育，道德是教育的核心议题，道德是教育之所以是教育的根本。现代以降，随着教育的过度制度化，学校成了教育的代名词，知识也取代道德成为了教育的合法性基础。在学校里教育不再必然意味着道德教育，在智育的挤压下，道德也不再是教育的灵魂，道德教育在整个现代教育系统中仅占很小的部分。近几十年来，在后现代知识观和后现代道德观的冲击下，现代社会和现代教育中的去道德化倾向日益明显；由于道德的教育危机与教育的道德危机相互叠加，道德教育的可能性愈来愈不确定，美德成为一种偶然，道德似乎成为一种装饰。我们时代的道德教育面临前所未有的挑战。在当前这样一个平庸的时代，由于沉思被浮躁遮蔽，美德伦理被底线伦理取代，思想和道德的平庸成为现代社会一种普遍的状态。在一个唯物质主义的社会里，作为对于崇高的一种解构，有时平庸反倒赋予了现代人一种虚假的道德优越感。但事实上，无论任何时代，所谓道德即意味着"善"或"好"，平庸本身就是对于道德的一种反讽而不是不好也不坏的折中。现实世界里不存在平庸的道德，也不应放任道德平庸，就像不存在坏的好人或好的坏人一样。任何时候，道德的灰色地带都只是人们为自身不道德行为所找的一种借口。遗憾的是，在当前世俗生活中，由于底线伦理的不断被突破，现代社会中，人们对于什么是好的，什么是坏的，什么是对的，什么是错的，失去了共识。好人与坏人的区分被所谓做好事的人与做坏事的人所取代。什么是美，什么是善，被什么东西是美的，什么东西是善的所取代。由于在道德和精神生活中普适价值观的逐渐瓦解，随着由现代性危机所导致的道德危机在整个社会的不断蔓延，教育，尤其是道德教育的合法性面临深刻危机。我们有必要追问：在平庸的时代里，平庸的人是否仍能践行道德德性？平庸的道德如何教育？道德平庸的教育又何以可能？

第一节　道德何以平庸

康德曾将人类历史区分为三个时代，即英雄时代、信仰时代和平庸时代。我们时代正处于人类的平庸时代，即无信仰的时代。在这个时代不再可能出现英雄时代那样伟大的人物，也再不可能诞生信仰时代里那些伟大的思想。[①] 今天无论多么先进的科技，多么崇高的地位，多么庞大的财富，很快就会被超越或被忘记。在互联网的世界里，人类第一次实现了或接近实现了"自由人的自由联合"。除了视界的扩展和行为的虚拟之外，当前信息技术的发展给予人类的表达带来了极大的便利，在"立言"这一层面，每个人都是不朽的又都是速朽的。由于技术的进步所带来的意想不到的信息爆炸和经济繁荣，在我们这个时代里，物质的文明被严重高估，精神的价值和信仰则被严重低估。一切与技术相关的事物都趋向于进步主义，一切与思想有关的事物都趋向于平庸。现代社会里，人们在意的是技术的进步而讨厌思想的高深。但按照帕斯卡尔的说法，人只不过是一根能思想的芦苇。"人显然是为思想而生的；这就是他全部的尊严和全部的优异；并且他全部的义务就是要像他所应该地那样去思想。"[②] "思想形成人的伟大……我们全部的尊严就在于思想。"[③] 在一个没有思想或不重视思想的平庸的时代里，无论技术如何进步，人注定也会像苇草一样的平庸。

---

　　① 汪丁丁. 串接的叙事：自由、秩序、知识 [M]. 北京：生活・读书・新知三联书店，2009：15.
　　② 帕斯卡尔. 思想录 [M]. 何兆武，译. 北京：商务印书馆，1986：74.
　　③ 帕斯卡尔. 思想录 [M]. 何兆武，译. 北京：商务印书馆，1986：157-158.

平庸不同于平凡。平凡是一种自然的状态，平凡的人可以仍不失真善美。平庸则意味着人对于卓越的主动放弃，对于沉思和德性的疏远。"一个人的精神越伟大，就越能发现人类具有的创造性；平庸的人是发现不了人与人之间的差别的。"① 在思想平庸的时代里，由于人主动地放弃了对于美好生活的沉思与德性践行，盲目追求物质的丰裕和肉体的快乐，道德的平庸（Moral mediocrity）不可避免；而平庸的道德实则暗藏着巨大的风险，即平庸的邪恶。作为道德平庸的一种后果，现代社会在表面上高度的多元，但实质上却是一个标准化的单调社会。表面上，现代社会中的人可以持有不同的道德观点，甚至是政治观点，生活方式的选择也是高度自由和自愿的；但实质上，现代社会中的人大都过着高度相似的或同质化的生活，分享着一致的道德规则或社会契约。表面上，现代社会由于人的规则意识的增强而更加的道德或文明；而实质上，由于现代社会中的人对于规则本身缺乏深度的反思和超越，自由意志被意识形态或某些教条所规训，正逐渐远离"美好的生活"而陷入一种"坏的生活"，成为"文明化的野蛮人"。"现代社会试图通过完善各种制度的技术性程序来制造好的社会、好的制度或者好的法律，这是幻想，这就像想仅仅通过学习标准的句法而写出好文章。"②

作为一种抽象存在，现代社会本身的维系高度依赖于"游戏规则"而不是"社群感觉"。由于"社群感觉"的逐渐消逝，每个人所能拥有的或被植入的只是碎片式的符合规则功利主义的道德规范而不是良知。没有什么比人们的行为是"遵从道德规范"还是"符合道德规范"更具决定性作用。"一个有道德的人是完成了将基本道德规范内化并且培养了良知的人，并不仅仅是以他的符合道德规范的行为为特征的。"③ 当前，由于人的德性本身正降格为作为规则的道德，而规则本身又不断地被功利化、相对化，这也成为现代社会道德危机的根源所在。由于平庸的不可避免，与传统社会相比，在道德问题上，现代社会正在成为一个例外。现代社会一下子继

---

① 帕斯卡尔. 思想录［M］. 何兆武, 译. 北京：商务印书馆, 1986：7-8.
② 赵汀阳. 论可能生活［M］. 北京：中国人民大学出版社, 2010：63.
③ 诺博托·霍尔斯特. 何为道德——一本哲学导论［M］. 董璐, 译. 北京：北京大学出版社, 2014：109.

承了人类历史上不同时期种种相互冲突的传统和习惯,并根据现代性的标准对于道德和教育本身进行了系统的改造。由于共同感的缺失和现代性本身的唯"新"主义瓦解了传统社会的稳定性架构,有机团结的熟人社会逐渐被机械团结的陌生人社会所取代。在一个由陌生人所组成的"新"社会里,由于道德常识和社会情境经常相互脱节,现代社会正在逐渐成为一个抽象的社会而不是文化的共同体。由于社会化网络结构的兴起和社会本身社团性质的消失,"社会何以可能"面临严峻的挑战。鲍曼早就认为,在现代社会,"社会"是社会学词汇中受到质疑的第一个术语。"犹如上帝在几个世纪之前的隐退,社会的隐退在一个认知上无知和伦理上怀疑的年代也呼之欲出了。隐藏的上帝引发了 16—17 世纪的皮浪危机,而隐藏的社会则引发了 20 世纪晚期和 21 世纪早期的皮浪危机。"[1] 在抽象的现代社会,由于社会面临合法性危机,人性和道德本身逐渐脱离了时空情境的限制和制度环境的保护,要么以文本的形式被分享、被谈论,要么则成为个人的隐私从不示众。由于现代社会中人的高速的流动性和人际关系的暂时性,道德情境可重复的概率显著降低,再加之熟人社会中道德结构本身的锚定效应逐渐消失,现代社会中人与人之间的关系相对短期化、表面化、功利化,人很容易像浮萍一样随波逐流。按赵汀阳的说法,"社会成功了而人失败了"。[2] 表面上,现代社会中作为规则的道德规范保障了社会秩序的正常运行。然而实质上,人类理性关于道德的种种谋划却从根本上破坏了人本真的道德生活。在规范伦理学指导下,学校道德教育过程中人的良知成为了被贩卖的道德知识而非内心的道德律令。在制度化学校教育的规训下,道德德性不再是人实现自我内在超越的永恒目标,而是成了道德的课堂上被考核和检测的对象。学校教育过程中学生一旦通过了相关考核和检测,道德教育的目标便会被人为地消费掉。由于现代社会消费主义价值观盛行,道德教育过程中人性的价值让位于伦理的教条或社会的规范。其结果,道德的平庸也就不可避免。"除非假定了一种不变的标尺,否则进步就不可能。假如善是个定准,那么至少可能的是,我们应当不断接近它。

---

[1] 齐格蒙特·鲍曼. 被围困的社会 [M]. 郇建立,译. 南京:江苏人民出版社,2005:30.

[2] 赵汀阳. 论可能生活 [M]. 北京:中国人民大学出版社,2010:8.

然而，假如车站像列车一样变动不居，那么，列车如何向它开进。我们关于善的观念是会变迁，然而假如并无绝对而又恒常之善以供回返，那么它们既不会变好也不会变坏。只有在一个完全正确是'停滞'的条件下，我们才能一点点地接近正确。"① 由此可见，如果没有一种确定的善和道作为基准或共识，人类的道德教育将失去可能性。

第二节 教育与道德的张力

对于人而言，除了进化的力量使得道德成为人的一种本能或近乎本能之外，道德教育的存在也至关重要。那些人类最根本的道德观念必须有其独特的承载物（宗教或风俗）来作为支撑，并通过道德教育活动中人为的教化行动才能保证道德的连续性，否则人类社会不可能持续存在和变迁。虽然每一代人都分享有独特的时代精神和道德观念，虽然每一代人身上都会有风俗和习惯的改变，但变化中亦会有不变的东西。由于道德教育的存在，无论任何社会也无论任何时代，"道德基本上是一种持续的事物，只要我们考察的时间段不是很长，道德始终会是同样的道德。道德行为在明天和今天都应该是一样的，不管行动者的个人禀性是什么"。② 究其根本，除了道德的先天基础在于人的本性的同一性之外，不得不说道德教育本身在消除道德隔膜和冷漠，保障道德的连续性方面厥功至伟。如果没有关于道德的教育活动，而仅仅将道德交给人的本能或天性，那么由于人的本能的局限和某些致命的小概率事件，人类社会的道德存在将充满偶然，抑或完全被命运或运气所左右。毕竟人性之中善恶并存，教育的使命或宗旨就是张扬善和抑制恶。客观上，道德规范从来都是"假言命令"而非"绝对

---

① C. S. 路易斯. 人之废 [M]. 邓军海, 译注. 上海: 华东师范大学出版社, 2015: 150.
② 爱弥尔·涂尔干. 道德教育 [M]. 陈光金, 等, 译. 上海: 上海人民出版社, 2001: 29.

命令",① 社会过程中人与人之间作为手段与目的的冲突不可避免。现实社会既无法符合"每一个人都是目的"的道德理想,也无法实现康德所谓的"目的王国"(Kingdom of Ends)的理性设想。但也正是在这种利益冲突中,道德理想国的不可能性使得人际之间产生了相互理解与尊重的必要。人与人之间基于共通感或常识才实现了人的可社会性,才孕育或倒逼出了道德及其教育。

一个健全的社会需要健全的理智,而健全的理智需要健全的感觉。按照伽达默尔的说法:"现在对于教育来说重要的东西仍是某种别的东西,即造就共同感,这种共同感不是靠真实的东西,而是由或然的东西里培育起来的。现在对于我们来说重要的东西就在于:共通感在这里显然不仅是指那种存在于一切人之中的普遍能力,而且它同时是指那种导致共同性的感觉。……造就这种共同感觉,对于生活来说就具有决定性的意义。"② 某种意义上,道德教育的目的就是要基于人类所特有的"共通感"或"人的基本经验"在人际之间建立起关于道德的"日常感觉"或"社群感觉",即道德的常识。按照尼采的说法,"道德乃是个人的群体直觉"。③ 道德教育所基于的道德直觉,其功能就在于提供一种行为的确定性和反应的敏捷性,以保证社会的稳定性和可持续性。人类社会的稳定性和可持续性就意味着人既不能完全为了个人的欲望而放纵自己,也不会完全被道德的教条所约束而彻底地压抑自己的本能。"每个人既有道德上的义务,也有道德上的权利。"④ 在一个健全的社会中,那些拥有健全理智的人,在采取行动时总会在自己最喜欢做但达不到和最不喜欢做但不得不做的事情之间达到一种微妙的平衡,以免自己在群体之中因为道德的出格而成为"异类"或"异数",从而失去社群的认同或遭受道德上的排斥。

---

① 诺博托·霍尔斯特. 何为道德——一本哲学导论[M]. 董璐,译. 北京:北京大学出版社,2014:131.
② 汪丁丁. 新政治经济学讲义——在中国思索正义、效率与公共选择[M]. 上海:上海人民出版社,2013:312.
③ 弗里德里希·尼采. 快乐的科学[M]. 黄明嘉,译. 上海:华东师范大学出版社,2007:201.
④ 诺博托·霍尔斯特. 何为道德——一本哲学导论[M]. 董璐,译. 北京:北京大学出版社,2014:77.

借鉴哈耶克的说法，人类社会道德规范的建立属于"人之合作的扩展秩序"（Extended order of human cooperation）的一种。作为一种"合作的扩展秩序"，无论何时道德秩序只能通过演化而建立，它有赖于集体的个人主义（民主机制）而不是个人的集体主义（独裁机制）。道德秩序的这种高度复杂使得任何工具理性的设计或人为灌输都成为不可能或不可能长久。对待道德及其教育，我们绝不能仅以政治正确的观点来看待人类社会世俗生活，否则"坏的言论会当成好的言论，而偏见就会轻而易举伪装成理性"。[①] 由于集体选择的不可能性，最好的办法就是让每一个人自由地选择自己的生活方式，并通过教育过程让他们有能力对于不同的生活方式进行比较并做出有价值的选择。如果缺乏充分的自由选择和必要的教育对于人性的培养，任何基于理性的自负而进行的道德规划以及基于意识形态所进行的道德灌输都会带来人为的灾难，即道德平庸。人类社会的实践表明，由于受人的"双重历史性"[②]的制约，道德的本质既是理想主义的，也是保守主义的。一方面道德作为人性和社会性的综合表达，具有某种即时性，道德教育所着眼的只能是当下社会的道德合法性和正当性，绝不会支持延迟的满足。另一方面道德之所以为道德又是理想主义的东西，它激励人们追求某种终极意义上的可能的好生活，即幸福或至善。换言之，道德既指向于底线的道德又指向于人的美德。"习惯和知识与美德是矛盾的。是美德带来了秩序。道德是习俗和习惯，而美德不是。"[③] 对于人而言，道德的这两个不同方面（普通的道德和美德），实质上也意味着两种不同的道德。按尼采的说法，即"可视的道德"和"不可视的道德"。[④] 所谓可视的道德是基于社会的需要，表现为遵守习俗和习惯，即道德的表层结构；所谓不可视的道德则基于人的内心，通过人性的自由涌现来创造社会秩

[①] 玛莎·纳斯鲍姆. 培养人性：从古典学角度为通识教育改革辩护［M］. 李艳，译. 上海：上海三联书店，2013：5.

[②] 汪丁丁. 新政治经济学讲义——在中国思索正义、效率与公共选择［M］. 上海：上海人民出版社，2013：303.

[③] 克里希那穆提. 教育就是解放心灵［M］. 张春城，唐超权，译. 北京：九州出版社，2010：192.

[④] 弗里德里希·尼采. 快乐的科学［M］. 黄明嘉，译. 上海：华东师范大学出版社，2007：83.

序，即道德的深层结构。对于人的生活而言，可视的道德和不可视的道德需要同时运行，二者缺一不可。道德教育过程中过度重视某一方面都会导致道德结构的失衡进而造成社会的道德危机。

人类社会中由于美德具有某种不可教性，教育之于道德大多局限于知识层面或仅仅教授那些可视的普通的道德规范。加之，人的道德在表层结构与深层结构间存在固有冲突。道德危机的产生大致有两种可能，一是社会规范或伦理纲常过于压抑人性，从而使人的天性发生扭曲，道德成为一种面具或伪装，人性本身被教育严重异化。另一种则是社会缺乏必要的道德规范和纪律约束，个人行为不受任何教育的规训，自由意志没有了界限也会导致社会瓦解。"道德为我们勾画的理想，是归属与权力、屈从与自主的令人吃惊的混合体。当我们试图反叛它时，我们对规范之必要性的记忆就被无情唤醒。而当我们遵守它时，它又允许理性去支配那个约束我们的同样的规范，并借此把我们从这种屈从中解放出来。"① 实践中正是由于这种冲突和约束的存在，人类的道德教育才永远是"失败"的或不足的。无论历史上还是现实中，从来没有哪个国家或哪个时代的人会认为自身或自己所处的时代在道德上是足够的好。未来社会中物质的极大丰富可以期待，但道德及其教育的危机仍将不可避免。不断的危机或紧张状态是人类道德及其教育的一种常态，是一个健全的社会不可避免的瑕疵。

虽然教育与道德之间一直存在张力，但自人类组成社会以来，道德本身就不可能作为一种纯粹的自发机制存在并起作用。从古至今，无论以何种形式，道德的教育都必不可少。如果没有道德教育机构，社会必然会趋向瓦解。传统社会中，家庭和教会一直是人类进行道德教育的主要场所。现代以降，随着宗教的祛魅和教育的世俗化，公立学校开始成为进行道德教育的新的制度框架。在欧洲，公立学校制度建立的最初目的主要是为了传播知识，对于世俗化的公立学校是否能完全适合于提供道德的教育，人们一直存有巨大争议。"学校的世俗化归结为价值与思想的缺失，只有工具性的智力教育。虽然人们认为这一状况不健康，但很难，甚至不可能将

---

① 爱弥尔·涂尔干. 道德教育[M]. 陈光金，等，译. 上海：上海人民出版社，2001：122.

学校转变为道德教育的场所。"① 最终在社会分工和教育制度化的巨大压力下，无论是否愿意，道德作为知识问题的一部分被引入学校系统之中。从此以后，道德教学成为了道德教育的主要形式。由于受到知识人教育信条的消极影响，现代学校里道德教学成功了，而道德教育却可能失败了。尽管如此，在新的道德教育机构被发明或被创造出来之前，现代社会中学校仍然是进行道德教育最为重要也是最为有效的场所。

考虑到现代社会中"悖论现象"普遍存在，道德与教育间的张力也永远不会消失。因此，一方面制度化的学校很难有效地开展道德的教育，另一方面现代社会中道德教育又无法脱离学校教育而独立存在。换一个角度，道德绝非只是现代教育的代价而更是现代教育的生长点和学校自身合法性的重要来源。在未来的信息化时代或网络社会中，对于学校而言，知识的传授将具有极大的可替代性，唯有道德及其教育才是学校之所以为学校，教育之所以为教育的最稳定的合法性来源。早在20世纪初，涂尔干就认为，在宗教祛魅以后，学校就是道德教育的适当环境。"这正是教育的任务和光荣。""学校具有一种至关重要、专业分明的功能：创造一种按照社会需求来塑造的一个全新的存在。""一种社会的、道德的存在。"② 在现代社会中，由于专业化和社会分工的加剧以及技术的不断进步，人们完全可以通过其他社会网络以获取知识，但至少在当前还没有出现足以取代学校的更好的道德教育机构。自民族国家普遍实行政教分离政策以来，学校虽然没有能够成为人类道德的复兴之地，但它依然是最为重要的道德教育机构。至少目前还没有比学校更好的或更适合进行道德教育的场所。现代学校里，人的可塑性是一切教育的合法性基础，包括道德。"天赋论在道德上是不可接受的，所有教育家应当看到托付给他的个体都具有可教育性。在这些个体身上尽可能地寻求和找到进步的途径。"③ 根据现代社会理

---

① 路易·勒格朗. 今日道德教育［M］. 王晓辉，译. 北京：教育科学出版社，2009：56.

② 爱弥尔·涂尔干. 道德教育［M］. 陈光金，等，译. 上海：上海人民出版社，2001：468.

③ 路易·勒格朗. 今日道德教育［M］. 王晓辉，译. 北京：教育科学出版社，2009：67.

性主义的原则以及关于人的可塑性的假设，只有通过学校教育才可能实现人的"灵魂的转向"，才能产生"全新的存在"或"新人"。

第三节　道德教育：从行为到行动

由于实践中不同道德价值间的冲突或张力的存在，道德的发展经常会导致人生的困境，即人性的悖论或两难的选择。"一方面，道德作为一种绝对法则，需要我们完全服从；另一方面，道德作为一种完美的理想，我们自发地追求着它。"① 就人的道德德性本身而言，可以是自向性的（Self-regarding），可以是他向性的（Other-regarding），也可以既是自向性的又是他向性的。② 理论上，不仅利他主义是道德的，集体主义是道德的，为了社会是道德的，为了自身的修养或自利（Self-interested）也可以是道德的或符合德性。亚里士多德曾区分两种自利："追求物欲、满足灵魂非理性部分的卑下利己主义；追求满足理性欲望的高尚利己主义。"③《理想国》中的哲学王为了能"获得对善的形式的观照"而不喜欢"统治本身"，就是一种典型的高尚利己主义。经济学中，"思想史学家的共识是，自利与自私根本不同。前者是所谓'启蒙了的自我'（Enlightened Egoism），后者则可称为'蒙昧的自我'（Egoism）"④。因此，对于人类社会而言，自私是一个道德问题，而自利则是一个客观性的事实。对于自私需要人性的超越，对于自利则必须尊重。"无论如何都会有若干道德规范是建立在我们所有人所共有的利益的基础之上的，无论这些道德规范是否在某个社会里发挥效用，或在什么样的社会里发挥效用。"⑤ 虽然有相同的利益指向

---

① 爱弥尔·涂尔干. 道德教育［M］. 陈光金，等，译. 上海：上海人民出版社，2001：96.

② 余纪元.《理想国》讲演录［M］. 北京：中国人民大学出版社，2011：103.

③ 余纪元.《理想国》讲演录［M］. 北京：中国人民大学出版社，2011：184.

④ 汪丁丁. 新政治经济学讲义——在中国思索正义、效率与公共选择［M］. 上海：上海人民出版社，2013：69.

⑤ 诺博托·霍尔斯特. 何为道德——一本哲学导论［M］. 董璐，译. 北京：北京大学出版社，2014：69.

可以作为道德规范的基础,但道德教化或实施仍歧路重重。从短期看,着眼于社会的和政治的需要而进行的行为训练和纪律规训,对于道德行为的规范可能很有效;但从长远来看,还是需要符合人的本性的道德观念来改变人的道德行为,并上升为积极的行动。学校道德教育必须在人的本性和社会性之间保持平衡,在道德观念与道德实在之间保持必要的张力,道德教育的目的就是要通过人的积极行动,将人类特有的精神生活、物质生活和社会生活联系起来。

斯特劳斯在《古典政治哲学的兴起》这部著作里曾经写过这样一句话———我们人类,是"介于神和兽之间的存在"（We are in between beings）。人类行为更接近神的部分,阿伦特称为"行动"（Human Action）,而更接近兽的那部分,阿伦特称为"行为"（Human Behavior）。[1] 长期以来,在社会学的视野中,教育的功能之一就是促成人的行为社会化。按社会学的理解,道德教育也主要与行为训练或纪律相关。但在哲学意义上,道德本身主要意味着行动（Action）而不仅是行为（Behavior）。"一个活动,如果它表现为以可能的方式去达到某种结果,那么它是一个行动;如果表现为以被允许的方式去行动,则是一个行为。可以说,一个行为就是附加了规范意义的行动。"[2] 对于人而言,由于涉及价值选择,只有消极的行为而没有积极的行动无所谓道德。"如果一个人完全没有自由或者机会去决定赞同或反对某一则道德规范的破坏行为,并将相应的决定付诸行动,那么显然不可能造成故意地或疏忽大意地破坏道德规范的行为。"[3] 以意志和行动的自由为前提,道德教育就是要人学会合乎道德地行动,而不只是被动地遵守行为规则。如果仅仅遵守规则就算是有道德的话,那么监狱可能是人类最道德的地方。"如果对不利后果的考虑决定了行为,那么即使这种行为从根本上符合道德规范,它也不是道德行为。"[4] 一般而言,

---

[1] 汪丁丁. 转型期中国社会的社会科学研究框架 [J]. 财经问题研究, 2011 (7): 11.

[2] 赵汀阳. 论可能生活 [M]. 北京: 中国人民大学出版社, 2010: 103.

[3] 诺博托·霍尔斯特. 何为道德———本哲学导论 [M]. 董璐, 译. 北京: 北京大学出版社, 2014: 115.

[4] 爱弥尔·涂尔干. 道德教育 [M]. 陈光金, 等, 译. 上海: 上海人民出版社, 2001: 32.

人的道德行动要以自由和自愿为前提，被强迫或在不自由状态下的行为选择根本不适合用道德来评价。

当然，需要注意的是，在具体道德实践中，人的行动与行为是分不开的。对于道德行动与行为的划分更多的是一种认识论的澄清。道德行动要以必要的行为为基础。没有行为就没有行动或者说行动本身也必然是一种行为。不过，道德之所以为道德不能止于行为而必须上升为行动。通常情况下，在人的道德行为或行动背后有知、情、意三因素。知代表了人的理性，是道德的重要基础。"理性使道德意识的出现与运行以及自由承担责任成为可能。"[1] 没有理性自然无所谓德性。没有德性也就无所谓道德。情和意虽然不属于人的理性的范畴，但对于人的道德行为和行动的发起和维持却至关重要。在道德问题上，人的情感有时会独立于理性。道德行动并不总是按照道德知识的知性的逻辑来展开，更不完全是符合理性的预期。道德行动是消极的还是积极的很大程度上不是由知性或知识的逻辑来决定，而是取决于人的情感的激励和意志的坚持。按阿伦特的说法："意志是从思想过渡到行动的中介。完全缺乏意志力的人，只能'思想'，不能'行动'。"[2] 莎士比亚笔下哈姆雷特"To be or not to be"的困惑，其实质就是思想多于行动的后果。

最后，就道德作为行动而言，道德教育的目的既不是教人趋利避害也不是让人不做坏事，而是要引导人去做好事、做好人，使人的灵魂持续地处在一种善的状态，并一直追求着至善，即倾向于过一种积极的生活而非消极的生活。"在道德教育中，以更高的理性为指引的进步，如果不能揭示新的道德取向，不能引发对公正的更强烈的渴望，不能以潜在的志向唤起公共良知，就不可能实现。"[3] 对于一个人如此，对于一个社会也是如此。人类社会对于道德德性的追求永远不会满足也不可能满足。人类道德

---

[1] 路易·勒格朗. 今日道德教育［M］. 王晓辉，译. 北京：教育科学出版社，2009：11.

[2] 汪丁丁. 教育是怎样变得危险起来［M］. 北京：中央广播电视大学出版社，2012：141.

[3] 爱弥尔·涂尔干. 道德教育［M］. 陈光金，等，译. 上海：上海人民出版社，2001：15.

生活与行动充满各种可能性但又绝没有中间地带。在道德问题上所谓不好不坏不过是一种自我安慰。艾智仁说："如果一物不是'恶'（Bad），那就一定是'善'（Good）。中性的情况可以忽略，因为一物在任一情境内都可以有恶的性质或善的性质，只有特别偶然的情境才是不善不恶的。"① 在日常生活中，一个不做坏事的人很可能仍然只是一个平庸的人，而不可能是一个好人；一个没有人做坏事的社会也很可能只不过是一个平庸的社会而不可能是一个好社会。因为好社会的本质乃是一个好人的社会而非有秩序的社会或碰巧为我们喜欢的社会。"即使一个社会中各个成员能够做到和平交往，没有任何冲突，但这样的社会也不过是一种非常平庸的社会。在此之外，社会的面前必须有一个它要实现的理想。社会必须拥有必须实现的善，必须为人类的道德遗产作出原创性的贡献。"② 当代道德教育理论深受规范伦理学和行为主义的影响，道德教育要从行为主义的训练走向积极的行动主义，首先需要复兴德性伦理学和好人教育哲学。随着人类社会的发展和人的精神生活的不断进步，道德教育的领域必将不断拓展，以满足人的幸福和健全社会在政治、经济以及价值等领域的诸多要求。在终极意义上，道德教育的最终目的就是要通过积极的行动超越思想的平庸以造就沉思的好人，并通过好人成就一个好的社会。

总之，一个时代的精神状况决定了这个时代里道德教育的可能遭遇，但道德教育绝不能完全屈从于时代精神。由于沉思和德性密切相关，在一个思想平庸的时代里道德的平庸不可避免。道德教育要避免平庸必须从人的超越性出发，重审好人教育的古典哲学，以平衡道德与教育之间的张力，将道德教育由消极的行为训练提升为一种积极的行动；通过德性践行以恢复道德及其教育的相对确定性，并将道德教育定位于为平凡的人提供崇高生活的可能性，以避免"平庸的恶"。

---

① 汪丁丁. 新政治经济学讲义——在中国思索正义、效率与公共选择［M］. 上海：上海人民出版社，2013：70.
② 爱弥尔·涂尔干. 道德教育［M］. 陈光金，等，译. 上海：上海人民出版社，2001：16.

第七章

道德及其教育的省思

　　道德是人类社会中一种十分复杂的社会现象。由于道德现象的高度复杂，从古至今道德教育都备受争议。从古希腊关于道德可教性的讨论到现代社会对于学校不能胜任道德教育的批评。道德如何教育以及道德教育何以可能一直没有定论。对于人类而言，道德不是有和无的问题，而是多胜于少、聊胜于无的问题。道德教育的目的就是基于人的可塑性或可教育性，通过必要的教育过程以增进人的道德德性。基于此，对于道德本身的探讨就是探究道德如何教育以及道德教育何以可能的前提。否则就会像苏格拉底曾经嘲讽过的那位大诗人，天天写诗却不知道什么是诗。学校道德教育的失败很大程度上就是由于放弃了对于人的道德本身的探究而过度执迷于规范伦理。学校道德教育成为基于意识形态或道德教条对学生进行思想灌输或行为训练。这种强迫式的道德教育本身就是不道德的，而不道德的道德教育不可能实现道德教育的目的。若要复兴学校道德教育，必须对道德本身及其教育的取向进行省思。

第一节　道德的存在及其结构

　　道德并非仅是人的观念，而是有其社会结构的对应物，且必须要付诸行动。没有符合德性的行动，无所谓道德。道德的本质就在于道德行动的适宜性而非道德观念的超越性。原本道德的行动（为）如果过度或不及都将会成为另一种的不道德，道德的根本就在于道德行动的适宜性或中庸状态，而适宜性或中庸状态则源于道德习惯的养成。"道德德性通过习惯培养而成，因此它的名字'道德的'也是从'习惯'这个词演变而来。"[①] 道德德性绝非仅凭空洞的说教就可以实现，而必须实实在在地践行。健全的社会里，人的道德德性不能止于习惯而必须上升到理智，习惯的德性只是人从自然德性向圆满德性的一个过渡。一些反道德的自由主义者和功利主义者曾认为："如果生命是善，那么束缚和约束生命，为生命强加一种它不可逾越的限制，又怎能是善呢？如果生活不是善，那么这个世界中还会有什么值得存在下去呢？存在就是行动，就是生活，生命的削减就是存在的衰减。"而在边沁看来，"道德就像法律一样，都是一种病态。绝大多数古典经济学家也持有同样的看法"。[②] 在中国古代，儒家的荀子也同样主张，"人之性恶，其善者伪也"。荀子基于人性恶的假设，"视道德为'伪'，并因此把道德看作非自然的"[③]。人类社会的基本经验告诉我们，道德规范或约束是人性本身所需要的，我们无法消除人的社会本性，也无法消除人的道德感，否则社会就会瓦解。人是社会的一部分，社会由人组成，人的道德本身就意味着一种社会制度。没有制度的约束和纪律的规范，人性将无法超越兽性，更无法组成社会；即便依靠强力暂时地组成了社会，如果没有道德的润滑和黏合，社会也无法健康地运行。在对人类社会道德问题的认识上，与其把道德看成是社会问题不如把社会看成道德问题。作为一种社会实在，无论对于社会还是对于个人而言，道德都绝不是一种病态或虚伪。按亚里士多德的说法，"我们所有的道德德性都不是由自然在我们身上造成的。因为，由自然造就的东西不可能由习惯改变……德性在我们身上的养成既不是出于自然，也不是反乎自然的。首先自然赋

---

① 余纪元. 德性之镜：孔子与亚里士多德的伦理学［M］. 林航，译. 北京：中国人民大学出版社，2009：159.

② 爱弥尔·涂尔干. 道德教育［M］. 陈光金，等，译. 上海：上海人民出版社，2001：37.

③ 余纪元. 德性之镜：孔子与亚里士多德的伦理学［M］. 林航，译. 北京：中国人民大学出版社，2009：39.

予我们接受德性的能力，而这种能力通过习惯而完善"。① 现代自然科学的研究则表明，尽管还没有查明是否存在道德基因，但道德感（Moral Sense）却很可能是人的本性中天赋的一部分，即第六感。"人类的道德感不是某种形而上学的、哲学的发明，而是种种遗传的生物倾向性（Biological Propensities）集聚的结果，这在所有其他动物中都是没有的。"② 归根结底，社会需要道德，人的天性之中也有道德的因素（道德感），这就是道德得以存在的最充分条件。

无论任何时代也无论任何社会，道德都是无法否认和消除的社会事实。无论精神生活、社会生活，还是物质生活，都离不开道德。按照汪丁丁的说法，在涉及人的幸福的三个维度中，"精神生活的核心要素是'自由'，社会生活的核心要素是'正义'，物质生活的核心要素是'效率'"③。社会实践中无论自由、正义还是效率的实现都必须以道德为基础。不存在没有道德的自由也不存在没有道德的正义，即使是物质生活中的效率，如果缺失了道德的合法性支撑，最后也将会导致反效率，从而危及人的幸福。"为了追求效率，人的思想和行为都不得不划分为一个片断一个片断。感官的价值一旦居于最高位，永恒的价值一旦被弃置一旁，效率这种东西就非常残酷。"④ 道德作为一种善，我们之所以乐意要它，"既因为它本身，又因为它的后果"。⑤ 社会无论多么动乱和残酷，哪怕是在血腥的战争中，只要有人存在，道德将始终存在。所有人对所有人的战争只不过是学者在认识论层面上的一种虚构或假设，无论在任何民族，也无论在任何国家，从没有真正地发生过。

阿格尼斯·赫勒在《一种现代性理论》中指出，每一个人都具有"双

---

① 余纪元. 德性之镜：孔子与亚里士多德的伦理学［M］. 林航，译. 北京：中国人民大学出版社，2009：186-187.

② 杰罗姆·凯根. 三种文化：21世纪的自然科学、社会科学和人文学科［M］. 王加丰，宋严萍，译. 上海：格致出版社，2011：60.

③ 汪丁丁. 新政治经济学讲义——在中国思索正义、效率与公共选择［M］. 上海：上海人民出版社，2013：81.

④ 汪丁丁. 新政治经济学讲义——在中国思索正义、效率与公共选择［M］. 上海：上海人民出版社，2013：510.

⑤ 柏拉图. 理想国［M］. 郭斌和，张竹明，译. 北京：商务印书馆，2012：45.

重历史性"（Dual Historicity），存在"社会先验"与"遗传先验"的双重结构。"人类也是（至少）有两种同一性的生物。他与他们自己同一，他们也至少与一个群体同一，即所谓的'社会先验'。他的'遗传先验'被抛入人的'社会先验'之中，并要在成长为某一类型个人的过程中与之密切配合。"① 受人的"双重历史性"的影响，道德也存在一种双层结构。人的道德既是生物的又是社会的存在。道德既不是纯粹的精神活动或本能，又不完全是社会活动或政治活动的产物。表层的道德服从于社会的和政治的需要，受法律或纪律的约束；深层的道德则服从于人性的和本能的需要，受人的精神活动或生理活动的左右。表层的道德受时空或情境的限制，是一种特殊的道德；深层的道德则植根于人性本身，可以超越时空，具有普遍性或普适性。"世界历史上，从来没有，将来也永远不会有一套全新的价值判断。那些所谓的新体系或（如他们所称的）新'意识形态'，都包含着由'道'本身而来的某些片段。他们将这些片段从'道'的整体语境中强行剥离，让它们在孤立之中任意膨胀，膨胀到疯狂的地步。然而，即便如此，倘或它们确实具备某种有效性，其有效性仍归根于且只能归根于'道'。新意识形态造'道'的反，恰如树枝造树干的反：一旦造反成功，它们就会发现它们已经毁掉自己。人类心灵无力发明新价值，恰如人无力想象一种新原色，或创造一个新太阳及日月行焉之天空。"②

现实中那些可见的道德往往是表层与深层道德相互冲突与妥协后的产物。"德性是取决于我们的，并且恶也同样。取决于我们的行为也取决于我们而能不行为，反之亦然。故而，如果去做高尚的事情是由我们掌控的，那么去做卑下的事情也是由我们掌控的。可是，如果做不做高尚与卑下的事都是由我们掌控的，而做不做高尚与卑下的事正是什么是好或什么是恶，那么成为有德的人还是成为恶人，取决于我们。"③ 由于社会需求和政治力量的强大，日常生活中的道德行为往往更多地体现为一种表层的道

---

① 汪丁丁. 新政治经济学讲义——在中国思索正义、效率与公共选择［M］. 上海：上海人民出版社，2013：303.

② C. S. 路易斯. 人之废［M］. 邓军海，译注. 上海：华东师范大学出版社，2015：57.

③ 余纪元. 亚里士多德伦理学［M］. 北京：中国人民大学出版社，2011：154.

德结构，即作为规则的道德。但在一些大是大非问题上，被动消极的道德行为要转化为积极主动的道德行动就必须直面人性，必须诉诸深层的道德结构。"做事必须符合规范，做人必须符合人的概念。"① 因此要理解道德本身而非道德的观念就必须清楚道德的存在和人的本性密切相关。人性是关于人的道德解释的绝对界限。任何关于道德的理论或道德要求都绝不能超越人性的界限。"道德是一种明显具有人性的东西，因为在促使人们超越自身时，道德不过是激励人们去实现他自己作为一个人的本性而已。"② 实践活动中任何一种道德问题都绝不只是行为的失当而是涉及完整的人性或作为整体的人的生活。对于人而言，道德是一个整体之事而不只是琐碎的行为规范。对于某个行为是否道德的判断必须基于对于人的整个生活或一生的考察之上，必须以是否会导致一种好的生活或幸福的人生为参照，而不能仅仅是行为主义取向的。人毕竟不是为活着而活着。活着仅仅是生存，人需要的是生活，尤其是好的生活，持续一生的好的生活。而好的生活要有意义，而生活的意义单靠个人是无法产生的。因此，每一个人的活着都有着非个人的目的，必须要与他人的生活形成交集，并分享某些最重要的东西。生命对于人而言只有成为超越生命本身的手段，人生才能够获得生活的意义而不只是活着。

在追求人生意义的过程中，道德的价值举足轻重。除了那些被某种兽性所控制的"非人"之外，没有完全不道德的人，也不存在完全去道德化的人生旅程。汪丁丁曾将怀特海的《思维方式》的前三章的内容概括为三个命题：（1）在任何理解之前，先有表达；（2）在任何表达之前，先有关于重要性的感受；（3）当生命个体感受到真正的重要性时，便有了表达的冲动。③ 社会生活的常识表明，由于人性本身的双重性和矛盾性，若非道德的存在，社会将很难维持。对于人类而言，在道德问题上由于人们感受到了道德价值的极端重要性（道德感），并给予了这种重要性以理性的表

---

① 赵汀阳. 论可能生活[M]. 北京：中国人民大学出版社，2010：40.
② 爱弥尔·涂尔干. 道德教育[M]. 陈光金，等，译. 上海：上海人民出版社，2001：122.
③ 汪丁丁. 新政治经济学讲义——在中国思索正义、效率与公共选择[M]. 上海：上海人民出版社，2013：232.

达（道德本身），道德本身才作为一种社会事实嵌入人类社会（道德实在），成为人之所以为人、社会之所以为社会的最重要的一环（道德教育）。

第二节　道德教育的理论视界

对于事实和关于事实的理论哪个更重要有两种不同的看法。一种基于解释学的看法认为，事实本身并不重要，重要的是我们对于事实的解释，即关于事实的理论比事实本身更重要。改变这个世界的不是某个事实本身，而是我们对于事实的解释。事实本身是不可知的，只有借助某种理论我们才能认识事实。另一种基于自然科学实证主义的看法则认为，事实要比关于事实的理论更重要。事实是完整的，理论是破碎的。我们需要的是真相或真理而不是解释。可以提供某种解释的理论有很多种，但事实只有一个。另外，理论不能改变事实，事实可以推翻理论；理论可以修改，可以选择，而事实不能选择，更不能修改。

实际上，事实和理论哪个更重要存在明显的学科差异。不同性质的学科其处理原则完全不同。哈贝马斯曾提出："未来有希望形成这样一门社会科学，它将在自然科学的实证主义与人文学科的语义解释学（Semantic Hermeneutics）之间起调和作用，并把它们综合起来。"[①] 虽然交往理性可以作为所有科学相互借鉴的基础，但由于学科性质间的天然差异，试图在不同种类的事物之间抽象出某种共同的理论似乎也是不可能的。因此，哈贝马斯的上述建议理论上也许有可能，但实际上近乎不可能。现代大学里每个学科都深陷该学科理论和知识的"监狱"之中，难以真正地超越。道德教育的研究和实践既不能基于自然科学的实证主义，也不能基于人文学科的语义解释学原则，在道德真理被发现之前，道德的教育既不能忽视道德理论的影响也不能忽视道德自身的实在性。"有效的道德教育应当利用

[①] 杰罗姆·凯根. 三种文化：21世纪的自然科学、社会科学和人文学科 [M]. 王加丰，宋严萍，译. 上海：格致出版社，2011：32.

各学科可能的成果,而不是从属于这些学科。"① 在真实的社会生活中,由于人的有限理性,完全了解道德事实本身,某种意义上是不可能的,因此对于任何道德事实的认识必然要借助于某种道德理论的帮助。理论至少可以为我们理解道德实在提供一个参照。但任何道德理论体系又都有自身的盲点,对于某种道德理论的盲从同样会导致道德实践中的悖论或不道德。理论的解释很容易演变成过度解释。道德教育既需要道德理论的指导又需要经常反躬自省直面道德问题本身。

由于不同时期的人的道德品质本身的不可比较或难以比较,对于人类社会的道德变迁,往往有不同的理论解释。道德社会学的解释通常假设人的道德经常发生改变,人的道德行为作为社会的遗传,会随着社会结构的变化而不断地变化,任何一种美德只适合于某个国家或某个时代。相反,道德哲学的解释则假设人的道德植根于人性自身,是一种相当稳定的偏好,和生物的遗传类似,一般不会随着约束条件的变化而轻易改变。而道德心理学的解释则具有两面性,偏向于生理的道德心理学研究(在脑科学和基因的层面)会强调人的行为,包括道德行为的稳定性,而偏向社会的道德心理学研究则会支持人的偏好,包括道德行为的易变性。根据常识理性,作为社会事实道德行为在短期内是稳定的,即习惯成自然,但长期来看则又是可变的。人的德性的养成是生物遗传和社会遗传共生演化的产物。

道德的跨文化比较显示,道德本身既有共性又有特殊性。一方面社会遗传规定了人的道德行为的可能范围;另一方面人所特有的创造本能又在创造着新的道德习惯或传统。不过,无论如何,对于人类道德行为的解释都是情境依赖的,而非普遍主义的,但这并不意味着要否认或撤销普遍主义的人性假设。"人的本性是多么的相似。在学院、大学里,情形尤其如此。"② 对于道德问题既要跨文化地探究普遍主义的人性假设,又要研究特殊的社会结构和文化模式对于人的道德行为的可能影响。人的本性为道德

---

① 路易·勒格朗. 今日道德教育[M]. 王晓辉,译. 北京:教育科学出版社,2009:132.

② 克里希那穆提. 一生的学习[M]. 张南星,译. 北京:群言出版社,2004:3.

的发生提供了可能的范围，现实的道德行为则要依赖于每一个具体情境中人与人之间关系的细节。此外，20世纪70年代以来，威廉姆斯和内格尔关于"道德运气"（Moral Luck）的研究还对康德式伦理学提出了严峻的挑战。"它使人们意识到，生活中有太多事情会出乎人的意料，是人们的理性所无法掌控的，因此在生活中对一个人的道德评价不能完全局限于人的理性、意志或动机的决定。"[1] 由此可见，人类的道德行为既是普遍的又是特殊的，有时甚至还无法避免运气的存在。

在道德教育实践中，道德哲学与道德社会学的分歧主要在于对于人的道德基础的判定。二者的区别有点类似法律意义上的产权和经济学意义上的产权之间的区别。"法律的产权，在经济学文献里称为'de jury'权利（名义权利），经济学的产权概念称为'de facto'权利（实际权利）。"[2] 道德教育实践中，哲学所反思的是作为一种观念的道德，即名义道德，社会学研究的则是作为一种社会事实的道德，即实际道德。道德哲学认为道德主要源于人的自然，而道德社会学则认为道德主要源于人的社会构成。道德哲学以人的本性为基础，认为道德教育应强调人的自律或内在超越，指向道德的应然；道德社会学以人的社会性为基础，认为道德教育应强调纪律或他律，关注道德的实然。以自律和应然作为基础，道德哲学主要强调道德的行动价值；以他律和实然作为基础，道德社会学主要强调道德的行为规范（应该）。一般而言，所谓道德行动是积极的主动的，道德行为则是消极的被动的，为规则所约束。

需要注意的是，在道德哲学与道德社会学关于道德行动和道德行为的分歧之外，"应然"和"应该"的价值取向也是不同的。"应然"关注未来，"应该"则指向历史。与"应该"相比，"应然"在价值立场上更加激进。对于道德应然状态的关注源于人对于自身卓越性的不懈追求，其基础是德性伦理学。而对"应该"的强调则体现了社会需要的强势，其基础是规范伦理学。"应然"提供的是一种广阔的思想空间，"应该"提供的则是一种狭隘的行为规则或道德规范。"思想空间的可能性永远大于规范的可

---

[1] 余纪元. 亚里士多德伦理学 [M]. 北京：中国人民大学出版社，2011：64.
[2] 汪丁丁. 新政治经济学讲义——在中国思索正义、效率与公共选择 [M]. 上海：上海人民出版社，2013：25.

能性。"①"应然"是开放的状态,展示了道德行动的可能性;"应该"则是封闭的,限制了道德行为的可能性。"一旦一个人追随某种理想、某种模式,一旦一个人有'将来应该如何'的公式,他的生活不是非常肤浅而且机械化了吗?"②"应然"通常就意味着"好"的,而"应该"则不必然蕴涵着"好",而是带有强制或半强制的意味。"应然"作为一种价值判断,虽然极端但蕴涵着价值真理的可能,"应该"则只是对人的道德行为的一种技术性解释,最多只能导向一种有秩序的生活而未必是好的生活。"什么是'好的'不同于什么是'应该的'。由于'好'是更加基本的,所以,如果不以关于'好'的意识为前提,所谓的'应该'便是空话。"③ 即便那些"应然"的道德价值在现实中一时甚至永远难以实现,我们仍需要坚守一种"激进"的立场,因为唯独"好的"东西而不是"应该的"东西才能够指引人类前进的方向。

　　道德作为一种社会事实既要满足社会秩序的某些功能又要满足人性的某些需要。任何理论对于道德实在的解释都要注意其可适用的范围。否则真理就会成为谬误。哈耶克在《致命的自负》里指出:"人类社会秩序永远要应付来自两方面的威胁:其一是本能对秩序的反抗,其二是理性对秩序的反抗。我们的本能在遵守程序正义时总是缺乏耐心,我们的理性在遵守程序正义时总是有机会主义的冲动。"④ 道德实在作为一种规范性的人类秩序也面临人的欲望和机会主义的双重威胁。在人性的深处,善与恶一直处于紧张状态。"一个人是自己的主人也就当然是自己的奴隶。""人的灵魂里面有一个较好的部分和一个较坏的部分,而所谓'自己的主人'就是说较坏的部分受天性较好的部分控制。当一个人由于坏的教养或者和坏人交往而使其较好的同时也是较小的那部分受到较坏的同时也是较大的那个

---

① 赵汀阳. 论可能生活 [M]. 北京:中国人民大学出版社,2010:4.
② 克里希那穆提. 一生的学习 [M]. 张南星,译. 北京:群言出版社,2004:21.
③ 赵汀阳. 论可能生活 [M]. 北京:中国人民大学出版社,2010:101.
④ 汪丁丁. 新政治经济学讲义——在中国思索正义、效率与公共选择 [M]. 上海:上海人民出版社,2013:191.

部分统治时，他便要受到谴责而被称为自己的奴隶和没有节制的人了。"①所谓的道德就是要持续地保持一种善的状态，所谓的不道德就是善恶之间的平衡被打破，恶不可避免地呈现出来。

虽然理论上人的德性具有整体性，最高的德性要求道德上的完人，但是对于普通人而言，道德作为一种善，绝对不是有或无的问题，而是一个多胜于少、聊胜于无的问题。无论对于社会还是个人，也无论是作为一种社会实在还是个人品质，道德永远都是稀缺的。"美德是一种，邪恶却无数"。② 做一个真正的好人，真的很难。事实上没有能在道德上可以让所有人满意的人。能够让所有人满意的理念意义上的好人或信仰系统中的圣人，只能是一种人类道德理想的极限而非事实。生活的常识告诉我们，没有人是完全道德的，也没有人是完全不道德的。现实中的人总是在某些方面表现比较"卓越"，而在另一些方面表现较为"平庸"，甚至偶尔还是邪恶的。实践中"人类似乎有一种内在的倾向，要将工具性的兴趣凸显为绝对，并且表现出对绝对的渴望，哪怕是最不相容的，如果不是不可能如此的。他们对任何约束感到不满，对行动的任何条件，物理的和人性的，那些他们个人自身的和那些他们在他人身上见到的以及社会的，他们都感到不满。他们对和谐和冲突同时有兴趣，为实现他们自己的内在目的，他们愿意牺牲他人之为手段，到令人震惊的程度"。③ 人类似乎内在地就同时既是道德规范的确立者又是破坏者。客观上，甚至可以说行善的本能和作恶的本能对于人的道德的形成和发展的作用大致相同。"犯罪与全部社会生活的基本条件密切相关，并且事实上还是有用的（善的？道德的？），因为犯罪作为其中一部分的这些条件，本身就是道德和法律的正常化不可或缺的条件。"④ 尼采也认为："从保存本质的角度看，最有害的人也许是最有

---

① 柏拉图. 理想国 [M]. 郭斌和，张竹明，译. 北京：商务印书馆，2012：152-153.

② 柏拉图. 理想国 [M]. 郭斌和，张竹明，译. 北京：商务印书馆，2012：178.

③ 汪丁丁. 新政治经济学讲义——在中国思索正义、效率与公共选择 [M]. 上海：上海人民出版社，2013：250.

④ 爱弥尔·涂尔干. 道德教育 [M]. 陈光金，等，译. 上海：上海人民出版社，2001：475.

益的人，因为他不仅保存了自身的本能，而且由于他的行为效应还保存了他人的本能。没有本能的欲望，人类大概早已衰落了。"[1] 由此可见，人性深处善恶同源，而且可以在社会情境中相互转化。道德教育实践中完全消灭恶并不会自动增加善，有时甚至会适得其反。

总之，对于人的道德问题的探究，道德哲学主要关心对道德观念的探究，道德社会学则侧重于对道德事实的界定。哲学家对于道德现实所做的理论假设，目的是要表达人的自然的同一性，社会学家对于道德事实所做的客观界定，目的则是要阐明道德现实的差异性和多样性。道德哲学以科学的秩序为参照，致力于确立普遍的道德法则，尝试为人的自然立法。不过，道德哲学所提供的主要是关于道德的思想。思想不是行动，也不能行动。道德社会学则以生活的秩序为原点，致力于探究具体情境中的具体道德原则，为社会的构成立法。道德社会学提供的主要是关于道德的社会秩序。秩序本身即意味着行动，也必须付诸行动。道德哲学和道德社会学是道德教育的两个最为重要的合法性基础。道德哲学关于人的道德的同一性和普遍性的探讨可以为人类社会的生活提供一种值得期望的可能世界和完满感；而道德社会学对于特定道德事实的分析则为道德教育提供了第一手的生活资源，避免了言辞空洞的说教，使得道德教育成为可能。由于心理学本身的双重性，道德心理学可以同时为道德哲学和道德社会学提供证据。道德教育离不开道德观念的传播，但更不能忽视具体的道德实在。道德观念可以穿越时空，道德事实则关注当下。道德教育中社会学家关注现实具体道德目标的实现，强调人的政治的社会化，而道德哲学家则更在乎可能的更好的生活目标及其实现，强调对于人性中至善的追求。那些道德哲学家们关于人类道德的理想可能永远也实现不了，但这样一种视野绝对不可缺少。人类必须不断地停下来思考并反思人生的旅程，而不是一直沿着既有社会秩序所锁定的路径埋头前进。按苏格拉底的说法，"不经考察的生活是不值得过的"[2]。健全的社会需要健全的理智。健全的理智就是要鼓励至少要宽容一切人在一切可能的方向上寻找可能的生活以及对待生活

---

[1] 弗里德里希·尼采. 快乐的科学 [M]. 黄明嘉, 译. 上海：华东师范大学出版社, 2007: 72.

[2] 柏拉图. 柏拉图对话集 [C]. 王太庆, 译. 北京：商务印书馆, 2010: 50.

的终极态度。只有充分尊重那些道德哲学家基于人类主义对于既有道德规范的不断反思和怀疑，才有可能抑制人类的道德在社会的欲望中可能的沉沦。"社会演化的动力始终维系于少数人的精神及他们的努力。因为多数人保持对传统生活的满意，从而不怀疑传统。"① 在现代社会里，只有那些哈耶克所谓的"匿名的少数"一直保持对于现状的不满，并以实践的智慧坚守道德的理想和人性的卓越，社会的"纵向流动性"才不会消失，人类社会精神文明的进步和人的德性的圆满才有可能。

第三节 道德及其教育的取向

　　道德教育是人类传承道德的一种重要机制。就像生物进化的过程中有遗传和变异一样，人类的道德在演化的过程中虽然受遗传先验和社会先验的双重制约，但也会持续地发生改变。人类诸多道德规范中那些可以发生改变的必然会逐渐演变，那些经久不变的道德规范则逐渐恒定下来，成为具有普遍意义的典范或道德律令。对于任何一个时代的人而言，道德规范都是先在的，无论作为个体还是群体，甚至是整个社会，都首先要理解并尊重人性和既有的社会规范。由于道德规范外在于人的主观意志，加之路径依赖的客观性，道德理想与社会现实的冲突不可避免，道德教育的内部必然充满张力。"根本上，我们时代的道德从我们出生之日起就已经固定下来了；道德在每个人的生命旅程中所经历的变化，即我们能够分享的那些变化，也是极为有限的。""我们的姿态与其说是积极的，还不如说是消极的。我们受到影响的程度，大于我们发挥影响的程度。"② 和知识教育强调前沿性相比，任何时代的道德教育总是保守的，甚至是短视的。知识教育通常强调人的创造性，道德教育则强调继承性。知识教育要不断地超越，不断地创新；道德教育则需要从历史和现实中汲取资源，无法超越

---

　　① 汪丁丁. 新政治经济学讲义——在中国思索正义、效率与公共选择［M］. 上海：上海人民出版社，2013：249.
　　② 爱弥尔·涂尔干. 道德教育［M］. 陈光金，等，译. 上海：上海人民出版社，2001：106.

当下。

在道德规范方面,"社会尊崇'工具本性',尊崇对自己的忠诚,尊崇观点和努力的执着,甚至对不道德的东西,只要它们一成不变,也是敬重有加"。① 现代社会中学校道德教育的备受诟病,就与道德教育的保守性和短视性密切相关。学校里所传授的科学知识可以超越时空限制,科学研究所追求的可以是逻辑的可能性而不是现实性;道德教育则必须坚守现实的可能性,道德可以想象的空间非常有限。今天的学校不可能基于逻辑的可能性为下一个尚未出现的社会提供道德方面的知识储备或行为训练,更不可能鼓励所有人都努力去创造一种新的道德秩序。道德是历史的产物而非个人的创造。即便是如孔子、耶稣、释迦牟尼和穆罕默德那样真的创造了某种道德秩序的圣人,也是在他们死后很久,历史才给出答案。他们在生前根本无法预知自己的"道德创造"是否能够被接纳为一种合法的秩序。因此,"若想象道德是一种个人的人为现象,从而认为我们一开始就完全控制着道德,道德只是我们希望是其所是的东西,那么这便是一种危险的幻觉"。② 当然,这也并不意味着道德不需要想象力或我们不需要道德想象力。人类的道德绝不是僵化的伦理教条而必须是鲜活的实践,真正的道德必须保有超越当下的可能,必须致力于一种"反思的生活",否则必然变得狭隘,进而成为不道德。在论述人类道德原则的变迁时,路易斯区分了两种不同的路径,一种是内源性的,另一种是外源性的。内源变革属于"有机生长",外源变革则相当于"外部手术"。"有机生长"强调道德价值判断的连续性,"外部手术"则意味着道德价值判断的断裂。他认为,从孔子的"己所不欲勿施于人"到基督教的"己所欲施于人",就属于内源变革。新准则承认老准则的有效性,其只不过是同样原则的延伸。而尼采对一切价值的重估及对传统道德的否定和废弃则属于外源变革,由于颠覆了一切旧的准则,其伦理主张无法为任何价值判断找到根据。按路易斯的说法,内源变革与外源变革之间之不同相当于,一个人对我们说:"既然

---

① 尼采. 快乐的科学 [M]. 黄明嘉, 译. 上海: 华东师范大学出版社, 2007: 281.

② 爱弥尔·涂尔干. 道德教育 [M]. 陈光金, 等, 译. 上海: 上海人民出版社, 2001: 117-118.

你喜欢相对新鲜的蔬菜,你何不自己种菜,以得到完全新鲜之蔬菜?"另一个人则对我们说:"扔掉那菜叶,试着吃一下砖头和蜈蚣。"①

道德教育"无法超越当下"又要"保有超越当下的可能"深刻反映了实践中人的自然和社会构成的复杂性。道德教育实践中人的自然与人的社会构成密不可分。社会超越了个人,"社会又能够重返个人。在社会与个人之间,不存在任何不可逾越的鸿沟"。②在特定社会实践中,在学校道德教育过程中,由于制度的规训,人性与社会性相互复制,共生演化。"朝向解决我们目前决定性的社会问题之进展,要求我们认清人性不变假设的谬误和制度不变假设的谬误。"③ 人类的历史表明,人性与制度在动态演进中相互复制。有什么样的人民就有什么样的国家,有什么样的国家也就有什么样的人民。不同的社会有不同的道德规范,不同的民族也有不同的道德习惯。一个人被投入特定的社会,就会成为特定的社会人。特定的人群基于特殊的诉求也会组成一个独特的小社会。"一个社会里占主导的人群是什么样的,这个社会就会有什么样的制度。"④ 问题的关键在于,不同的人类秩序和特定的人性之间究竟是何种关系?在特定的制度框架下哪些人性的特质会被普遍视之为好的?

人的道德规范方面同样如此。学校道德教育不但要清楚某一种制度设计或规范将会导致何种人性的生成或演化,而且还要明确何种人性的特质是需要张扬的善。因此,道德教育既不能忽视特定社会的独特的道德规范的养成,也不能放弃对普遍人性和普世价值的探究。学校既不能以抽象的人性培养来替代具体道德规范的训练,也不能以社会的或政治的需要为借口强行为人的道德德性或社会构成立法。"道德的绝对性仅仅在人性本身的价值中,而不在规范中。做事的正当性是相对的,但是做人的正当性

---

① C. S. 路易斯. 人之废[M]. 邓军海,译注. 上海:华东师范大学出版社,2015:59.

② 爱弥尔·涂尔干. 道德教育[M]. 陈光金,等,译. 上海:上海人民出版社,2001:73.

③ 汪丁丁. 新政治经济学讲义——在中国思索正义、效率与公共选择[M]. 上海:上海人民出版社,2013:273.

④ 汪丁丁. 新政治经济学讲义——在中国思索正义、效率与公共选择[M]. 上海:上海人民出版社,2013:150.

是绝对的。"① 道德绝不只是为了社会的需要而被制定出来的,道德具有"自成目的性"。作为一种德性,道德本身就是目的,是人性在社会中的一种升华。如果按照功利主义或义务论的伦理学,将道德狭隘地界定为他向型的或集体主义的,那么"社会"本身将成为一种"主义",人性的美好将被遮蔽,生活的意义将被阉割,从而导致阿伦特所谓的"不思"或"平庸的恶"。

社会虽不必然是恶的,但也绝非是善的集大成者,将道德良知说成是社会的产物并反映着社会,过于牵强且主观。莱茵霍尔德·尼布尔在《道德的人与不道德的社会》中就对社会本身的道德性提出了强烈的批评。道德教育中的"社会学主义"夸大了社会的道德性,而忽视了其在道德问题上的瑕疵。"纪律的危险之一,是制度变得比制度下的人来得更重要。"② 基于道德的社会学主义,基于纪律或规训也许能够培养出符合特定社会要求的"政治上正确"的公民或好公民,但培养不出德性意义上的符合"人性正确"的人或好人。"政府需要的是有效率的专家,而非'人',因为'人'对政府是个威胁。"③ 实践中,社会需要人做的或人根据社会的规范而应该做的未必是好的。"任一规范都只是人类生活的权宜之计,尽管在事实上规范是必需的,但在价值上却不值得尊重。重要的是人性,而不是规范。"④ 当然,没有规范的约束,人完全根据个人的欲望或本能所选择做的也同样未必是好的。"教育的任务就是要将那些冲动和欲望转化和整合成一种既指向公益又指向个体的好的意愿,从而使我们变成既不是自利而非他利(Self-rather-than-other-regarding),也不是他利而非自利(Other-rather-than-self-regarding),既不是利己主义者也不是利他主义者,而是将激情和意愿引向那些既是我们的好又是他人的好的东西。自我牺牲和自

---

① 赵汀阳. 论可能生活 [M]. 北京:中国人民大学出版社,2010:41.
② 克里希那穆提. 一生的学习 [M]. 张南星,译. 北京:群言出版社,2004:31.
③ 克里希那穆提. 一生的学习 [M]. 张南星,译. 北京:群言出版社,2004:23.
④ 赵汀阳. 论可能生活 [M]. 北京:中国人民大学出版社,2010:5.

私一样都是恶性，都是道德发展不充分的标志。"① 简言之，道德之所以为道德既要受社会规范的调节也要受人性的制约，更要以德性本身为标准来衡量。

最后要指出的是，对于人而言，道德不是绝对的，更不是终极的，道德本身也存在悖论，不同的道德价值有时也会相互矛盾。道德的存在仅仅是因为人类社会的健康运行需要道德，而不是道德本身具有什么特殊的魔力。人的道德感不是由基因先天决定而是后天经验与人脑相互作用的结果。人的道德既是社会需要的果，也是社会何以可能的因。人性的演化与社会结构的变化密切相关。任何关于道德的理论论证从来都是不充分的，即便是苏格拉底对于作为善的正义的论证最后仍然不得不求助于"高尚的谎言"（Noble Lie）和"神"的存在（爱若神话）。尼采更是认为："道德至今根本不算是一个问题，毋宁说是人们经历猜疑、不和、矛盾之后而达到一致的东西，是思想家在其中歇息、松弛继而重新振奋的处所。"② 因此，如果不诉诸非理性的力量或信仰，人的理性本身很难自动认为道德本身就是好的。尼采所谓"善与恶皆为上帝的成见"③绝非出言不逊，而是包含着更大的智慧。"美德包含一种个性，即受人褒扬的、甘当工具的个性。""倘若你具备了某种真正完美的道德（而不是向往道德的小愿望），那么，你必然成为这道德的牺牲品。"④ 因此，古往今来绝对的道德往往也会导致绝对的愚昧。亚里士多德就认为，道德之上还有对于真理的沉思。"体现理论理性（努斯）的生活对于人是最好、最愉悦的，因为理论理性是最属于人之为人（的属性）。所以说，这种生活也是最幸福的。另一方面，体现其他德性的生活只是第二好的。"⑤ 孔子也认为，"道"在"德"

---

① 阿拉斯戴尔·麦金太尔. 依赖性的理性动物：人类为什么需要德性 [M]. 刘玮，译. 南京：译林出版社，2013：132.
② 弗里德里希·尼采. 快乐的科学 [M]. 黄明嘉，译. 上海：华东师范大学出版社，2007：328.
③ 弗里德里希·尼采. 快乐的科学 [M]. 黄明嘉，译. 上海：华东师范大学出版社，2007：257.
④ 弗里德里希·尼采. 快乐的科学 [M]. 黄明嘉，译. 上海：华东师范大学出版社，2007：95.
⑤ 余纪元. 亚里士多德伦理学 [M]. 北京：中国人民大学出版社，2011：200.

之上，所谓"志于道，据于德"。道德之上必须有更大的智慧的调节，道德仍然要服从于真理。道德教育不能止于道德习惯的养成，而是要通过思辨活动和反思生活来激发人的道德智慧。为了能够拥有健全的社会和美好的生活，人类社会的进步需要关于善的理想的激励和道德教育，但这还远远不够。"显而易见，世界上最好的教育制度并不能让所有公民都能以苏格拉底的方式变得理性。人类生活的非理性根源形式多样而且影响深远。"[1] 健全的社会还必须有自由、民主和法治，而不仅仅只是道德以及道德教育。

总之，道德的存在有其客观依据而绝非主观的建构。道德的发生既源于社会的需要，也有相应的生物学基础，更与教育本身分不开。对人而言，自然德性是道德教育的先天基础，道德教育的目的则是要实现人的德性的圆满。人类社会学校作为道德教育机构是比较晚近的发明，学校道德教育是历史的而非永恒的。当前道德教育之所以成为社会问题既反映了学校教育在道德方面的缺陷，也暴露了现代社会道德危机的必然性和普遍性。为应对社会道德问题，改进学校道德教育的效果，省思道德及其教育的取向至关重要。

---

[1] 玛莎·纳斯鲍姆. 培养人性：从古典学角度为通识教育改革辩护 [M]. 李艳，译. 上海：上海三联书店，2013：13.

第八章

论教育的有用性与无用性

什么是教育的有用性？什么是教育的无用性？所谓"有用"指的是"实用"或"功用"，即教育可以对教育之外的事物产生功能性作用，抑或教育可以成为其他事物的媒介或工具。概言之，教育可以促进人和社会的发展。所谓"无用"意味着教育在工具性价值之外的价值，一种情况是有用的失灵，另一种情况是无用之用。有用性与无用性两种价值绝非对立，而是相对独立存在，绝不能用一种价值遮蔽另一种价值。当下的问题在于：受功利主义哲学和经济社会发展现实需要的影响，我们过度强调教育的有用性，有把人变成商品或工具的风险，导致教育自身工具性凸显、本体价值被忽略，人们对于教育可能失灵的风险视而不见。现代社会中教育愈来愈成为经济社会发展的附庸或工具，被就业的机遇所奴役，其无用性被作为问题而受到社会批判。而事实上，教育发展不能只是受政治和经济驱动，也需要自身的使命驱动。一旦教育自身的本体价值或使命被忽略，一旦不允许无用的教育或教育的无用性存在，那么教育作为工具的实用性或有用性也会大打折扣。"如果把一切悠闲沉思从人类生活中去除，那么人类将终结于一种致命的超积极性之中。由于缺少安宁，我们的文明将逐渐终结于一种新的野蛮状态。行动者，即那些永不安息的人如今大行其道，超越以往任何时代。因此，人们应当对人性做出必要的修正，在其中大量增加悠闲冥想的成分。"[1] 由此可见，无用性是对有用性的一种缓冲和保护。对于人来说，工作是为了生活，而不能是生活为了工作。生活的样态是生生不息，而不是输赢。教育作为美好生活的一部分，其本身就是目的，绝不能只是工作或就业的预备。如杜威所言："把教育看作为将来作预备，错误不在强调为未来的需要作预备，而在把预备将来作为现在努力的主要动力。"[2] 教育的真正价值或功用，绝不是短期的经济收益和促进社会流动，而是人的成长和对社会的良好适应。长远来看，以成人为目标，只有尊重教育的无用性，才能更好地发挥教育的有用性。

第一节　教育不只是有用的

对于功利的追求是人性的一部分，但不同的时代会呈现出不同的状态。功利是作为价值的一部分还是统摄全部价值是完全不同的。传统社会对教育也会有功利或有用性的需求，但在功利性之上总会有一种超越性的价值作为引领。中国的古典时代，"书中自有黄金屋"是一种功利，但较之"修身、齐家、治国、平天下"则是次要的。"在早些时候，功利一直是一种次要的德行，功利作为一种价值本身并没有任何意义可言；人们必须得问：'为了何种目的的功利？'我们已经进入了一个新的时代，在这个新时代，功利开始被视为一种独立的价值，而且事实上它将其他所有价值都囊括在内。"[3] 在西方文艺复兴之后，奠基于人文主义和理性主义之上的现代教育也被功利主义哲学所俘获，成为民族国家现代学校制度的一部分。功利这一现代宠儿对社会生活实践的方方面面提出了挑战，这种挑战在教育领域中表现得最为突出。[4] 在民族国家的政治经济学框架下，教育

---

[1] 韩炳哲. 倦怠社会［M］. 王一力，译. 北京：中信出版社，2019：26.

[2] 约翰·杜威. 民主主义与教育［M］. 王承绪，译. 北京：人民教育出版社，1990：65.

[3] 丹尼尔·科顿姆. 教育为何是无用的［M］. 仇蓓玲，卫鑫，译. 南京：江苏人民出版社，2005：206.

[4] 丹尼尔·科顿姆. 教育为何是无用的［M］. 仇蓓玲，卫鑫，译. 南京：江苏人民出版社，2005：210.

的精神性和超越性逐渐式微,功利之上再无超越性的价值存在。随着功利主义哲学的盛行,现代社会日益沦为"功利社会",功利作为一种价值本身成为了目的。当前全球范围内自由教育、人文教育的式微,职业教育和专业教育的盛行反映了功利主义在教育领域的全面胜利。"决策者们认为,人文学科和艺术都是无用的装饰,一个国家若想保持在全球市场中的竞争力,就必须砍掉一切无用之物。"[1] 科研领域基础研究的边缘化,应用和技术开发研究的盛行也反映了同样的趋势。究其根本,"21 世纪的社会不再是一个规训社会,而是功绩社会。其中的成员也不再是'驯化的主体'而是功绩主体。他们成为自身的雇主。"[2] "不管愿意不愿意,现在我们都是功利主义者了。"[3] 在功利社会中教育不再关心人的成长或成人,作为知识产业的一部分,无论教育本身还是利益相关者都更加关心收益或好处。功利主义的盛行客观上遮蔽了教育的无用性,抑制或不允许那些不符合有用性标准的教育功能存在。从功利主义哲学出发,知识或成人本身不再是目的,教育改革和发展的主要目的或唯一目的就是成为影响个人职业发展、经济社会发展乃至国家或地区兴衰的最重要的因素。美国科学院的人文社会科学委员会 2013 年的报告就指出,经济上的不安全感正在将公众推向重视快速回报的狭隘教育取向。[4] 这种情况的存在不是因为某个国家的教育制度设计或政策有缺陷而是全球性和系统性的问题。

从历史来看,教育功能的强化和启蒙运动对于自由和解放的推崇以及现代社会对于功绩的重视密切相关。1795 年席勒宣告:"功利是这个时代伟大的偶像,所有的权力都必须为之服务,所有有才智的人都宣誓为之效忠。"[5] 1927 年朱立安·本达则指出:对于当代知识分子来说,真理是由功

---

[1] 玛莎·努斯鲍姆. 告别功利:人文教育忧思录 [M]. 肖聿,译. 北京:新华出版社,2010:3.
[2] 韩炳哲. 倦怠社会 [M]. 王一力,译. 北京:中信出版社,2019:15.
[3] 丹尼尔·科顿姆. 教育为何是无用的 [M]. 仇蓓玲,卫鑫,译. 南京:江苏人民出版社,2005:215.
[4] 詹姆斯·H. 米特尔曼. 遥不可及的梦想:世界一流大学与高等教育的重新定位 [M]. 马春梅,王琪,译. 上海:上海交通大学出版社,2021:42.
[5] 丹尼尔·科顿姆. 教育为何是无用的 [M]. 仇蓓玲,卫鑫,译. 南京:江苏人民出版社,2005:205.

用来决定的。① 教育的功利主义既是现代性的结果也是现代性的一部分。传统社会是一个农业社会,教育是少数人的特权,社会流动或人的身份改变多经由教育之外的途径实现,经济社会发展也较少与(学校)教育发生关联。现代社会是一个工业化社会,教育是所有人的权利甚至义务,教育成为社会流动或人的身份改变的主要途径,经济社会发展也高度依赖教育对于专业人才的培养。传统社会中教育处于边缘位置,社会的运转主要基于习俗和传统,而现代社会中教育处于某种"中心"位置。虽然这种中心既不是权力中心也不是资源中心,但它可以为现代社会的有序运转提供共同知识或"共同感"。某种意义上,教育成为现代社会的规训中心,更被视为解决不平等、薪资冻涨及制造业工作流失的关键,政府期待教育制度弥补这个社会的其他过错,"学多少就赚多少"成为一种政治的迷思②。通过庞大的学校教育网络,无论是宗教的、意识形态的还是科学的神话均被广泛传播,不知不觉中教育成为现代社会中最崇高的事业,肩负着几乎无所不能的神圣职责。20世纪80年代以来,受新自由主义和经济全球化的影响,"一种新的功利主义正在崛起,它优先考虑有用的知识和解决问题的技能,而非基础性的探索;将市场价值置于教育价值之上;强调理性思维,不推崇艺术、古典语言、历史和哲学等其他思辨模式。"③ 教育在经济社会发展中发挥的作用越显著,人们对于教育的社会期待和依赖就愈强烈。"过去人们关注如何拥有美好的生活,其中也包含了如何融洽地共同生活,如今人们则只考虑如何存活下去。"④ 结果就是,不再是人在接受教育,而是教育活动控制了人的生活。一旦教育控制了人的生活,一旦学习被等于了赚钱,当预定的人生目标不能实现时,人们不但对于教育会绝望,而且对于生活也会绝望。在这种绝望的背后不是逆境中的奋起,而是

---

① 丹尼尔·科顿姆. 教育为何是无用的 [M]. 仇蓓玲, 卫鑫, 译. 南京:江苏人民出版社, 2005:211.

② 迈可·桑德尔. 成功的反思:混乱世局中,我们必须重新学习的一堂课 [M]. 赖盈满, 译. 台北:先觉出版股份有限公司, 2021:141-143.

③ 詹姆斯·H. 米特尔曼. 遥不可及的梦想:世界一流大学与高等教育的重新定位 [M]. 马春梅, 王琪, 译. 上海:上海交通大学出版社, 2021:1.

④ 韩炳哲. 倦怠社会 [M]. 王一力, 译. 北京:中信出版社, 2019:22.

"内卷"后的"躺平"。最终的结果就是过度的疲劳和倦怠。"对功利的热爱构成了对教育的嘲讽。在功利的支配下，真正激发我们行动的只有愚蠢。功利肯定会促使人类走向愚蠢。"① 本质上，教育是实践性的而不是形而上的存在，教育的有用性也是不容否认的。但人类社会的实践证明，教育只有在不被作为工具直接使用时才能产生最大的价值。教育无法"救国"，甚至也无法"救急"。教育之用的发挥是一个人才培养和文化进化相互作用的漫长过程。实践中要使教育发挥更大的功用首先需要理解并坦承教育的无用。如果不能容忍教育的无用，也就无法获得教育的有用之用。

我们时代过度重视教育的有用性，不是教育的问题而是政治的和经济的问题。教育的有用性植根于经济主义（促进经济发展）和"社会"主义（实现人的社会化），主要把教育作为就业和社会稳定的工具，这种思维假定教育就是为经济社会发展服务，忽略了教育中的人的主体性的存在，也忽略了教育自身还有它自己的理想。"如今的功能主体只知道两种状态：好用或不好用。"② 基于有用性的逻辑，那些"无用"的知识或技艺在教育中要么被抑制要么不被鼓励。客观上，教育的确有助于经济发展和人的社会化，但其真正的价值却不在于此，而在于人的主体性的形成、文化的传承创新和文明的进步等。与促进经济社会发展相比，这些功能的发挥因为是潜在的、无形的，甚至是不可测、不可控的，因此也被视为"无用的"。学术研究中或许可以发明一些工具或方法对于教育的功用进行测量，但能够测量的只是学者想要测量和可以测量的，而不意味着教育的功用真的如此。无论教育本身还是受教育者都是社会的和历史的产物。无论对于人的发展还是社会发展，教育更多的是一种"背景性"因素，而非决定性因素。尤其需要注意的是，教育作为一项制度化的事业所发挥的作用与受过教育的人所发挥的作用是两个不同的概念。社会中受过教育的人在经济社会发展中所起的作用是具体的、客观的。不同的人由于各种条件的差异可能发挥的作用存在显著的差异。不同的人发挥作用的大小、正负和其所受的教育即便有相关性也没有直接因果关系。同样的教育在不同的人身上可

---

① 丹尼尔·科顿姆. 教育为何是无用的 [M]. 仇蓓玲, 卫鑫, 译. 南京：江苏人民出版社，2005：233-234.

② 韩炳哲. 他者的消失 [M]. 吴琼, 译. 北京：中信出版社，2019：36.

能起到的作用是由这个人及其所从事的工作本身对于教育的敏感性决定的。理解受教育者个人的贡献或作用需要具有可比性的参照系,但对于教育本身在经济社会发展和人的发展中可能起到的作用通常无法直接观察或测量,必须透过相应的理论才能理解或解释;而且不同的理论对于教育功用的解释还会存在显著差异,甚至是截然对立。我们不能简单依据某个学校的毕业生中涌现出了少数的杰出者而推论某所学校的教育质量高,进而推论某所学校对于经济社会发展的贡献大。杰出人才的涌现受很多因素的影响,学校教育只是其中的一个原因。同一个学校的毕业生既可能涌现出杰出的人才也可能出现罪大恶极的罪犯。对于某个毕业生的贡献和他曾经学习过的学校以及基于这个学校的教育本身可能发挥的作用要注意合理区分。我们不能否认个人对于经济社会发展所做出的贡献与其所受教育的相关性,也不能将其贡献简单地归结于其所受教育这单一的因素。"我们要在合理的原因和偶然的原因之间做出区别。合理原因有可能应用到其他国家、其他时期和其他条件,能够导致有益的概括,从中又能得到经验教训;它们适当拓展、加深我们理解力的目的。偶然原因不能进行概括;既然偶然原因是十分独特的字眼,它们就不能传授经验教训,也就不能得出结论。"[1] 单因素的分析无论如何都是有误导性的。无论经济社会发展还是人的发展都是多因素综合作用的结果。无论对于这些因素的重要性如何排列,教育都只是基础性而非决定性的因素。

  本质上,教育具有经济和文化两重性,但在功利思维下,我们往往只看到了经济的一面而忽略了文化的一面。在知识经济时代,"知识是最重要的产业。其他任何产业都建立在知识的基础之上,但知识不仅仅具有经济价值属性。追求知识、生产知识、传播知识、应用知识以及保护知识,都是人类文明的核心活动。知识是集体记忆,它连接着过去;知识也是集体希望,代表着对未来的企盼。"[2] 当下受短期利益驱动,知识的经济价值和教育的工具属性被凸显,而知识的教育性以及教育的育人功能被忽视,隐藏在知识/教育背后的文化进化的价值属性被遮蔽。"于是,所谓成功就

---

[1] E. H. 卡尔. 历史是什么 [M]. 陈恒, 译. 北京: 商务印书馆, 2007: 207.
[2] 路易斯·梅南德. 观念的市场: 美国大学改革的阻力 [M]. 田径, 译. 成都: 四川人民出版社, 2019: 1.

是指精心设计的机器比人所能做得更好,而教育的主要效果,即过一种有丰富意义的生活,却弃置不顾。"① 无论知识还是教育在发挥其功用时必须注意有用与无用之间的平衡。过度强化教育的有用性会导致教育功能的异化,最终使教育不再是真的教育,而成为为经济社会发展服务的某种工具。同样,过度强化教育的无用性会导致教育脱离经济社会发展的现实需要,也会伤害教育的合法性。作为人类最根本的实践,教育的有用性是第一位的,但不是唯一的。在强化提升教育服务经济社会发展能力的同时,也需要承认教育的无用性也是一种价值,甚至是一种更重要的价值。诚如老子所言:"有之以为利,无之以为用。"按黑格尔的观点,正是否定性为存在赋予活力。② 莫言在诺贝尔颁奖典礼晚宴致答谢词时亦曾言,"文学和科学相比较,的确是没有什么用处。但是文学的最大的用处,也许就是它没有用处"。③ 教育的有用性与无用性的关系亦大致如此。

现代社会对于教育功用或有用性的鼓吹类似于"精神鸦片"。"在教育上,我们往往毫不介意自己付出了什么,误以为自己总在获取。结果,无论收益多寡,总以为得了便宜。这是多么错误的一个认识啊!在接受教育的时候,我们不但总在付出,而且往往入不敷出。"④ 在工业社会中教育制度与经济制度、政治制度相互耦合,教育中的功利主义是广泛而深刻的,已经制度化为教育组织的一部分,甚至已经不需要伪装。在功利主义的裹挟下,教育只能以"仿真"的形式进行⑤。政府向所有人许下庄严的承诺,教育面前人人平等;然后借专家之口宣称"教育可以改变身份""知识可以改变命运""学习可以赚钱。"当所有人为了预期目标将全部精力投入教育之中时却发现,"显而易见的现实是,少数人可以实现的东西,大多数

---

① 约翰·杜威. 民主主义与教育 [M]. 王承绪, 译. 北京: 人民教育出版社, 1990: 254.
② 韩炳哲. 倦怠社会 [M]. 王一力, 译. 北京: 中信出版社, 2019: 42.
③ 莫言. 盛典——诺奖之行 [M]. 武汉: 长江文艺出版社, 2013: 154.
④ 丁道勇. 选择成为学习者: 玛克辛·格林的教育哲学 [J]. 北京大学教育评论, 2021 (3): 180-187.
⑤ 布雷恩·J. 麦克维. 日本高等教育的奇迹与反思 [M]. 徐国兴, 译. 上海: 华东师范大学出版社, 2018: 21.

人是不可能实现的,不管他们的教育程度有多高。"[1] 实践中教育可以促进社会流动,也可以带来个人和社会收益,但这些都是有条件的而不是无条件的。过分强调"资格获得"很容易使教育成为"反教育"[2]。本质上,教育是从属性的文化事业而非独立的组织系统。"人们所接受的教育种类、质量和程度在很大程度上取决于经济社会条件,而不是智力因素。"[3] 这也就意味着教育要想实现其改变人的身份和地位的功用,需要以经济社会条件的平等为前提;如果这个条件不存在或不具备,教育在改变人的身份和地位方面的失灵将不可避免。吊诡的是,现实社会中教育发生的前提恰恰是不平等,一个完全平等的社会将失去对社会流动的渴望,也将丧失对教育的功利需求。由于教育功用的发挥不可避免地面临诸多外在条件的约束,教育失灵是经常的而不是偶然的。

那么现代社会中教育的失灵为何没有导致教育事业的破产呢?一个重要原因是,现代社会中教育被定位于国家的事业,是一种必需的社会制度,而不是公众可以自由选择的商品。当今世界几乎所有重要的国家均实行了义务教育制度。在义教育制度下,接受教育不只是公民的权利而是必须履行的义务。在不属于义务教育的高等教育阶段,政府选择通过对于大学文凭在劳动力市场上的合法性的确认来激励更多的人投身高等教育。此外,政府还把高等教育本身作为一种特殊的产业,发展高等教育不只是为了高等教育发展,而是为了拉动经济社会发展。其结果,高等教育经常沦为一种形式主义的或表演性的,而不是必要性的、实质性的。现代社会中很多人从幼儿园到小学、中学、大学一路走来,只是在形式上接受了教育,而实质上并没有成为一个"受过教育的人"或"有文化的人"。在经济全球化背景下,"人们现在乐于将教育视为教授们传输给学生消费者的一件产品,而且人们似乎也不认为这件产品像毒品一般有害。我们最好还

---

[1] 菲利普·布朗,休·劳德,戴维·艾什顿. 全球拍卖[M]. 许竞,译. 长沙:湖南科学技术出版社,2014:16.

[2] 布雷恩·J. 麦克维. 日本高等教育的奇迹与反思[M]. 徐国兴,译. 上海:华东师范大学出版社,2018:98.

[3] 丹尼尔·科顿姆. 教育为何是无用的[M]. 仇蓓玲,卫鑫,译. 南京:江苏人民出版社,2005:146.

要考虑一下将高等教育与全球市场下商业的功利最大化的特质有效结合所带来的后果。正如功利主义者所说，我们应该彻底全面地考虑一下这一政策的后果，从而才能清楚地知道这一政策是否真的像人们所想的那样对我们有益。"① 盲目相信更多教育可以带来更多收入，更多收入可以带来更好的生活已经造成了就业市场的拥挤和教育的内卷。由于市场不可能再承受社会期望之重，教育、就业与报酬之间的英才教育联系正在断裂。②

总之，教育是有用的是一个铁的事实。但教育绝不仅仅是有用的，教育同时也是无用的。如果只强调教育的有用性而不提教育的无用性，无法准确理解教育的功用，也无法全面理解教育的本质。失去无用性的制约，教育的功能容易泛化，功能的泛化容易导致教育的异化。无用性与有用性是教育功用的两端。过去，对于教育无用性的讨论多是一种批评，其目的是为了通过改革消除无用性，以使教育更加有用。这就像道德教育试图消除恶或把全部的恶转变为善一样，无论在逻辑上还是实践中都是不可能的。倘若人世间没有了恶，也就无所谓善；正是恶的存在才凸显了善的价值。道德教育中也只有深刻认识了恶才能全面理解善。教育的功用问题也一样。教育的无用性与有用性是共存的，是对立统一的。消除了教育的无用性并不等于也并不能增强教育的有用性。事实上，我们也不可能消除教育的无用性，更不可能使教育完全是有用的。如果我们去除了教育的无用性，那也就意味着我们去除了整个教育。这就像我们不可能让一个人的行为完全是生产性的，不可以有非生产性的一样。无论研究者还是实践者也无论是教育者还是受教育者都必须学会在不确定性中工作，并随时准备承认教育的无用性，而不是急于为教育的有用性辩护或坚持为有用而改革。无论理论上还是实践中，只有充分认识了教育的无用性才能正确理解教育的有用性。"如果回顾一下科学史，你会发现大部分的发现都不是试图去

---

① 丹尼尔·科顿姆. 教育为何是无用的 [M]. 仇蓓玲，卫鑫，译. 南京：江苏人民出版社，2005：203.
② 菲利普·布朗，休·劳德，戴维·艾什顿. 全球拍卖 [M]. 许竞，译. 长沙：湖南科学技术出版社，2014：202-203.

解决问题,而是试图理解大自然是如何运作的,所以我们的重点在于理解。"[1] 教育的历史也有同样的规律。对于教育的有用性我们不去辩护,它仍然是有用的,而教育的无用性则只有勇于承认,才能迎来改变的契机。

第二节 教育为何是无用的

人的教育是一个异常复杂的过程,教育功用的发挥需要漫长的时间和其他条件的匹配。仅有天赋是不够的,没有天赋仅有努力也是不够的,有天赋也努力但如果社会条件不具备,个人的潜能同样无法实现。基于此,对于教育的功用进行分析和判断非常困难,甚至连给出什么是有用、什么是无用的准确定义都近乎不可能。在时间的维度上,当下认为是无用的将来可能是有用的,当下认为是有用的将来也可能是无用的。在属性的维度上,看似无用的知识可能成就划时代的产业;看似有用的知识最终证实没有什么价值。在主体的维度上,那些对于政府/市场有用的知识/教育,对于个体可能是无用的;而对于个体有价值的知识/教育对于政府/市场则可能是无用的。更复杂的是,还有些知识/教育可能既是有用的也是无用的,抑或既不是有用的也不是无用的,其实际价值或用处随我们对于"用"的定义而变化。

对于教育功用(有用与无用)的讨论有两个不同的框架,一个框架是"肯定性—否定性";另一个框架是"积极—消极"。在"肯定性—否定性"框架下,当前肯定性思维居于绝对主导,强调教育对于经济社会发展的有用性。凡不利于教育发挥有用性的体制、机制都面临改革的压力。最终教育越改革越功利,而教育越功利改革则越激进。由于否定性思维缺乏,教育的无用性无法进入理性讨论的范围。教育改革朝向貌似"进步"的,其实却是正反馈机制强大、负反馈机制不足,因此是没有稳态和十分危险的

---

[1] 詹姆斯·H. 米特尔曼. 遥不可及的梦想:世界一流大学与高等教育的重新定位 [M]. 马春梅,王琪,译. 上海:上海交通大学出版社,2021:20.

"方向"①。而在"积极—消极"框架下，教育的有用性被认为是积极的、值得追求的，教育的无用性被认为是消极的、需要避免的。在此框架下，无用经常被作为需要解决的问题提出，成为批评教育改革和发展不力的一种话语策略。换言之，无用性不能被认为是教育的一种本质属性，而被认为是教育的有用性没有充分发挥的一种"病态"。肯定性思维和积极思维有共通之处，都倾向于通过正反馈机制强化教育的有用性，以引起政府和社会对于教育改革和发展的重视，通过不断加大对教育的投入以使教育更加有用。否定性思维和消极思维不同。从否定性思维出发，教育的无用性和有用性是并列的，无用性和有用性一样是教育自身固有的价值；根本目的是引入负反馈机制，以保持教育系统的平衡；而消极思维则不同，它虽然论及教育的无用性，但无用是作为需要解决的问题出现的；根本目的是尽可能消除教育的无用性以达成教育的有用性。简言之，肯定性和否定性意味着两种不同的认知路径，在价值上是中立的；而"积极—消极"认知框架其价值倾向性很明显，暗示无用要向有用转化。

　　实践中，教育的无用性的产生有几种不同的情境。一种情境是教育原本没有这种功用，人为地将某些职能强加于教育，从而会导致教育呈现出无用的状态；另一种情境是教育本身在某些事情上具有有限的功用，人为地将有限功用无限放大，进而会导致教育呈现出无用的状态；第三种情境则是教育经常会异化为伪教育，伪教育自然是不可能发挥出教育的作用的。第一种情况有时很难分辨，因为教育已经如此普遍地和深入地介入人类生活，人类社会至少是生活世界中很难找出什么事完全和教育无关。教育既与人的发展密切相关，也与社会发展密切相关。人的发展中教育既与知识的传播有关又与品德的养成有关。社会发展中，教育既与经济有关，也与政治、文化、科技、人口甚至军事等密切相关。教育如此普遍又如此脆弱，经常成为社会舆论攻击的焦点或替罪羊。第二种情况同样似是而非。实践中，教育功用的边界非常模糊。由于中介变量的普遍存在，教育和人的发展、社会发展中的诸多事务均存在相关性。但问题的另一面在于，无论对于任何事项只能笼统地说"教育很重要"，几乎没有什么方法

---

① 赵鼎新. 哲学、历史和方法——我的回应 [J]. 开放时代，2016（5）：50.

也没有什么人知道教育在这些事项上所能发挥作用的确切的边界在哪里。"如果我们无法用中立的、有效的语言来表述和计算功利,那么功利本身就不可能成为一种中立的概念、标准或计算法。"① 因此当教育有用时人们还会希望其更加有用,而一旦没有达到心理的预期,人们又倾向于认为教育是无用的。第三种情况最为有害。如果"异化"是零星的、偶然的,实践中还可以甄别哪些是真教育、哪些是伪教育,然后合理判断教育的功用;如果"异化"是普遍的、整体性的,将无从知晓什么是真教育、什么是伪教育,甚至会"假作真时真亦假"。此时再谈教育的有用性或无用性完全是无稽之谈。

基于"积极—消极"的认知框架,将教育的有用性看作值得追求的,将教育的无用性看作需要避免的,一旦社会上出现了难以解决的问题或文化的某个方面出了差错,人们很容易将其归罪于教育,它成为让我们发泄所有不满的现成的目标。② 事实上,对于教育无用的批评更像是安慰剂,对于解决那些令人绝望的问题没有什么实质的帮助。更糟糕的是,这种批评背后还隐藏着对于教育功用的误解,即认为如果教育充分发挥了其应有的作用似乎就不会再出现这些令人烦恼的社会问题。事实绝非如此。"教育无法解决这些复杂的问题,因为教育本身也牵连其中。"③ 历史和实践证明,教育只能随着国家和社会的进步而进步,而不会是国家和社会随着教育的进步而进步。无论以成人还是改造世界为参照,比起教育实际上所发挥的作用,有更多的理由或证据可以证明教育的无用性。"比起相信教育来说,我们有更多的理由对教育产生绝望。"④ 教育可以助力崇高的事业,也可以成为邪恶力量的帮凶。那些崇高的教育理想可以激励人为理想而努力,但那些残酷的现实也会提醒更多的人现实永远是残酷的。有时教育不

---

① 丹尼尔·科顿姆. 教育为何是无用的 [M]. 仇蓓玲,卫鑫,译. 南京:江苏人民出版社,2005:232.

② 丹尼尔·科顿姆. 教育为何是无用的 [M]. 仇蓓玲,卫鑫,译. 南京:江苏人民出版社,2005:序·17.

③ 丹尼尔·科顿姆. 教育为何是无用的 [M]. 仇蓓玲,卫鑫,译. 南京:江苏人民出版社,2005:6.

④ 丹尼尔·科顿姆. 教育为何是无用的 [M]. 仇蓓玲,卫鑫,译. 南京:江苏人民出版社,2005:序·19.

但不能使人性，使这个世界变得更美好，还会使人性和这个世界无底线地滑向集权、专制和暴政。因此，要全面理解教育的本质首先必须改变对于教育功用的理解，需要承认无用性是教育的内在的或固有的本质，也是教育之所以能够存在的一个不可或缺的重要方面。人性不只倾向于有用性也需要无用性。教育的无用性不是对人性的背叛而是符合人性的本质。健全的教育必须把有用性和无用性结合起来。实践中我们需要为教育的有用性而努力，也需要坦承教育的无用性。无用性不是教育有用性被遮蔽或被抑制，无用性和有用性一样是教育本质的一部分。我们需要正视教育是无用的，而不是批评教育是无用的。"我们应该承认从根本上来讲，教育是无用的。它的无用性就是教育本身无法估量的价值。无用性和有用性并不是真正对立的。"① 无用性不是对于有用性的否定，无用性有其独立的价值。无用性不是教育在功能发挥上的缺陷，而是其本来状态。承认教育的无用性也就意味着承认了教育事业的特殊性。实践证明，无论如何改革也无论如何加大投入，仅凭教育本身都不会让社会变得更美好，也不会让人变得更善良，没有其他子系统的支持和配合，教育甚至什么作用也发挥不了。

长期以来，教育的无用被当作对于教育进行批判的一种理由，即认为教育没有实现或发挥其应有的功用。某种意义上，这是对于教育的误解。那种基于误解而进行的关于教育有用性的辩护注定是失败的。无用性和有用性是教育的两个方面。如果只承认教育的有用性而否认教育的无用性，将无法完整理解教育的本质。只有通过对于教育无用性的分析才能更深刻地认识教育的有用性。"教育囊括了我们为个人和整个人类发展做出贡献的一切事物。"② 单从肯定性的向度，不断做加法，教育的功用永远无法说清；从否定性的向度入手，中断某些常识对于教育功用加以讨论至关重要。换言之，为了避免教育过度功利化，当我们思考教育的功用或价值的时候必须意识到或承认教育是无用的。这种无用不只是"无用之用"，而是真的无用。无论何种情况，我们必须允许这个世界存在无用的东西。教

---

① 丹尼尔·科顿姆. 教育为何是无用的 [M]. 仇蓓玲，卫鑫，译. 南京：江苏人民出版社，2005：246.

② 丹尼尔·科顿姆. 教育为何是无用的 [M]. 仇蓓玲，卫鑫，译. 南京：江苏人民出版社，2005：序·17.

育也不例外。事实上，只要我们承认教育不是万能的，我们就需要同时承认教育是无用的。"我们应该赞美高等教育核心中存在的无用性，要做到这一点，我们应该看到在这种无用性的制度化过程中存在一种对任何形式的愚蠢专制都加以反对的持久的文化约定。这些愚蠢专制的形式存在于市场、技术专家治国论、政府甚至还有人民当中。与此同时，我们也赞成那些将大学幻想为象牙塔的人们，他们认为在象牙塔内，教授并非真正在工作。我们之所以赞成他们的观点，是因为我们认可并确信这些幻想当中暴露出来的对无用性的急切渴望。我们必须不断地通过教育无用性的方式对所有文化加以质疑，这样我们才有可能不被功利的机能障碍毁灭。"[①] 人类社会无论任何事物对其功用只要我们定义了什么是有用，那么不符合这个定义就是无用。教育也不例外。除非我们强行将所有与教育相关的或直接或间接的影响都定义为"有用"，否则教育就一定会存在无用性。无用的存在是绝对的，无用不是有用的受抑制状态或缺失状态，而是一种独立的本体性的价值。就像社会运行过程中会存在政府失灵、市场失灵、志愿失灵一样，教育同样会失灵；政府失灵、市场失灵、志愿失灵不是说政府、市场、志愿机制因为某些原因没有充分发挥作用，而是指这些机制本身固有的作用有其边界或适用的范围，一旦超过了边界或适用范围，这种机制就无法发挥作用。某种意义上，教育的无用也就意味着教育失灵。

  实践中教育的失灵并不是什么令人惊讶的事，而是经常发生的现象。"我们并不是真正相信教育工作者在任何实际方面比我们其他人做得更好；简单的观察、常识性判断以及民众的敏感性都让我们抛弃了所有这种对教育者的理想化概念。"[②] 教育领域的从业者和政府、市场以及其他志愿组织的从业者一样都是普通人；在制度层面上，教育的体制、机制与政府、企业和其他志愿组织相比也没有什么比较优势。现代社会是一个世俗化的社会。教育事业和政治、经济、科技事业一样都是世俗生活的一部分。虽然教育事关让人成为人，其理想十分崇高，但对于教育的现实价值和功能不

---

  ① 丹尼尔·科顿姆. 教育为何是无用的 [M]. 仇蓓玲，卫鑫，译. 南京：江苏人民出版社，2005：246.
  ② 丹尼尔·科顿姆. 教育为何是无用的 [M]. 仇蓓玲，卫鑫，译. 南京：江苏人民出版社，2005：3.

宜高估，更不能持有一种理想主义。教育永远是现实社会中的人的教育而不是理念的教育。无论对于人的发展还社会发展，教育都是有用的，但无论对于人的发展还是社会发展，教育的功能都并非决定性的，并永远存在需要批判和改进的地方。我们不能因为教育有用而一味吹捧教育的重要性，也不能因为教育在某些事情上的失灵或无用而熄灭对于发展教育的热情。对于教育的发展我们既不能抛弃理想，也不能遗忘现实。无论如何教育的有用性不应成为教育决策中唯一重要的决定性因素。在教育可以充分发挥作用的地方多一些谨慎，在教育不能发挥作用的地方多一些耐心，无论对于教育的发展、对于人的发展还是对于社会的发展都是必要的。

　　教育的无用性和教育的脆弱密切相关。实践中，教育与政治、经济、社会、文化等之间存在紧密的互动关系，但在国家和社会面前，教育仍然是从属的，是第二位的，而不是第一位的。有什么样的国家就会有什么样的教育，有什么样的政治、经济、文化就会有什么样的教育，而不是相反。基于这种从属性和派生性，那些教育本应发挥的作用，一旦遇到政治或经济的压力就会失去作用，甚至既有的教育成果也会丧失或被逆转。在纳粹统治下的德国，教育"转变成随时可以为邪恶力量服务的工具"。那些受过良好教育的人，包括大学本身也"未能成功地对政治兽行予以适当的抵抗；他们还经常热烈欢迎这种兽行，为之举行庆典，为之辩护"。[1] 教育无法保证获得预期结果。教育能够给予的只有一种相对确定的身份而无法决定性地确定什么实质性的内容。一个人接受过某个阶段的教育，唯有证书或文凭是确定的，而隐藏在证书和文凭背后的知识和道德都是不确定的。接受更多的教育无法保证一个人拥有更加丰富的知识，拥有更加丰富的知识也无法保证一个人成为更加卓越的人。教育是一回事，知识是一回事，而道德和能力是另一回事。由于教育与人性之间不可避免地存在间隙，优质的教育未必塑造出优秀的品质，简陋的教育也未必会破坏优秀的品质；如果说美德可以通过教育获得，恶习也更容易习得。[2]

---

　　[1] 丹尼尔·科顿姆. 教育为何是无用的 [M]. 仇蓓玲, 卫鑫, 译. 南京：江苏人民出版社, 2005：7-8.

　　[2] 丹尼尔·科顿姆. 教育为何是无用的 [M]. 仇蓓玲, 卫鑫, 译. 南京：江苏人民出版社, 2005：23.

当然，教育的无用性不能成为教育没有发挥其有用性的借口，更不能成为教育自身保守、落后、存在缺陷并拒绝改革的托词。无用性揭示的是教育功用的边界而不是对于教育自身缺陷和失误的无底线宽容，更不能用来帮教育系统和教育者推卸原本应当承担的教育责任。讨论教育的无用性并不是要证明教育是无用的，更不是要赞美教育的无用性，而是为了更加全面理解教育的本质及其功用。因为只有转到事物的背后，教育的反复无常、前后矛盾和胡乱推理才会变得清晰可见。① 如果只一味地从积极的肯定的向度来理解教育，那么教育的发展将愈来愈功利，成为一种自我监控并自我实现的"预言"。"纯粹的积极性只会扩展已存在之物，而要真正转向他者，则需要否定性的停顿。只有借助中断的否定性，行动主体才能够衡量全部可能性，纯粹的积极性则无法办到"。② 更严重的是，一旦失去了否定性的制约，肯定性的判断将趋于极端化，教育的竞技化将不可避免。表面上，教育的竞技化遵循机会公平和精英主义的原则，通过引入竞争机制高效地筛选人才，似乎为所有人提供了向上流动的机会。实质上，竞技化异化了教育的本质，使教育成为了一场只有输赢的游戏，而不是实现人的卓越。在竞技的规则框架下，学校不再是育人的机构，而只是发挥社会选拔和个人竞争的机器的功能，学业竞争的失败者认为教育对于自己是无用的，而那些成功者则认为学校不过是自己用来"打败所有的潜在竞争对手"的工具③。基于此，无论政府、社会还是组织、个人都需要明白教育不全是有用的，教育同时也是无用的。如果将有用性视为发展教育的唯一依据，将严重侵蚀教育的合法性基础。无论如何，教育在"输入"和"输出"之间永远不会有完美的配合是客观的事实。④ 与其在逻辑上强行为有用性进行辩护，不如从实践出发坦承教育原本就是一种弱的力量。柔弱是教育的本质，也是教育之所以可能并生生不息的条件。从短期看，教育因

---

① 丹尼尔·科顿姆. 教育为何是无用的 [M]. 仇蓓玲, 卫鑫, 译. 南京: 江苏人民出版社, 2005: 序·16.

② 韩炳哲. 倦怠社会 [M]. 王一力, 译. 北京: 中信出版社, 2019: 39.

③ 布雷恩·J. 麦克维. 日本高等教育的奇迹与反思 [M]. 徐国兴, 译. 上海: 华东师范大学出版社, 2018: 7.

④ 格特·比斯塔. 教育的美丽风险 [M]. 赵康, 译. 北京: 北京师范大学出版社, 2018: 10.

其柔弱而被政治、经济、军事等力量所形塑，但从长期看，政治、经济、军事等具有强制性的力量终将被教育所规训。中国道家哲学所谓"强大处下，柔弱处上""柔弱胜刚强"所揭示的就是这种辩证关系。

第三节　处乎有用无用之间

一般认为，教育与个人和社会发展具有相关性。在个人发展方面，教育与职业分层相关，那些接受过较高等级和优质教育的人改变了自己的社会地位，实现了阶层的纵向流动；在社会发展方面，那些发达国家大多拥有发达的教育，适龄人口通常具有更长的平均受教育年限，其教育机构也通常拥有更完备的办学条件和更高的教育教学质量。事实是客观的，关键是如何解释，即如何分析和看待教育在个人发展和社会发展中所起的作用。最主要的问题就是：究竟是什么决定了以及如何决定了人们的职业分层和社会地位？我们又基于什么来预测经济社会的发展？人力资本理论倾向于从实质上肯定教育的有用性，即教育可以生产人力资本，那些接受较高或较好教育的人具有较高的生产力；教育生产人力资本，人力资本促进个人的职业分层和阶层流动，进而促进了经济繁荣和社会发展。文凭社会理论否认了教育在人力资本生产方面的实质性作用，而倾向于从文凭的象征性和社会的结构性来解释教育如何以及为什么会与职业分层相关。"通过教育文凭系统，社会建立了专业领域和技术飞地，实现了复杂的官僚职业分工，并在更普遍的意义上帮助专业群体来垄断工作，令他们免受直接生产工作的压力。"[1] 相较而言，人力资本说强调教育具有实质性作用，文凭社会说强调教育的象征性作用。经济学研究可以证实，在人力资本视野中教育是有用的，教育可以提高人的知识、技能和能力，而人的知识、技能和能力的改进有助于经济发展；柯林斯的社会学研究则认为，在文凭社会视野中教育基本上是无用的，其功用的发挥全赖于文凭的授予而非教育

---

[1] 兰德尔·柯林斯. 文凭社会：教育与分层的历史社会学 [M]. 刘冉，译. 纪东杰，校. 北京：北京大学出版社，2018：153.

本身。一个人学业成就的高低与职业发展的好坏没有必然关系。由于学业问题与实践工作的问题存在根本不同,在任何专业经由学习所形成的心智以及知识能力结构都是基于相应学术领域的特殊矛盾,很难直接用来应对工作或生活中遇到的问题和困扰。

这两种理论解释各有道理。实践中教育的确可以生产人力资本,一个人的受教育年限以及接受教育的质量也的确与其具备的知识、技能和能力具有相关性。在教育相对稀缺的条件下,少数受过教育的人凭借其所拥有的人力资本的确可以实现阶层流动和身份转变。但随着社会发展和教育的高度普及,教育通过人力资本生产促进职业分层和社会流动的可能性就会显著降低。此时文凭就取代人力资本成为解释教育如何以及为什么会与职业分层相关的有效工具。当前随着全社会人均受教育水平的不断提高,传统上需要较少教育的岗位不断提高对教育水平的要求,但教育的内容与工作岗位的要求之间并无关系。更关键的是,"不断增长的教育机会可能并不会改变群体之间的分层排序。如果之前居于统治地位的群体在文化资源的竞争中占得先机,他们也许最后还是会在基于文化的分层系统中占有优势,就像在主要基于经济或政治的分层系统中一样。更有甚者,当整个文化生产系统扩张时,如果理想的职位没能随之增长,就会发生原有职位文化价值的通货膨胀。"[①] 如果说人力资本理论在二次大战以后为各国政府大力发展教育事业提供了理论支持,显示了教育的重要性,塑造了教育神话;那么文凭社会理论则通过对文凭膨胀和学历竞赛的剖析,试图打破关于教育的种种神话,向世人证明教育在职业分层中为何没有想象中的那么重要。当然,无论人力资本理论还是文凭社会理论都只是一种理论,不意味着事情的全部。教育本身既不会像人力资本理论所揭示的那么有用,也不会像文凭社会理论所宣称的那样无用。

现代社会中,学校是人为发明的一种教育机构,学校教育的制度化是现代化的一部分。作为社会制度的一部分,学校教育的主要功用或目标不在于人的教育或教化而在于人的社会化和资格化。"教育是文化分层系统

[①] 兰德尔·柯林斯. 文凭社会:教育与分层的历史社会学 [M]. 刘冉, 译. 纪东杰, 校. 北京:北京大学出版社, 2018:112-113.

的一部分,大部分学生之所以会在学校里,是因为他们(或代表他们的父母)想要一份体面的工作。这意味着上学的理由与教室里发生的事情无关。改革者们希望通过改革课程或改变学校的权威结构来激发学生的学术兴趣,但这只是把他们自己的学术兴趣投射在了大批学生身上;而对学生来说,教育只不过是通往一个非学术目标的手段而已。"[1] 在制度化的学校里,尤其是义务教育阶段,一个人受教育的年限,在每一个年级需要学习的课程内容都是固定的。如果说教育的历程是自我"探险",那么学校教育基本上是在"导游"的带领下"旅游"。只要在规定的时间到达预定的目的地,学校教育就告一段落。学生所获得的要么是接受下一阶段教育的资格要么是用一纸证明自己的教育经历和学力,要么两者兼有。对于一个从某个阶段学校教育毕业的学生的真实的知识、技能和能力水平,没有任何人或制度可以提供质量担保,学校能够提供的只有学生的考试成绩。"仔细研究大学和中学中究竟在发生什么之后,我们发现学生沉迷于通过最少的努力来获取高分的策略。就像在其他正式组织里一样,在学校里,为了应对非正式的意外情况来保持机构正常运转,评价标准发生了置换,日益偏离了正式目标"。[2] 从组织设计的初衷看,学校是一个学习的场所;但受学校教育制度和班级授课制的约束,学校里的学习更多的是消极被动的学习。表面上,学生在学校学习了很多的课程,也通过了相应的考试,得到了合格的分数;但实质上,这些分数的获得主要是为了满足学校关于毕业条件的设定,而无法确保学生真的掌握了相关的知识和技能。"学校教育的效果是它改变一个人的能力的方式以及它做这件事的意愿。这个效果不仅依赖于该人学什么,或如何学,还依赖于他为什么学。这是区分学校教育是真正的教育,还是仅仅是一个给证书、发文凭的赋予资格的过场。"[3] 即便在专业教育阶段,学生在大学所学的东西与工作中需要的东西

---

[1] 兰德尔·柯林斯. 文凭社会:教育与分层的历史社会学[M]. 刘冉,译. 纪东杰,校. 北京:北京大学出版社,2018:329.

[2] 兰德尔·柯林斯. 文凭社会:教育与分层的历史社会学[M]. 刘冉,译. 纪东杰,校. 北京:北京大学出版社,2018:32.

[3] 布雷恩·J. 麦克维. 日本高等教育的奇迹与反思[M]. 徐国兴,译. 上海:华东师范大学出版社,2018:88.

也有很大的距离。学生选择接受高等教育也主要不是为了在大学里学到能够在实际工作中有用的知识或技能而主要是为了获得从事某种工作的资格。"随着系统越来越复杂，对任何特定种类和等级的教育而言，具体学习内容都越来越无所谓，而越来越重要的是获得特定等级的学位和正式文凭，好进入下一个学习阶段（或者最终达到要求，进入一个垄断性的行业）。"① 大学在学生和工作之间所扮演的角色与其说是人才培养不如说是筛选或人才储备。鉴于学术逻辑与实践逻辑之间难以跨越的鸿沟，大学的专业教育很难或不可能直接为具体的工作岗位培养人才。真实的情境中，大学主要通过竞争性考试将同龄人中一部分学业优秀者选拔出来，并将其"储备"于学校，最终凭借其垄断性的学历和学位授予权力使进入大学的学生在完成规定的学业后获得进入相关岗位的合法性资格。大学对于人才的培养仅仅是为人的成才提供了一种可能性，一个人能不能成才、成为什么样的才，主要取决于个人天赋、实际工作及其他相关条件是否具备。

当前在以功利为导向的现代社会里，学校教育深受功利主义哲学的影响。与学校相关的最大功利就是找一份好工作或在职业分层中占据一个好位置。历史上，被作为职业分层和社会流动的媒介很多，学校教育作为人才选拔的主渠道是现代社会基于民主化和人文主义意识形态的一种理性选择。教育国家主义创造一个强大的意识形态—制度链接，使学校教育成为一种"国家宗教"。② 在精英治理的意识形态下，围绕精英教育的竞争逐渐白热化，教育的竞技化和功利化日益凸显。基于教育的文化通货成为劳动力市场分割的主要因素。按柯林斯的说法，"教育也可以被视为一种'类族裔'。"③ 面对个体对于学校教育的热切需求，政府在教育治理中引入了市场机制，以扩大供给。其结果，需求刺激供给，供给刺激需求，经过几十年的发展，很多国家都从全面普及义务教育走向了高等教育普及化。学

---

① 兰德尔·柯林斯. 文凭社会：教育与分层的历史社会学［M］. 刘冉，译. 纪东杰，校. 北京：北京大学出版社，2018：157.
② 布雷恩·J. 麦克维. 日本高等教育的奇迹与反思［M］. 徐国兴，译. 上海：华东师范大学出版社，2018：39.
③ 兰德尔·柯林斯. 文凭社会：教育与分层的历史社会学［M］. 刘冉，译. 纪东杰，校. 北京：北京大学出版社，2018：123.

校教育的大发展促进了人口素质的提高,也促进了经济的发展和社会的繁荣,但教育发展本身也削弱了教育之于职业分层和社会流动的价值,甚至会危及教育和经济社会的发展。对个体而言,当受教育权逐渐从特权转变到权利,再转变为义务,学校教育的功用也在不断被颠覆。当受教育权是一种特权时,教育本身就是特权的象征,此时学校是特权的装饰物,并和特权的身份一起决定人的职业分层和社会流动;当受教育权是一种权利时,几乎所有人被卷入学校教育过程,学业优秀者成为学校教育的宠儿,并凭借精英教育机构的文凭或证书在职业分层和社会流动中以精英的身份胜出。实践中"教育系统一旦建立起来,就会像其他组织一样努力扩张自己的规模、资源和影响力。"[1] 在"棘轮效应"下,学校教育的发展和全民对于教育的参与,只能提高不能降低,否则就面临着被淘汰的命运。一旦学校教育成为所有人的义务,一旦义务的范围从义务教育延伸到高等教育,教育的功利价值或有用性将面临严峻的挑战。桑德尔就认为,现代社会的机会分配机制操控在大专院校手上。大学颁发的文凭决定了一个人能否取得高薪工作和受尊敬的社会地位。这是高等教育之幸,却也是诅咒。[2]

究其根本,社会发展和教育发展并非同步。社会阶层分布中居于统治地位的机构数量和岗位不会因为教育发展而发生相应的变化。一定时期,社会阶层的分布相对固定,政治部门的设置也相对稳定。社会阶层分布的相对固定也就意味着一个社会可以提供的上层岗位或收益高的"闲职部门"相对固定。由于工作机会,尤其是高社会地位的工作机会不会因为受教育者人数的增加以及受教育年限的增加而相应增加,过度教育或文凭膨胀不可避免,内卷严重时还会导致教育的社会分层功能的失灵。"一个关键的问题并不是说有多少比例的劳动者有能力依靠思考来谋生,而是说在一个高度层次化的报酬结构中如何向人们分配那些某项职业当中所包含的工作任务。向少数人所提供的东西是不可能被多数人所拥有的,无论他们这些多数人是多么的知识渊博或者有才华。……这就向那些在组织里担任

---

[1] 兰德尔·柯林斯. 文凭社会:教育与分层的历史社会学 [M]. 刘冉, 译. 纪东杰, 校. 北京:北京大学出版社, 2018:184.

[2] 迈可·桑德尔. 成功的反思:混乱世局中,我们必须重新学习的一堂课 [M]. 赖盈满, 译. 台北:先觉出版股份有限公司, 2021:235.

顶级职务的少数人或者将要加入其中的那些正在精英大学里接受培养的人提供了一种特权。"[1] 基于此，柯林斯曾主张教育，尤其高等教育应进行"一场去文凭化的革命"，考虑到制度变迁中路径依赖的存在，短期内在教育系统中废除文凭是不现实的，但可以预期随着人工智能时代的来临以及社会的加速发展，当学生群体规模与物质经济的分配过程之间出现严重的不平衡时，文凭废除主义就不可避免地浮出水面。[2] 客观上，随着人工智能技术的逐渐成熟，很多原本需要由接受过高等教育的人从事的工作正在消失。过去依靠对于文凭和学历的垄断而获得合法性的高等教育机构将有破产的风险。虽然无论技术如何进步，社会在运行中都会创造出一些"没事找事的闲职"，[3] 以供受过高等教育的人竞争；虽然无论高等教育如何普及，精英大学的文凭总是稀缺的，但随着技术的进步对于绩效和透明性的强化，文凭作为一种文化通货其金钱价值将急剧贬值，学历社会或文凭社会的衰落将不可避免。从历史看，以文凭（学历、学位证书）作为能力或资格的证明是中世纪的发明，后因工业社会的庞大需求而兴盛，它是在信息不对称的情况下降低劳动力市场交易成本的最有效的办法。在基于信息技术和知识经济的社会里，文凭背后所代表的专业知识很快就会过时，为适应社会加速变化的需要，就业市场上更加需要的可能是带有时效性和资格化的证书，而不是终结性的文凭。现在人们全身心投入学习或投资高等教育主要是为了获得精英大学的文凭，而不会特别在意在大学里究竟学到了什么。那些精英大学凭借着国家授予的对于文凭的垄断地位而没有破产的风险，且处于绝对的"卖方市场"。但在一个全新的社会里，一旦教育与工作之间的关系失去文凭的保护，一旦政府和社会无法兑现"教育可以保障就业""学习等于赚钱"的政治承诺，教育与人的发展和社会发展之间的关系也就需要重新定位。

---

[1] 菲利普·布朗，休·劳德，戴维·艾什顿. 全球拍卖[M]. 许竞，译. 长沙：湖南科学技术出版社，2014：134.
[2] 兰德尔·柯林斯. 文凭社会：教育与分层的历史社会学[M]. 刘冉，译. 纪东杰，校. 北京：北京大学出版社，2018：349.
[3] 兰德尔·柯林斯. 文凭社会：教育与分层的历史社会学[M]. 刘冉，译. 纪东杰，校. 北京：北京大学出版社，2018：94.

最后，面对当下全民的教育焦虑和内卷，应如何理解教育的有用性和无用性呢？对于教育而言，成人或实现人的卓越是一个"无限"目标。按照学校教育制度的规定，以合格的成绩升学，并在毕业时获得相应的文凭或证书作为求职的凭据是"有限"目标。有限目标是分阶段、分类型的，可以有很多，而无限目标只有一个。有限目标以目标的实现为判定目标，无限目标则一直处于过程之中，最终目的是尽可能维持这一过程。对于人而言，成人或卓越永远没有完成的那一天。人一直在成人的过程中，教育就是终身教育。有限目标与无限目标绝非对立，成人或实现人的卓越与人的社会化和资格化并不矛盾。需要注意的是，学校教育的有限目标的实现受外在的社会制度制约，每一阶段的学校教育需要多长时间不是教育规律决定的，而是政治或经济的需要决定的；本质上，学校本身也是社会制度的一部分。与学校教育相比，教育受其内在逻辑制约，能不能成人或实现人的卓越不是外在的社会制度可以决定的，而是教育与人性的持续互动决定的。学校教育的职能和功用是规训人、塑造人，使作为主体的人适合社会发展的需要，而教育在本质上则是消除人的视界中的障碍物，使每一个人的人生拥有更多的可能性。在有限与无限游戏的框架下，学校教育作为"有限游戏"以分数论输赢，而教育作为"无限游戏"则没有输赢，只有人的成长。当前教育的焦虑和内卷实质上是学校教育的焦虑和内卷，根源在于对学校教育有用性的执迷。由于成人和实现人的卓越需要一生的修炼，不太可能引起人的焦虑，更不可能引发内卷。学校教育之所以会让人焦虑，之所以会发生内卷，和其对竞争和输赢的过度强调密不可分。作为一种"有限游戏"，学校的学习年限、教学内容、考试分数、可以竞争的升学名额以及优质的教育资源相对固定；在既定规则下，学生能够做的就是在与同龄人的竞争中凭借分数的优势占据更好的位次。其结果，学校教育沦为另一种形式的竞技或锦标赛，逐渐丧失了教育本身的价值和意义。

学校教育的焦虑和内卷有许多原因，通常被认为是社会问题，个体似乎更多的是被裹挟或不得已。但仔细分析亦不尽然。"功绩主体不受外在的统治机构控制，没有外力强迫他工作或剥削他。他是自身的主人和统治者。功绩主体投身于一种强制的自由，或者说自由的强制之中，以达到最终目的——效绩的最大化。工作和效绩的过度化日益严重，直到发展成一种自我剥削。这比外在的剥削更有效率，因为它伴随着一种自由的感觉。"① 学校教育的焦虑和内卷的发生也与主体的自愿参与密不可分。某种意义上，是个体的理性导致了集体的非理性。然而，当不幸的局面发生时，每一个教育锦标赛的参与者又都倾向于认为自己是无辜的。究其根本，一方面由于学生和家长对于学业成绩竞争的过度关注使得他们认为自己的每一个举动都是必需的；从而忽略了在学业成就的竞争中每一个参与者都是自愿的而不是被强迫的。另一方面对于学校教育的竞技化虽然没有人喜欢，但实际上又必须"自愿参与"。为了确保参与的自愿性，参与者会主动遮蔽自己拥有随时离开赛场的自由，否则所有竞争、努力都将离他们而去。② 从主体来讲，对学校教育的焦虑和内卷不是完全不可避免，而是取决于个体的主动选择。对于教育竞技化的治理需要政府的有效作为，需要学校教育的持续改进，也需要大众心态的根本转变。"聚焦于内，则无须一直与他人比较；着眼于外，则身不由己，不比不行。"③ 儒家所谓"行有不得，反求诸己"也是这个道理。实践证明，对学业成绩的过度竞争既不利于人的成长也不利于学校教育自身的高质量发展。人的教育或成人是一个漫长的过程，以学校教育的阶段性输赢替代教育本身的终身性不利于人的成长，也不利于社会发展。经过重复的训练，学校考试的每一次成功或许可以赢得一些机会，但也会失去一些其他的可能。没有什么是没有代价的。学校教育也不例外。学业优异的代价，就是让人变得越来越以自我为中心，且感受到压力和挫败，这是因为人们将越来越多的努力、金钱和时间花费在了那些有必要的东西上，而不是为了达到任何内在的目的。成功的代价变成了自我否定，压抑自己的情感和兴趣，以及抑制那些被认为是与职业生涯的条件不相符合的活动。④

细思量，如果教育对于人的发展或命运的改变是唯一重要的，那么我

---

① 韩炳哲. 倦怠社会 [M]. 王一力, 译. 北京：中信出版社，2019：20.
② 詹姆斯·卡斯. 有限与无限的游戏：一个哲学家眼中的竞技世界 [M]. 马小悟, 余倩, 译. 北京：电子工业出版社，2019：15.
③ 韩炳哲. 他者的消失 [M]. 吴琼, 译. 北京：中信出版社，2019：48.
④ 菲利普·布朗, 休·劳德, 戴维·艾什顿. 全球拍卖 [M]. 许竞, 译. 长沙：湖南科学技术出版社，2014：196-197.

们的社会将因为其他通道的被关闭而不可能正常运行；与之相反，如果教育对于人的发展或命运的改变是完全不重要的，那么教育也将不可能存在。教育对于人的命运的改变既不是唯一重要的也不是完全不重要的。最优策略就是"处乎有用无用之间"。"也就是说，要意识到在任何时候都有另外的可能，它们是可能成真的事情，仅仅是没有成真而已。"① 基于此，一方面我们需要相信教育的力量、追求更好的教育，以实现美好的生活；另一方面我们也需要坦然接受教育后果的不确定性和人生的偶然性。无论如何教育都是人的教育，需要由人来决定教育的发展，教育的发展需要为人的发展服务，而不能让人被教育所控制，甚至使人成为学校教育的奴隶。如果真是那样就会像马克思所说的，生活本身似乎只是生命的一种手段。② 无论个人生活还是社会生活，除了教育之外还有许多其他重要且美好的事情；我们不能把个体的，更不能把社会的命运完全交给学校，也不能全部寄希望于教育。对于人而言，仅仅成为有用的人（才）还是不够的。在教育过程中，人性本身也需要得到滋养。没有对于人性的滋养作为基础，没有人文教育作为根基，所谓的"才"很容易凋谢。人性具有精神与物质的双重性，美好社会不能是物质主义的。在物质短缺时人们会渴望物质的丰裕，但既有的社会实践表明，物质丰裕之后人类会迅速厌倦物质主义的生活。现代教育在人力资本生产和社会秩序稳定上起着至关重要的作用，极大地促进了社会生产力的提高和消费社会的兴起，但也导致了物质主义和功利主义的泛滥。现代社会以教育的有用性或实用价值作为发展教育事业的准则没有错，关键是要对教育的功用有合理的定位。"不管我们希望如何，教育都会是有用的。问题的关键并不在于教育是否有用，而在于它在哪些方面是有用的，对哪些人是有用的，又是通过何种方式发挥作用的。"③ 为避免我们时代教育发展工具论的极端化，我们需要从否定性

---

① 道格拉斯·格林伯格，斯坦利·N. 卡茨. 学问生涯 [C]. 吕大年，等，译. 杭州：浙江大学出版社，2018：56.

② 詹姆斯·卡斯. 有限与无限的游戏：一个哲学家眼中的竞技世界 [M]. 马小悟，余倩，译. 北京：电子工业出版社，2019：29.

③ 丹尼尔·科顿姆. 教育为何是无用的 [M]. 仇蓓玲，卫鑫，译. 南京：江苏人民出版社，2005：245.

的向度重新审视我们对教育的一切观念，重估教育的有用性和无用性。首先，教育的有用性主要是指教育可对人和社会发展产生积极的影响；但无论对人的发展还是对社会发展，教育的作用或结果经常是可逆的。其次，教育的有用性主要体现在教育过程中人的知识的增长和技能的提升；相比之下，教育对于成人或实现人的卓越具有不确定性，即便有成功的案例亦不可复制。再次，教育的有用性主要反映的是受过教育的人对于物质世界的改造，强调受过教育的人的可见的功绩；但受过教育的人在实践中发挥的作用不能简单等同于教育本身的作用。与改造世界相比，教育的精神性及其之于人的精神生活的重要性，更能突显教育的本体价值。概言之，教育不只是有用的，教育也是无用的，教育的无用不只是无用之用，也是真的无用。教育的有用性与无用性绝非对立而是相对独立存在，不能以一种价值遮蔽另一种价值。教育发展不能只是从有用性出发，关注人的成才和成事，更要重视让人成为人，让社会更美好。

教育学的想象

包括科学探究在内的所有探究都需要想象。当一个人热切地想要知道真理时，他最初的努力将会是去想象真理是何等样子……毕竟，只有想象能够提供给他一个关于真理的模糊概念……对于成千上万的人而言，掉落的苹果仅仅是掉下来的苹果而已，拿它同月球去比较将被认为是"凭空想象的"。但是，不同于一个艺术家或作家，一个科学家"所梦想的是说明和规律"——当他成功时，这些说明和规律，就不是如同虚构实体一样是凭空想象的，而是真实的。

——苏珊·哈克

第九章

论教育与教育学的关系

　　和其他很多人文社会科学，如政治学、经济学、社会学、历史学一样，教育学也是一门以研究对象来命名的学科，独特的研究对象往往是其获得学科合法性、自立于学科之林的根本。作为这类学科的一个共同特点，研究对象与学科本身的关系错综复杂。一方面研究对象的边界从根本上规定着这类学科的身份认同与制度认同，本学科的从业者必须以本学科的研究对象作为身份与制度识别的标志；而另一方面学科发展的内在逻辑又经常使得本学科的从业者经常跨越到其他学科的领地里去寻找新的研究主题或学术资源，以满足本学科知识与边界不断扩张的欲望。作为这类学科中的一门比较特殊的学科，教育与教育学之间的关系，也一直是教育学发展史上的经典命题。对此命题，不同时代，不同的学者通常会有不同判断。而对于教育与教育学之间关系的不同判断直接影响着教育学的发展。如果将教育与教育学完全等同起来，教育学就不可能成为一门学科而只能是一个实践领域；相反，如果将教育与教育学完全对立起来，教育学同样难以成为真正的教育学，而只会沦为一种形而上学的说教。近代以来的许多教育学家都曾对教育与教育学的关系发表过自己的看法，如夸美纽斯、康德、赫尔巴特、涂尔干、杜威等。其中涂尔干的论述最为系统。"人们经常混淆'教育'和'教育学'这两个词；可是，我们必须将两者仔细区别开。""教育是由父母和教师对儿童施加的影响。""教育学却全然不同。构成教育学的不是行动，而是理论。这些理论是构想教育的途径，而不是实践教育的途径。""教育只不过是教育学的主题而已。而教育学则是用来反思教育现象的某种方式。"① 基于对教育与教育学关系的理解，涂尔干阐明了他的教育学观："一切教育学思考的首要前提就是，教育在起源上和功能上都显然是一种社会事物，与其他学科相比，教育学更紧密地依赖社会学。"② 涂尔干关于教育与教育学之间关系的论述富有启发性。不过，随着教育学学科的发展以及学科制度化的演变，在今天，教育与教育学之间的关系已远比这些更为丰富和复杂。

第一节　教育与教育学的区别

　　论及教育与教育学的关系，二者之间既有区别又有联系。不过，无论区别还是联系又都不是绝对的。因此，绝不能简单地宣称：教育是教育，教育学是教育学。教育与教育学之间的区别是联系中的区别，联系是区别中的联系。二者同中有异，异中有同。对于教育与教育学之间的关系必须辩证地看待，不能抛开区别谈联系，也不能抛开联系谈区别。

　　无论过去还是现在，人们总是认为，教育与教育学之间是有区别的，而且这种区别应该是显而易见的。但这种联系中的区别到底体现在哪里，少有人去追究。在教育学的历史上，尤其是在用 Pedagogy 指涉教育学的早期阶段，教育与教育学的区分确实相对明显，后来随着 Education 对 Pedagogy 的替代，教育学的相关研究文献中，作为教育的 Education 与作为教育学的 Education 之间的区别就显得非常模糊。很多文本当中，教育史与教育学史不分，教育作为一门学科与教育学作为一门学科也交替使用。究其根源，英语中 Education 一词既可以指"教育"也可以指"教育学"。为了摆脱这种概念混乱，划清教育与教育学的界线，有学者建议另造一词 Educology 来指称关于教育的学科（中文译为"教理学"），Educa-

---

　　① 爱弥尔·涂尔干. 道德教育[M]. 陈光金，等，译. 上海：上海人民出版社，2001：326.
　　② 爱弥尔·涂尔干. 道德教育[M]. 陈光金，等，译. 上海：上海人民出版社，2001：346.

tion 专门用来指称"教育",但这种建议并未得到学术界的普遍认可。今天英语文献中,Education 一词仍然既用来指涉"教育"也用来表示"教育学"。因此,如何对教育与教育学在根本上做出有效的区分仍然需要学者们继续思考。

作为教育学史上曾经的"学科英雄"(后被社会学"吸纳"过去[①]),涂尔干对于教育与教育学之间的关系,尤其是二者之间的区别一直极为关注。他在关于教育学的相关论文中对这一问题多次提及。如他所言:"教育学至少在过去是时断时续的,而教育则是持续的。确切地说,有些民族根本没教育学。教育学只能在比较进步的历史阶段出现。"[②] "教育学既不是教育,也不能取代教育的地位。教育学的角色不是代替实践,而是指导、启发和帮助实践,如果有必要的话,消除实践带来的分歧,纠正实践的不足之处。教育学家也不是去构建一种前所未有的、全新的教育体系;相反,他首先必须去认识和理解他那个时代的教育体系;只有在这样的条件下,他才能有鉴别地运用它,并对它所存在缺陷加以判别。"[③] 在涂尔干看来,教育与教育学之间的区别主要体现在两个方面:一方面教育是永恒的,教育学却是历史的,绝不是有了教育必然就会产生教育学,教育学只能在比较进步的历史阶段出现。另一方面教育是行动、是活动、是实践,教育学只是对教育的一种反思与构想,是一种关于教育的理论。二者分属不同的"场域"与"世界"。根据布尔迪厄关于"场域"[④] 的理论,教育与教育学分属不同场域,一个偏向行动,一个趋向理论,二者具有不同的场

[①] 华勒斯坦,等. 学科·知识·权力[M]. 刘健芝,等,编译. 北京:生活·读书·新知三联书店,1999:44.

[②] 爱弥尔·涂尔干. 道德教育[M]. 陈光金,等,译. 上海:上海人民出版社,2001:326.

[③] 爱弥尔·涂尔干. 道德教育[M]. 陈光金,等,译. 上海:上海人民出版社,2001:339.

[④] "场域"是《国家精英》一书的核心概念,也是布尔迪厄用于社会学研究的独特方法。"场域"代表着各种不同的空间,它展示的是由不同的资本和权力所决定的处于不同位置的行动者之间的客观关系。行动者是资本的载体,各种资本的相互作用自然决定了他们在场域中所处的特定位置。参见:[法] 布尔迪厄. 国家精英——名牌大学与群体精神[M]. 杨亚平,译. 北京:商务印书馆,2004.

域逻辑。教育场域的实践逻辑要求相关研究必须有针对性、应用性与可操作性，强调实践第一；而教育学场域的学科逻辑则天然倾向于一定程度的脱离实践，寻求普适性、学术性与形而上性。正是这种场域逻辑的冲突才导致了今天所谓教育理论与教育实践的脱节问题。由于教育与教育学在存在形态上有根本分歧，分属不同的场域，遵循不同的逻辑，因此，现实中教育理论与实践脱节是必然的，紧密结合才是偶然的。某种意义上，教育理论与实践的相脱离或紧张，正深刻地体现了教育与教育学联系中的区别。

波普尔的"三个世界"的理论把宇宙现象分为三个世界，其中世界1是物理世界，包括物理对象和状态；世界2是精神世界，包括心理素质、意识状态、主观经验等；世界3是客观知识世界，包括一切见之于客观物质的精神产品，如语言、神学、文学艺术、科学以及技术装备等。世界1最先存在，世界2在新的层次上出现，世界3则出现在更高的层次上。这三个世界都是实在的，世界3与世界1、世界2一样，在对象和增长方面具有自主性，它只是在起源上是人造的，但它一旦产生后就开始了自己的生命。世界1和世界2相互作用，世界2和世界3也相互作用，世界3与世界1则通过世界2相互作用。在这三个世界当中，波普尔尤为强调世界3对于社会进程的影响作用。世界3具有自主客体的本体地位。[1] 按照波普尔关于"三个世界"的划分理论，教育作为一种客观存在，是社会系统中的一个子系统，大体上属于世界1；而教育学作为一门关于教育的学科则基本上属于世界3。二者可以通过世界2，即人的观念世界相互作用。在"三个世界"理论中，无论世界1还是世界3都是一种客观存在。作为不同的客观存在方式，它们拥有各自相对独立的自主性。教育与教育学处于不同的世界，也就决定了二者拥有不同的自主性，教育的自主性不能等同于教育学的自主性。教育学虽因教育而兴起，教育虽与教育学之间存在紧密的相互作用，但教育学一旦产生，便拥有了自己的生命和逻辑，教育学不是教育的学术救世主，教育也不是教育学的理论推演。教育学一旦作为一

---

[1] 卡尔·波普尔. 客观知识 [M]. 舒炜光，译. 上海：上海译文出版社，1987：164.

门学科而存在，作为一种客观知识而兴起，其发展方向就远非教育实践所能控制。相反，作为世界3的教育学会对作为世界1的教育产生巨大的影响。世界3已发展到远非任何人，甚至所有的人能掌握的地位，它对我们所起的作用比起我们对它所起的创造作用已经变得更加重要了。我们把我们的理性、批判和自我批判的思想和行动的实践归功于我们与世界3的相互作用，我们把我们的智力成长归功于它，并且把我们的任务、我们的工作的关系以及它们对我们自身的作用归功于它。[①]

总之，教育与教育学之间所处"场域"和"世界"不同，区别是明显的，也是深刻的。一个国家发达的教育实践绝不能等同于教育学学术水平的发达。同样，某个时代精深的教育科学研究、先进的教育理念也绝不意味人类教育的真正解放。教育学的学术主张不能简单地等同于人类教育实践的现状。某些时候，教育完全可能脱离开教育学的影响而存在，教育学同样可能会远离当时的教育实践而发展。人类经常会在黑暗的时代，会在教育实践极端落后的时候产生出伟大的教育思想和经典的教育著作。现实中我们也可以很容易地识别出教育理想与教育实践的巨大分歧。基于此，我们不能将教育等同于教育学，并因此认为教育学缺乏理论性，不能称之为学科；我们同样不能将教育学等同于教育，认为教育学已经提出了先进的、民主的理念，教育实践必然是先进的、民主的。

第二节　教育与教育学的联系

与教育与教育学的区别相比，教育与教育学之间的内在联系往往并不为人所知，而现实中这一问题又好像是众所周知。作为教育与教育学之间内在联系的最通常的表述就是"教育是教育学的研究对象"，往往仅此而已。"教育是教育学的研究对象"这一论述基本上体现了二者之间的内在关联，即区别中的联系。但对于一门本来就是以研究对象来命名的学科而

---

① 卡尔·波普尔. 客观知识[M]. 舒炜光，译. 上海：上海译文出版社，1987：171—207.

言，仅仅做出上述论断还远远不够，没有能突出教育学的特殊性。因为其他学科在某种意义上也可以以教育为研究对象，而且在学术研究上还可能比教育学做得更好。

如前所述，教育与教育学分属不同的场域，拥有不同的生命、不同的自主性、不同的运作逻辑；教育可能因教育学以外其他学科的影响或社会系统中其他子系统，如政治、经济、文化、科技的影响而发展；教育学也可能背离教育实践的需要，沿着学科的方向、内在的逻辑，围绕着学术的兴趣，热衷于"闲逸的好奇"。但教育学既然是教育之学，二者之间就不可能脱得了干系。"在任何时刻，理论都取决于它们所反思、甚至是反对的教育的状况；而且，只要它们能够产生有效的影响，就会对教育形成决定作用"。[1] 基于此，教育与教育学之间的内在联系可以粗略地概括为：所谓教育学就是对教育的某种反思，没有教育就没有教育学，教育学的产生是"教育需要研究它自己"的必然结果。教育不仅是教育学的研究对象，而且是教育学的生命之母。教育实践不仅孕育了作为一门知识的教育学，还规训了作为一门学科的教育学。

首先，教育实践孕育了作为一门知识的教育学。教育学作为一门知识的历史要比教育学作为一门学科的历史悠久得多。在人类社会的早期阶段，由于研究方法和学科自主性的缺失，关于教育的知识尚不足以称之为"客观知识"，更不足以形成具有独自生命的世界。这时人们关于教育的知识只能作为一种"主观知识"或"个人知识"，直接源于教育实践经验，而不可能是学科内在知识逻辑的自然展开。广义上，自从有了人类，教育就成为了人类生活的不可缺少的一部分，关于教育的知识也就随之产生。柏拉图的《理想国》、亚里士多德的《政治学》、昆体良的《雄辩术原理》，以及普鲁塔克的《论儿童的教育》等可谓是较早的"教育学"著作。过去人们习惯于将柏拉图的《理想国》当成一本政治学著作，但今天看来，与其将其当成政治学的著作不如说它是一本经典的教育学著作更符合实际情况。卢梭在《爱弥儿》一书中就认为柏拉图的《理想国》是一本极好的教

---

[1] 爱弥尔·涂尔干. 道德教育[M]. 陈光金，等，译. 上海：上海人民出版社，2001：341.

育学著作。① 更有学者认为，可以将柏拉图的《理想国》、卢梭的《爱弥儿》和杜威的《民主主义与教育》并称为"三部不朽的教育瑰宝"。② 与西方国家的情况相比，我国古代的《周礼》《论语》《孟子》等书均较多地论及了教育制度与教学方法等问题。形成于战国晚期的《礼记·学记篇》已被公认为我国古代最早、可能也是世界最早的成体系的教育著作。

其次，教育实践规训了作为一门学科的教育学。长期以来，教育学以教育为研究对象，教育实践孕育了作为一门知识的教育学已为人们所熟知；但教育实践规训了作为一门学科的教育学却少有人关注，也少有人提及。在《学科·知识·权力》一书中，霍金斯曾以"教育与学科规训制度的缘起"为题，通过对书写、评分、考试以及研讨班、实验室、课室等的深入分析，深刻地揭示出了教育实践方式与学科规训制度之间的内在关系，并具体分析了"研讨班和人文学科""实验室和自然科学"以及"课室与社会科学"几个案例，从而实现了人们对于教育性质认识的"意想不到的逆转"。③ 在对人们关于教育性质的认识做出"意想不到的逆转"之后，霍金斯从对"教育学属于次等学科"这种论断的批评切入，指出"教育作为多学科网络"，"所有学科都是以教育为缘起"，"教育远非从属者，反而是统领者"。④ 比较遗憾的是，霍金斯指出了教育实践具有学科规训的作用，所有学科都是以教育为缘起，但仍没能"捅破最后一层窗户纸"。他的相关论述中忽视了教育与教育学之间的关系，即教育学作为一门学科同样是以教育为缘起，教育实践像规训其他学科一样规训了教育学。

历史上，由于教育与教育学之间的暧昧关系，教育往往被等同于教育学，教育学也往往被等同于教育。其结果，教育学能否作为一门学科一直存有争议。但诸多争论中学者们强调的重心无疑都放在了"教育学"这个

---

① 卢梭. 爱弥儿 [M]. 李平沤，译. 北京：商务印书馆，2004：11.
② 约翰·杜威. 民主主义与教育 [M]. 王承绪，译. 北京：人民教育出版社，2001：8.
③ 华勒斯坦，等. 学科·知识·权力 [M]. 刘健芝，等，编译. 北京：生活·读书·新知三联书店，1999：43-79.
④ 华勒斯坦，等. 学科·知识·权力 [M]. 刘健芝，等，编译. 北京：生活·读书·新知三联书店，1999：45.

概念上，而对于"学科"本身的关注不够。很多研究只是在对教育学本身进行反思，在对"什么是学科"进行主观的描述，在论及教育学为什么是学科或为什么不是学科时往往语焉不详。原因就在于，教育学的相关研究中对于学科的内在机制、学科的历史、学科规训、学科制度化等等往往认识不足、研究不够。即便人们已经在理论上认识到"所有学科都是以教育为缘起"，现实中教育实践对教育学的规训作用也会因教育是教育学的研究对象而经常受到人们有意无意地忽视。在学科规训视野里，一方面教育实践规训了所有学科，是学科形成的基础；另一方面以教育为研究对象的教育学却困境重重，不被其他学科所承认或认可。"学科规训从来都负载着教育上难解的谜团，也就是既要生产及传授最佳的知识，又需要建立一个权力结构，以期可能控制学习者及令该种知识有效地被内化。在学科规训制度的年代，我们不过是以现代的严苛方式，活出这古代的吊诡而已。"[①] 那么如何走出这种吊诡，重新认识教育与教育学的关系呢？首先必须承认各种教育实践方式虽然在客观上规训了所有的学科，当然也包括教育学自身，但教育实践的本意并不在于此，对学科的规训应该说只是教育实践的副产品。教育学以教育实践为研究对象，其他学科绝非教育学的研究对象，教育学不是关于学科规训的科学，教育学的主要关注点在于教育实践中人的全面生长与发展、形成与塑造。其次教育学之外的其他学科需要深刻地检讨"学科中心主义"，放弃不合时宜的"傲慢与偏见"，应从学科规训的角度，重新认识教育以及教育学之于其学科发展客观存在的或直接或间接的影响。

第三节　教育学只是人类理解教育的一种方式

传统上，对于教育与教育学的关系，人们只是简单地认为"教育"是"教育学"的研究对象。这种判断是不错的，但过于简单。无论是历史上

[①] 华勒斯坦，等. 学科·知识·权力［M］. 刘健芝，等，编译. 北京：生活·读书·新知三联书店，1999：79.

还是现实中，教育与教育学的关系都更加丰富多彩。在教育与教育学的关系方面，作为一门学科，一方面教育学像其他学科一样，为整个教育实践方式所规训；另一方面教育学只是人类理解教育的一种方式，而教育却是教育学拥有的唯一研究主题。长期以来，人们基于"教育是教育学的研究对象"而想当然地认为，教育学应该是指导或帮助人类理解教育的唯一学科。正是基于这种判断，很多教育学者总是一厢情愿地将教育学作为理解教育问题的唯一视角。每当有别的学科关注教育现象，研究教育问题时，总会引起许多教育学者的巨大不安。由于受到"学科封建主义"情结的影响，每当其他学科介入教育领域，寻找研究主题时，教育学研究者不是认为别的学科在"侵略"，就是认为自己"被殖民"。在教育学的历史上，这种情况从赫尔巴特出版《普通教育学》至今一直如此。今天随着学科交叉与分化趋势的加剧，学科之间边界的逐渐模糊，不同学科在研究对象与方法上的共享成为科学发展的大趋势。在此背景下，无论理论上还是现实中都绝不是只有教育学或教育学者才可以研究教育问题，也不是所有对于教育问题的表述都必须站在教育学的立场（且不说有没有教育学的立场），运用教育学的话语（也且不说教育学有没有独特的话语）。"急于表立场，是一种思想短路。"[1] 在开放社会科学背景下，教育学科的从业者有必要借鉴其他学科的知识、方法重新审视传统的或现实的教育命题。

历史上，一门学科刚刚兴起之时往往总是以划清学科边界、开疆拓土作为争取学科合法性的基础。但随着这种合法性在制度上得到了实质性的承认，一门学科要求摆脱其他学科的分离主义的压力也就明显减小。在《科学社会学》一书中，默顿就曾经以社会学为例，大致将一门学科的发展分为三个连续的阶段。第一个阶段，是从以前的学科中分化出来，并要求享有合法的思想地位；第二个阶段，通过向大学游说，寻求确立它的制度上的合法地位或学术自主权；第三个阶段，一旦第二阶段的努力取得相当成功，学科的生存权不再受到严重质疑，就会出现该学科与其他学科重

---

[1] C.S. 路易斯. 荣耀之重：暨其他演讲 [M]. 邓军海，译注. 上海：华东师范大学出版社，2016：59.

新联合的运动。① 人类诸多学科的产生虽有知识分化的客观规律，但更多的还是人为建构的结果。对于人文社会科学而言，更是如此。在制度化的压力下，学科与学科之间总是壁垒森严，这就无形之中给予了所有的学科一种"错觉"，即认为学科与研究主题之间存在一一对应关系。换言之，教育学研究教育，经济学研究经济；教育学不能研究经济，经济学也不应研究教育。这种观点的产生是学科制度化进程中的必然产物，历史上也曾长期存在，今天仍然弥漫于部分学科研究者的潜意识当中。

如果说在学科发展的早期，这种观念还有一些积极意义，比如确保学科研究者对于学科的忠诚与认同，那么今天仍持有这种观念就是学科发展落后的象征。这种观念已经成为一种地地道道的"错觉"。学科与研究对象之间早已不是简单的一一对应关系。教育是教育学唯一的研究主题，但这绝不意味着只有教育学可以研究教育，其他学科不能研究教育。教育学作为一门学科已经获得了制度上的合法性，已经"没有必要再保留那种出于自卫而采取的孤立态度"，跨学科研究也已经"变成了一种不证自明的社会准则"。② 这种背景下，教育学的发展必须摆脱对于教育与教育学之间线性关系的误解，不能再为了学科而学科，为了立场而立场；必须有更开阔的胸怀，勇于承认教育绝不是某一学科的专有领域。换言之，教育学只是一个专门以教育为研究对象的学科，其他学科同样也有权利有能力对于教育展开自己的研究。时机成熟之时，教育学也应有走出去的自信，也应对其他问题阐明本学科可能的看法。就教育学的发展而言，"走出去"不仅必要而且必须。只有"走出去"才可以开阔教育学的学术视野，才可以更好地理解教育问题。"为了研究教育，我们必须经常回过头来研究社会；只有在这里，教育学家才能够发现他的思考原则。"③

当前作为学科制度化的伴生物，"学科封建主义"依然有普遍的影响，

---

① R.K.默顿. 科学社会学（上册）[M]. 鲁旭东，林聚任，译. 北京：商务印书馆，2003：66.

② R.K.默顿. 科学社会学（上册）[M]. 鲁旭东，林聚任，译. 北京：商务印书馆，2003：72.

③ 爱弥尔·涂尔干. 道德教育[M]. 陈光金，等，译. 上海：上海人民出版社，2001：362.

绝对不独教育学一家，其他学科领域也有类似争论。对此，默顿曾经从社会学的角度以"局内人与局外人的视角"为题进行过精彩论述。"局外人的角色并不能保证某人一定能够摆脱某个集体的神话，同样，局内人的角色也不能保证某人对其社会生活和信仰体系有可靠的洞见。"[①]"局内人和局外人是合为一体的。你失去的只是你的主张，而你将赢得的是整个理解的世界"。[②] 教育学研究中对于教育学学科立场的过分强调，表面看来是出于对教育学学科地位的维护，是对于教育学学科发展的关注，立意在于加强教育学学科建设，但实质上却反映了教育学学科发展中一贯的保守主义、排外主义以及教育是教育学专有研究领域的"学科封建主义"情结，是一种典型的"局内人"视角。这种情形的出现深刻地体现了整个教育学学科意识的僵化。教育学作为一门学科直到今天仍拘泥于"学科封建主义"的传统，对于学科开放的大趋势缺乏与时俱进的眼光。教育学的发展必须适应学科制度变革的趋势，重审学科研究对象与学科本身之间的关系，对于"教育与教育学的关系"做出新的回答，树立新的教育学观，即教育学只是人类理解教育的一种方式，而不是唯一方式。相反，如果教育学的学科建设只是就教育学谈教育学，为教育学而教育学，无视教育与教育学关系的变化，其结果可能会南辕北辙。

与其他学科相比，教育学尚不成熟是一个客观的事实，教育学需要加强学科建设也非常必要。但教育学的重建绝不是通过对于"学科立场"的"宣示"就可以实现的，也不是盲目排外就可以确保教育学的独立性，这只会导致学科孤立。教育学的发展不仅需要教育研究者的参与，同样需要局外人的加入。西方有句格言："要理解恺撒，你并不一定非得成为凯撒。"同样，要研究教育问题，你也并不一定非得成为教育学者。教育学的重建绝对不可能通过强化学科立场，加强学科壁垒，抬高学科门槛就能实现；教育与教育学之间不是唯一对应的关系，教育学也不是（也许从来就不曾是）人类理解教育的唯一方式。对于教育学的发展，必须恰当地进

---

① R. K. 默顿. 科学社会学（上册）[M]. 鲁旭东，林聚任，译. 北京：商务印书馆，2003：175.

② R. K. 默顿. 科学社会学（上册）[M]. 鲁旭东，林聚任，译. 北京：商务印书馆，2003：190.

行学科的自我定位，主动淡化主观的学科立场，模糊人为的学科边界，以开放的姿态，多学科的方法，加强学科自主性的建设。在开放社会科学的大背景下，无须再问："局内人或局外人是否垄断了社会知识或者能够优先获取它；取而代之的是，我们开始考虑他们在探索真理过程中所扮演的不同的和互动的角色。"① 在将来，只要教育学积累了足够的知识，拥有了成熟的范式、有解释力的理论，教育学的学科立场自然而然会得到突显。如果这些条件不具备，教育学不会因为本学科曾经提出了"教育学的学科立场"问题而具有真正的"学科立场"，因为学科立场本身不是完全可以人为建构的。

---

① R.K.默顿. 科学社会学（上册）[M]. 鲁旭东，林聚任，译. 北京：商务印书馆，2003：179.

第十章

论教育学与高等教育学的关系

伴随着关于高等教育学学科建设问题的讨论以及教育学重建思潮的兴起,高等教育学与教育学的关系问题开始引起人们的关注。一般认为,高等教育学是教育学的二级学科或分支学科。值得推敲的是,如果高等教育学只是教育学的二级学科,为什么高等教育学还要进行学科化诉求,还要争论关于高等教育的研究是领域还是学科?为什么长期以来教育学门下,教育系(学院)里面一直没有开设高等教育的课程与专业,没有进行高等教育的相关研究。由此可见,高等教育学与教育学的关系问题,远没有二级学科或分支学科的说法那么简单。若要理解个中原委必须抛开语词的羁绊,深入教育学学科发展史的真实过程。唯有通过对教育学学科演进历程的客观分析,方能廓清高等教育学与教育学的真实关系。理清这层关系不但会丰富对于教育学学科史的理解,重建教育学,而且将有助于高等教育学自身的学科建设。

第一节　教育学与普通教育学

历史上,"教育学 19 世纪末叶才被作为一种现代的专门学术研究领域"①。但教育学的萌芽则可追溯到 17 世纪,标志性事件便是 1632 年夸美纽斯《大教学论》的出版。现在一般认为,教育学作为一门独立学科的形成可追溯到 18 世纪末 19 世纪初。某种意义上,1806 年赫尔巴特《普通教育学》的出版标志着教育学作为一门学科的诞生。在此之前,除夸美纽斯之外,洛克、卢梭、康德、裴斯泰洛齐、福禄培尔等已对教育学的发展做出杰出贡献,教育学作为一门学科已在形成之中,并在大学获得了建制。不过,即便以赫氏《普通教育学》的出版作为教育学史的起点,教育学形成至今也已两百多年,在社会科学家族中也可谓历史悠久。值得注意的是,教育学虽已获得学科建制两百余年,但由于种种原因,教育学的学科地位在学术界还一直存有争议。有人至今仍偏激地认为:"'教育学'不是一门学科,今天,即使把教育学视为一门学科的想法,也会使人感到不安和难堪。'教育学'是一种次等学科,把其他'真正'的学科共冶一炉,所以在其他严谨的学术同侪眼中,根本不屑一顾。在讨论学科问题的真正学术著作当中,你不会找到'教育学'这一项目。"②谢弗勒认为,"教育学只不过是一种职业,而不是一门学术性科目"③;彼得斯则明确指出,"教育学充其量可被称之为各门学科的焦点或汇集处,教育学像医学一样,是一种职业,而不是一门学科"④。

教育学的学科地位问题之所以一直争论不休,教育学之所以长期居于"次等学科"地位,一方面与其研究对象的极端复杂有关,但另一方面也

---

①　华勒斯坦,等. 学科·知识·权力 [M]. 刘健芝,等,编译. 北京:生活·读书·新知三联书店,1999:44-45.

②　华勒斯坦,等. 学科·知识·权力 [M]. 刘健芝,等,编译. 北京:生活·读书·新知三联书店,1999:43.

③　瞿葆奎. 元教育学研究 [M]. 杭州:浙江教育出版社,1999:342.

④　瞿葆奎. 元教育学研究 [M]. 杭州:浙江教育出版社,1999:278.

与教育学产生的历史背景、研究方法与取向不无关系。18世纪末19世纪初,西方世界国民教育运动兴起,伴随着国民教育运动的展开,中小学的师资培养成为问题。在此背景下,进行师资培训的师范院校应运而生。伴随师范院校的出现和中小学师资培训的实践需要,作为一门课程的教育学便诞生了。具体来说,18世纪末19世纪初,伴随国民教育运动的展开,师范教育的发展成为必然的选择,而所谓师范教育就是进行中小学教师的培养。在中小学教师培养过程中,教育学就成为一门必需的课程。赫尔巴特在其《普通教育学》中指出,"教育学是以学生的可塑性作为基本概念""也许教育学是为教育工作者的工作意图提供系统说明,并帮助他们掌握传授知识的方法"[1]。基于此,当时的大学为了更好地为师范学校培养师资,便开始开设教育学讲座。1803年,哲学家康德就在柯尼斯堡大学讲授教育学。当时的教育学,根据实践的需要其研究对象只能为普通教育,其关注的重点在于课堂教学,其存在的形式便是成为中小学师资培训中的一门课程。如有学者所指出的,教育学"形成'学科',最大的动力来源于实践经验迫切需求,即普及教育所导致的师资培训的压力。'教育学'便是用来培训职业的教师的,最初的目的就是指导与规范学校教育的实践"[2]。

赫氏之后,德国成为了教育学的繁荣之地,而且教育学也一度为诸多社会科学之冠。受赫氏教育学的影响与激励,很多德国教育学者热衷于教育学学科理论体系的构建,以致形成影响深远的赫氏教育学学派。但受学科建设路径依赖的影响,教育学的进展一直不大,反而远远落后于其他后起的社会科学。深究起来,教育学学科建设上的落后应该与下面两点原因有关。其一,教育学的研究对象名不符实,名为教育学,实为"普通教育"学。其二,教育学研究方法与关注重点有失偏颇。由于教育学以师资培训的课程存在,因此其内容主要关注教学的方法、原则、程序、规律等问题。而又由于受哲学思维的影响,在对这些问题的探讨上主要采用思辨的而非实证的方法。这种传统沿袭下来,教育学就成了研究"教什么、怎

---

[1] 吴钢. 论教育学的终结 [J]. 教育研究,1995 (7):19.
[2] 周浩波. 论教育学的命运 [J]. 教育研究,1997 (2):23.

么教"的学问或艺术而非研究"教育是什么"的科学或学科。换言之，在历史的长河中，作为一门课程的教育学一直在壮大，而作为教育基本理论的教育学则发展缓慢。与研究方法上的局限相对应，出于中小学师资培训课程的考虑，赫氏教育学的研究对象的选取也决定了普通教育学发展的前景。在《普通教育学》这本开山之作里面，赫氏单独把儿童的心理结构问题提出来作为教育学科学认识的对象，而其他问题并未作为科学探究的对象，而是把它们消解在了先验的思辨性研究中。"这件事终于阻碍了赫尔巴特的教育学未能形成'教育问题的科学'，而且对教育的思想甚至强加上了决定性的界限。可以说，他对问题的这种提法本来就已孕育着他的教育学不久即将僵化成为狭义的学校教育学的可能性。"①

　　作为一门课程的教育学，在赫氏的《普通教育学》里已很明显，而后来，传统的教育学在赫氏教育学的影响下又发展了一百多年。"当固定化的学制、定于一尊的教科书和'师道尊严'的班级授课制这'三位一体'的学校体制鼎立成形的时候，当'以学校（教室）为中心、以教科书为中心、以教师为中心'的'三中心'不可撼动的时候，工业化'模具制造—批量生产'的本质在教育学中得到充分的体现，取得了巨大的成功。"②但传统教育学本身却走向了衰微。这种衰落首先体现在"教育学"学术用语的变化上。传统意义上，"教育学"一词来自拉丁语，英文对应词为 Pedagogy，有"教仆"之意，无"教育理论"之底蕴。随着传统教育学，即普通教育学的衰微，今天的学术界，以 Pedagogy 标识教育学的已越来越少；英文学术圈里教育学被称为 Education 或 Educology（国内译为"教理学"）；更有甚者，部分国家，随着教育学作为一门课程在师资培训中的消失，"教育学"作为一种学术科目也被废除，改称教育科学，即 Educational Sciences。

　　总之，由于历史的局限，教育学作为一门学科，无论是在研究对象的界定上还是在研究方法的选取上一开始就是不完备的，而且一直没有完备

---

　　① 大河内一男，等. 教育学的理论问题 [M]. 曲程，迟凤年，译. 北京：教育科学出版社，1984：24.

　　② 陈建翔. 量子教育学：一百年前"量子爆破"的现代回声 [J]. 教育研究，2003（11）：5.

起来。可以认为,历史上的教育学只相当于普通教育学。而由于普通教育学在师资培训方面的特殊要求,使得教育学成了关注"教什么、怎样教"的学问或艺术,即作为一门师资培训课程的教育学,而未能发展成为关注"教育是什么"的学术性学科,即作为教育基本理论的教育学。

第二节 教育学与高等教育学

论及高等教育学与教育学的关系,通常认为"高等教育学是教育学的分支学科"。根据上面的分析,这种观点只是建立在语词上的主观错觉,而非客观实在。长期以来,教育学只是"普通教育"学的简称。在这种意义上,高等教育学与(普通)教育学完全是并列的关系。但问题的另一面在于,既然(普通)教育学已称之为"教育学",那么在词的层面上,在形式逻辑上,无论如何"高等教育"学就只能是"教育"学的二级学科。不过,就学术研究而言,这种"词"的悖论并不影响我们对"物"的探讨。

相当长的历史时期内,由于客观的历史原因,"教育"学等于"普通教育"学,甚至于可以说,这种传统一直延续至今。清末民初,赫尔巴特教育学经由日本传入我国。新中国成立以后,受政治制度、意识形态的影响,我国教育学界凯洛夫的《教育学》一统天下。不过,无论是西方的赫尔巴特教育学还是苏联的凯洛夫教育学,在学科理论体系的构建上,其实质都只是"普通教育"学,或说作为一门课程的"普通教育"学。如果说教育学诞生之时受历史的局限,以大学为代表的高等教育尚未引起关注,中等教育尚未充分发展,"教育"等于学校教育,学校教育等于"普通教育","教育"学等同于"普通教育"学,"普通教育"学主要作为师资培训课程等尚且情有可原的话,那么进入到20世纪,高等教育已成为教育的重要组成部分,而教育仍然限于学校教育、普通教育,教育学依然限于"普通教育"学,教育学仍按师资培训的课程体系演进就有点不可思议了。但事实上,世界范围内直到今天教育学还是主要用于师资培训;以教育学标示教育理论研究的很少,教育学的教科书中,高等教育部分仍然是空白，由传统教育学者进行的关于高等教育的研究仍不多见。究其原因，肯定不在于教育学研究者认为高等教育不重要，更不在于高等教育研究的门槛高，普通教育研究者无法进入，而在于（普通）教育学学科史的惯性，即（普通）教育学的学科理论体系的封闭性，使其很难适时做出调整，以接纳和指导高等教育研究。

历史上，高等教育的兴起远远早于普通教育，其发展的顺序基本上是从高等教育到普通教育再到中等教育。"从西方教育发展的历史来看，自古希腊起，接受教育就是少数统治者之子弟的特权，因此所谓教育，在古代一直就具有高等教育的性质，教育的理论就是高等教育的理论，或者说那时的教育哲学，便是高等教育的哲学。但是等到近代民主思想勃兴，接受教育变成了每个人都该有的权利之后，普及的全民的教育理论才应运而生，教育哲学的讨论也多集中于中小学教育的问题上，似乎并未注意到高等教育所独有的问题。"[1] 就（高等）教育研究的历史来看，整个教育研究就是以关于高等教育的研究为开端的，或说早期的教育研究就是高等教育研究。但在学科制度化的视野中，教育学却是以普通教育为研究对象的，即就作为学术研究对象而言，由于普通教育最先面临普及化的任务，出于师资培训的需要，普通教育成了教育学关注的主要或说唯一对象。

人类的高等教育活动虽然兴起较早，但作为高等教育机构的大学一直居于象牙塔，世俗化较晚。大学什么都研究就是不研究它自己，因此，关于高等教育的研究一直没有形成体系，高等教育研究一直没有成为社会科学意义上的学科，也没能成为教育学的一部分。"社会科学家的兴趣在其他地方，尤其是那些容易产生普遍性理论的领域。那些对教育学感兴趣的学者也主要是关注中小学教育而不关注高等教育。其结果，中学后教育不但被社会科学家所忽视，而且为教育领域的研究者所忽视。"[2] 现代高等教育的大发展集中于20世纪下半叶，经过了这次大发展，整个高等教育的规模迅速扩大，高等教育的社会影响开始显现。加之人力资本理论的影响，高等教育开始引起学者们的关注。在此背景下，全球范围内高等教育研究

---

[1] 卢增绪. 高等教育问题初探［M］. 台北：南宏图书有限公司，1992：9.
[2] Altbach, Philip G. *Higher education: a worldwide inventory of center and program*. The Orxy Press 2001：2.

的热潮自二战后开始兴起。时至今日，"甚至还有人强调高等教育之研究已成为今日教育研究上的'显学'，象征着'高等教育时代'的即将到来"[①]。值得注意的是，由于受教育学局限性的影响，高等教育作为一个问题并没有成为传统教育学者关注的对象。传统的教育学仍然固守其普通教育的"地盘"。高等教育作为一个问题、作为一个学术研究对象要想得到关注，必须另起"炉灶"。

在中国，20世纪50年代潘懋元先生首倡加强高等教育研究，由于"文革"影响，无果而终。"文革"之后，潘先生再次呼吁加强高等教育研究，建立高等教育学。分析当时形势，高等教育研究毫无基础，要建学科谈何容易，但是不建学科高等教育研究又无从谈起。当时就学科的合法性而言，在教育系里谋求高等教育研究的建制，借助教育学的名义开展高等教育研究较为有利。但当时的教育系对高等教育缺少研究，对于高等教育研究也持排斥态度。从学术资源的角度讲，由于教育学对于高等教育研究的缺失，在不在教育系里进行高等教育研究意义并不大，关键是要取得加强高等教育研究的合法性。基于此，我国的高等教育研究便首先依托综合性大学，成立"高教所"，从而发展起来。不过，我国的高等教育研究虽然以"学科"来建制，经典的成果并不多，学科规训制度也不健全。由于历史局限和学科思维的惯性，我国高等教育学的"草创"基本因袭了教育学的体系，重走了普通教育学的老路，以致在相当长时间里，高等教育学都被理解成了培训高等学校教师的一门课程。其结果，作为高等教育基本理论研究的高等教育学就像作为教育基本理论研究的教育学一样被忽视。

既然高等教育研究获得了独立的建制，进行学科诉求就成为了高等教育研究的应有之义。就学科本义而言，学科就是独立学科，二级学科进行学科诉求的意义不大。在学科的含义里，一个重要的内涵就是学科建制，即学科化诉求的目的是获得相应的学科建制。可以设想，如果教育学是完备的，那么高等教育学顺理成章地成为教育学的二级学科，在教育学的门下开展研究，就好比经济学门下的宏观经济学与微观经济学一样。由于教育学不完备，高等教育在教育学门下既无可栖身之建制，亦无可利用之学

---

① 卢增绪. 高等教育问题初探[M]. 台北：南宏图书有限公司，1992：26.

术资源。其结果，高等教育研究不得不另立门户，重新创业。既然是重新创业，名正言顺则显得尤为重要。换言之，既然高等教育研究有了自己独立的建制，那么证明自己是独立的学科便显得尤为重要。荒诞的是，高等教育学明知逻辑上不可能取得与教育学并行的独立学科地位，却又不得不努力地去证明自己是一个独立的学科。有学者认为，高等教育学的学科建设似乎就是诉求成为教育学的二级学科。这种想法无论从历史还是从现实来讲都是对于常识的误解。原因在于，如果教育学是完备的，高等教育自然而然是一个二级学科，无须诉求，就像教育统计学、教育管理学、教育经济学一样，就是一个二级学科，无需争论高等教育学是不是学科、能不能成为学科。现实情况是，教育学是不完备的，教育学仅限于"普通教育"学，这时说高等教育学是教育学的二级学科，有其名无其实。无论是在学科建制层面还是在研究对象方面（一个在教育系，一个在高教所，一个以普通教育为研究对象，一个以高等教育为研究对象），高等教育学与"普通教育"学（即现实中的"教育学"）明明是"兄弟"关系，现在在"逻辑"上却一定要说它们是"父子"关系，确实有点勉为其难。

　　高等教育学与教育学的关系不仅中国是这样，世界范围内也大致如此。受历史局限性的影响，高等教育研究一开始就进入教育学门下，在教育系占有一定建制，或在教育学院门下成立高等教育系的非常之少。西方国家以美国为代表，高等教育研究大致分为两大块。那些在进行学术研究的同时招收研究生进行人才培养的高等教育专业多栖身于教育学院门下的教育行政与管理系或教育政策与管理系。另一些以高等教育发展研究中心或高教所名之的专门研究机构则只进行学术研究不进行人才培养。与这两种学术研究机构不同，美国高等教育系统中还存在着大量的院校研究机构，不进行高深的学术研究，作为"大学自己研究它自己"的职业部门，直接为学校的发展服务。由于教育学在美国缺乏学科的合法性，整个教育研究以问题研究居多。如果就高等教育学与教育学的关系而言，中国与美国的差别，亦可谓世界各国的差别就在于，高等教育研究称不称之为"学科"，即存不存在一个"高等教育学"。

第三节　高等教育学的独立与教育学的重建

　　就高等教育作为一门学科而言，美国在 20 世纪 50 年代也曾有不少学者希望通过若干年的努力，把高等教育研究变成一门独立的学科。作为这种努力的回应或一种结果，《教育研究与发展》杂志（*Journal of Research and Development in Education*）1973 年为高等教育出了一个专刊，称"高等教育是应国家改革需要而'诞生'的一个'新学科'"[1]。然而，正如 1974 年德雷索和马瑟在总结美国高等教育研究状况时指出的："广泛接受的学科标准是一个至少能够被合理地进行某种逻辑分类的知识总体，使得学者们能够至少定量地说出自己被接受的知识的分界在哪里，然而，日益增长的高等教育文献所提供的多是作者的观点，而不是关于高等教育现象的知识。高等教育的分类或类型系统还是初步的，目前也没有被合理地组织起来。大类下面的子类鲜有成熟到可以严格区分彼此，并在概念上相互关联的地步。"[2] 1999 年阿特巴赫在回顾美国高等教育研究时也不得不承认："极少有与高等教育相关的数据、研究与分析能告诉我们这一领域的起源。因此，很少有人认为，高等教育研究是一个成熟的学术性学科。基于此，学术系所、教授职位等作为一门学术性学科所必需的基础建制很大程度上是不存在的。造成这种情形的部分原因就在于，高等教育没有学科基础，它从未有过清晰的学术机构。"[3] 美国高等教育研究中学科诉求的历史表明，高等教育实现学科独立的路还很漫长。尽管美国已经出版了"高等教育百部经典著作"，也涌现了一大批高等教育研究的专家学者，按《美国高等教育经典著作百种》一书的策划者和组织者芬彻的说法，"高等

---

[1] 赵炬明. 学科、课程、学位：美国高等教育专业研究生培养的争论及启示[J]. 高等教育研究，2002（4）：14.

[2] 赵炬明. 学科、课程、学位：美国高等教育专业研究生培养的争论及启示[J]. 高等教育研究，2002（4）：14.

[3] Altbach, Philip G. *Higher education: a worldwide inventory of center and program*. The Orxy Press 2001：2.

教育学科已'在形成中'","在高等教育的研究队伍中,考雷、米利特、博文、德雷斯和梅休被认为是高等教育学科的创始人"[①],但事实上,无论是芬彻称之为的"'形成中的'高等教育学科"还是中国学者常说的"走向成熟的高等教育学",都无法掩盖目前高等教育学学科建设中的困境以及高等教育学尚未实现学科独立的事实。更为吊诡的是,由于教育学重建运动的兴起,高等教育学学科独立问题有可能消解,即高等教育作为一门学科将不再成为问题,更不会成为高等教育研究的方向。

传统上,教育学等同于普通教育学,今天依然如此。但近年来教育学重建思潮的兴起,却在提示我们,真正意义上的教育学,即完备的教育学也许将会出现。其论据在于一大批教育学反思著作与论文的出现,以及"广义教育学"与"终身教育学"[②]等概念的不断提出。在教育学重建的讨论中,有学者注意到了对"教育"这一概念本身的分析,即认为教育之学中的"教育"一词不应仅指学校教育,更不能单指普通教育,而应是一个更广义的概念。在纵向上,教育是指终身教育,包括学校教育与非学校教育;在横向上,教育将包括生活世界与科学世界两个范畴。奇怪的是,在教育学的反思性研究中关于教育学与"普通教育"学的关系,教育学与高等教育学的关系并没有学者论述。人们似乎不愿重提教育学就是"普通教育"学的学科史;潜意识里好像教育学早已走过了"普通教育"学的阶段,教育学已是完备的教育之学。

目前教育学的重建刚刚兴起,最终能否形成、什么时候能够形成完备的教育学尚未可知。而另一方面高等教育的研究正蓬勃发展,世界范围内,高等教育作为一门学科已处在了学科制度化的进程之中。[③] 某种意义上,高等教育学与"普通教育"学已处在了学科边界的纷争之中,急需完备的教育学来统领二者,终结纷争。如果真正意义上的教育学未来相当长

---

① 卡梅伦·芬彻. 美国高等教育著作的变化 [J], 赵炬明, 译. 复旦教育论坛, 2003 (6): 67.

② "广义教育学"的论述参见:项贤明. 泛教育论——广义教育学的初步探讨 [M]. 太原:山西教育出版社, 2000. "终身教育学"的论述参见: 联合国教科文组织国际教育发展委员. 学会生存——教育世界的今天和明天 [M]. 华东师范大学比较教育研究所, 译. 北京:教育科学出版社, 1997.

③ 王建华. 高等教育作为一门学科 [J]. 高等教育研究, 2004 (1): 69-74.

的时间内仍没有形成,仍然由"普通教育"学代行教育学的职能,由于名不正言不顺,教育学的学科地位将很难提高。这种情况下,从程序上将高等教育学定位于教育学的二级学科,就相当于将高等教育学说成是"普通教育"学的二级学科,这种做法在逻辑上是荒诞的,在实践上也是有害的。结果可能造成在"词"的层面上,高等教育学是教育学的二级学科,而在"物"的层面上,教育学与高等教育学形成分庭抗礼的奇怪现象。不过,有迹象表明,教育学的重建已迈出可喜的步伐。理论层面,随着元教育学研究的兴起与深入,反思教育学、重建教育学等开始成为众多教育学者的共识。伴随着反思性著作的不断增多以及教育学重建的深入,教育学的学科自我意识趋于成熟,其理论旨趣也逐渐得到其他学科学者的广泛认可。相比历史上许多学者对于教育学的不屑与鄙视,今天有更多学者愿意对教育学的未来寄予厚望。李泽厚就认为:"如果说,对人类宏观历史的把握在19世纪成为哲学的真正背景,出现了像黑格尔、马克思、法国社会学派、英国人类文化学派等大师或思潮,与此相应的是社会革命和民族独立浪潮开始兴起的话;如果说在20世纪,西方哲学为语言学所统治,以维特根斯坦为标志,人们力求从语言来探求人或人的本质,与此相应的是逻辑—控制论科技工艺的发展的话;那么,21世纪与生理学、遗传工程等的充分发展相适应,教育学、心理学将继历史学和语言学走上哲学的祭坛。"[①] 在此基础上,他还指出:"教育学——研究人的全面生长和发展、形成和塑造的科学,可能成为未来社会的最主要的中心学科。"[②] 实践层面,一方面教育学的门下开始增设高等教育学的课程与专业,开始在一级学科门下培养高等教育学专业的硕士与博士研究生,另一方面传统上独立的高等教育研究所、高等教育发展研究中心也开始谋求升格为一级学科,以便更好地开展高等教育研究。可以期待,未来通过"普通教育"学与高等教育学的融合,可以促成真正意义上的完备的"教育学"。只有形成了完备的教育学,即作为教育基本理论的教育学,教育学的学科地位与学术水平才可能有较大程度的提升,才能逐步摆脱"次等学科"的尴尬地位。

---

① 李泽厚. 关于主体性 [A]. 瞿葆奎. 教育学文集. 教育与人的发展 [C]. 北京:人民教育出版社,1993:114-115.

② 李泽厚. 李泽厚哲学文存 [M]. 合肥:安徽文艺出版社,1999:510.

而只有教育学本身完备了,"普通教育"学与高等教育学的学术研究才会成为"有源之水""有本之木",高等教育学与教育学的关系才能名副其实。

第十一章

教育学的学科规训

　　长期以来,在教育学的学科视野中,教育只是普通教育或基础教育,高等教育或大学并不属于教育学的研究对象。但事实上,如果没有大学的复兴,没有学科制度化浪潮的出现,也就没有教育学。正是大学的教育实践规训了教育学,为其提供了相应的组织建制和学术专业队伍;但教育学却忽视了大学的存在以及大学教育实践对于教育学学科制度化的意义与贡献。教育学与大学之间的这种关系可谓"鱼不知水",即教育学作为一门以教育为研究对象的大学学科在研究主题上无视大学教育实践。从学科规训的视角出发,教育学的重建需要注意教育学与大学的关系,需要考虑大学教育实践对于教育学的学科规训,需要从学科制度化与制度化学科的角度重新思考"教育学作为一门学科"这一命题。对于学科发展的认识有两个相互关联的路径:一个是学科理智的层面,强调知识的内在逻辑;一个是学科制度的层面,强调学术的社会建制。"学科发展史是学科理智史与学科制度史的双重动态史。"[①] 教育学作为一门学科同样可以在这两个层面上进行分析。但与其他学科相比,教育学作为一门学科又是特殊的。教育学以教育为研究对象,而教育实践规训了所有学科,包括教育学;但教育实践对于教育学的学科规训并不为人所知,更没有被重视。在《学科·知

---

① 方文. 社会心理学的演化——一种学科制度的视角 [J]. 中国社会科学, 2001 (6): 126.

识·权力》一书中，霍金斯曾以"教育与学科规训制度的缘起"为题，通过对书写、评分、考试以及研讨班、实验室、课室等的深入分析，深刻揭示了教育实践方式与学科规训制度之间的内在关系，并具体分析了"研讨班和人文学科""实验室和自然科学"以及"课室与社会科学"几个案例，从而实现了人们对于教育学学科性质认识的"意想不到的逆转"。[①] 从霍金斯所选择的那些具体的教育实践形式——"研讨班"（1760年间在德国大学界开始）"实验室"（法国大革命前在法国高等学府开始）和"课室"（1760年间在苏格兰的格拉斯哥大学开始）来看，他这里所论述的"教育"实质上就是以大学为依托而进行的高等教育。依照霍金斯的论述逻辑，高等教育实践规训了今天的学科范式。既然高等教育实践规训了今天的诸多大学学科，那么教育学与大学的关系如何呢？教育学的学科规训制度又是如何形成的呢？对此，霍金斯在他的论文里曾有零星论述。在论文的一开篇他就从对"教育学属于次等学科"的批评切入，深刻指出了"教育作为多学科网络"，"所有学科都是以教育为缘起"，"教育远非从属者，反而是统领者"。[②] 但纵观全文，霍金斯关于教育学学科规训制度的论述还是显得过于粗略，对于其中的诸多细节，比如学科与制度化学科的区分，近代大学的复兴与学科制度化的形成，教育学与大学的关系，等等，都没能给予足够的关注。

第一节　学科与制度化学科

人类历史上，知识的分门别类由来已久。某种意义上，一部人类史就是一部人类认识史。回头来看，"知识的分门别类以至'一门知识'的含

---

① 华勒斯坦，等. 学科·知识·权力［M］. 刘健芝，等，编译. 北京：生活·读书·新知三联书店，1999：43-79.
② 华勒斯坦，等. 学科·知识·权力［M］. 刘健芝，等，编译. 北京：生活·读书·新知三联书店，1999：45.

义自古典时代伊始已有根本的转变"①。今天一般认为,"学科"一是指科学领域或知识分支,二是指教学科目,三是指学术组织。在前两种意义上,学科是人类知识积累到一定阶段的必然产物。这种意义的学科早于大学而存在,先有学科后有大学。这种作为知识分类的学科的出现是中世纪大学得以产生的知识论基础。如果没有足够多的分门别类的知识,也就没有建立专门传播高深知识的机构的必要,大学作为一种制度创新也就缺乏必要的动力。不过,中世纪大学产生后很快就受到教会组织的控制,并未能迅速成长为一个真正意义上的学术共同体。各种学科在相当长的时间内还是与大学相分离,学科的建制与制度层面的含义始终没有体现出来。在当时,是不是学科与在不在大学也没有什么特殊关系,大学只是部分学科的一个可能归宿。大学之内有一些学科存在,大学之外也有许多学科在发展。当时自然科学的发展就更多的是在大学之外进行。"自然科学家或许根本不需要大学就可以从事自己的工作。"②

历史上,在相当长的时间内,学科只是知识分化的一种具体表现形式。"此名称并未揭示知识是透过对知识生产者的规范或操控而生产的,也没有说明门徒训练会产生普遍接受的学科规训方法和真理。"③ 在早期的大学里,学科与课程、专业之间也并没有十分严格的界限。有时一门课程就意味着一门学科,一个学科也意味着一个专业。"中世纪大学中,'学科'变成等同书本的列单。"④ "不同的学科全赖不同的课本才能区分开来。"⑤ 中世纪大学的文、法、神、医四个学院既意味着不同的学科也意味着不同的课程与专业。史帝希威在论述学科(Disziplinen)一词的缘起与

---

① 华勒斯坦,等. 学科·知识·权力 [M]. 刘健芝,等,编译. 北京:生活·读书·新知三联书店,1999:14.
② 华勒斯坦,等. 学科·知识·权力 [M]. 刘健芝,等,编译. 北京:生活·读书·新知三联书店,1999:9.
③ 华勒斯坦,等. 学科·知识·权力 [M]. 刘健芝,等,编译. 北京:生活·读书·新知三联书店,1999:14.
④ 华勒斯坦,等. 学科·知识·权力 [M]. 刘健芝,等,编译. 北京:生活·读书·新知三联书店,1999:15.
⑤ 华勒斯坦,等. 学科·知识·权力 [M]. 刘健芝,等,编译. 北京:生活·读书·新知三联书店,1999:16.

发展时就曾指出："把知识透过归类而形成的可教的形式（Lehrbare Form），即是学科。"[①] 由此可见，早期对于学科的定义非常模糊，缺乏标准。不同的知识分支，不同的学科类型，甚至不同的学者，都会有不同的学科定义。"有时，学科是根据观察的方法来定义的（如色谱学）；有时，是按照模型来定义的（如物理学）；有时，则是按照研究的对象来定义的（如历史学）。"[②] 随着知识社会学、科学社会学、科学哲学（科学学）以及高等教育学等新兴学科的兴起，对于"学科"这一范畴的关注越来越多。为了能够对于学科的普遍性有所把握，克服对于学科概念认识上的模糊性，不少学者开始把"学科"本身作为一个重要研究主题，甚至发展出了所谓的"学科学"[③]。在这方面，比较著名的学者有德国的黑克豪森、法国的布瓦索、比利时的阿玻斯特尔等。[④]

综观各国学者关于学科的理论分析，各有侧重。共同之处在于，"他们还是留心论述、逻辑和理念，多于物质性和建制上的东西"[⑤]。他们对于学科的讨论还主要局限于学术或知识的内在逻辑的层面上，没有充分考虑学科的规训制度或学科制度化问题。与一般意义上理解的学科不同，制度化学科的出现相对较晚。制度化学科在关注学术内在逻辑与理智发展的同时，特别强调学科的外在制度与组织形式。在制度化学科这个概念中，大学是学科得以形成和存在的主要制度性场所，大学对于学科进行规训，学科亦对大学进行规训；今天存在于大学之中并拥有独立的组织建制是学科制度化的重要途径，也是学科之所以为学科的重要组成部分。大学是学科赖以存在的最重要的学术组织，没有大学就没有学科规训制度，没有学科规训制度也就没有制度化学科。

一般意义上的学科早于大学，而大学早于制度化学科。学科与制度化学科的关系与教育和制度化教育的关系类似。就像教育的历史比较悠久，

---

① 杨深坑. 科学理论与教育学发展 [M]. 新北：心理出版社，2002：54.
② 刘仲林. 跨学科学导论 [M]. 杭州：浙江教育出版社，1990：34.
③ 陈燮君. 学科学导论——学科发展的理论探索 [M]. 上海：三联书店上海分店出版，1991：1.
④ 刘贵华. 泛"学科"论 [J]. 现代大学教育，2002（2）：75-79.
⑤ 华勒斯坦，等. 学科·知识·权力 [M]. 刘健芝，等，编译. 北京：生活·读书·新知三联书店，1999：34.

而制度化教育比较晚近一样。在大学的发展史上,也是在大学产生了几百年以后,随着大学系统在全球范围内势不可挡的扩张,学科与大学的关系才变得越来越重要起来,制度化学科才开始呈现为学科的实然状态。那么,什么是制度化学科呢?所谓"制度化学科"有时也可以直接称之为大学学科,主要强调大学与学科关系的重要性。这里所谓的大学学科绝不是指存在于大学里的学科。如果是在这种意义上,大学学科与大学的历史一样悠久,有大学就有大学学科。在这里制度化学科或大学学科主要指学科标准、性质与定义的变化以及学科发展阶段的不同。

一般意义上所理解的学科,即作为知识分支或教学科目的学科,相当于学科发展的第一阶段。在这一阶段,学科的含义大体相当于知识的分类,强调学术的内在逻辑,对外在制度的要求较少,很少考虑学科的组织形式与外在支持、奖励系统。只要有研究主题、研究者和有效的研究方法,并可以与其他已有学科相互区分、划清边界就可以称之为学科。这时即便是那些存在于大学里的学科也与大学之外的学科没有什么区别。这时有些学科即便在一些机构里实现了建制化或制度化,也不可能实现学术专业化。这一阶段的学科,无论是在大学里、学会里还是科学院里,都还缺乏专业的研究队伍与学科认同,更不可能有制度上的认同。在这一阶段,每一个学者都会同时在几个领域里工作。"还没有哪一个人自认为是在后来所说的独立学科的框架内从事研究的。"[1] 这时的学者认同的还不是独立的学科而是广义上的真理或知识体系,大学只是学科存在的一个场所,在不在大学与是不是学科没有必然的关系。

19世纪中叶以后,随着社会科学的兴起,学科制度化思潮迅速展开,原有的学科含义发生了巨大的变化。"19世纪思想史的首要标志就在于知识的学科化和专业化,即创立了以生产新知识、培养知识创造者为宗旨的永久性制度结构。"[2] 在此背景下,制度化学科逐渐取代了过去人们对于学科的一般理解,学术组织尤其是大学之于学科的重要性日益突出。学科制

---

[1] 华勒斯坦,等. 学科·知识·权力 [M]. 刘健芝,等,编译. 北京:生活·读书·新知三联书店,1999:15.
[2] 华勒斯坦,等. 学科·知识·权力 [M]. 刘健芝,等,编译. 北京:生活·读书·新知三联书店,1999:8-9.

度化开始成为人类知识积累不可逆转的大趋势。作为学科发展的第二阶段，学科制度化造就了制度化学科，制度化学科不仅意味着知识的分类或教学的科目，且强调学术组织形式，强调学科精英，强调外部的奖励与支持系统，尤其强调在大学里获得独立的组织建制。在学科发展的第二阶段，即制度化学科阶段能否进入大学，能否在大学里拥有相应的课程、专业以及院、系、所或讲座等组织建制开始成为一个研究领域能否成为一门学科的重要条件。在学科发展的第二阶段，大学成为了学科得以存在的最重要的制度性场所，大学拥有人类所有的学科，人类所有的学科都存在于大学之中，甚至可以说，不能进入大学即不能称之为学科。那么制度化学科与大学的关系如何呢？学科又是如何演进为制度化学科的呢？

第二节 大学与学科制度化

根据科学社会学以及知识社会学的观点，知识与科学主要是一种社会建构的结果，而不是由某种内在的客观规律决定的。"在知识社会学中，所有方法一致的中心点是这样一个命题，从思想不是内在地决定的来看，并且就思想的某一方面能从认识以外的因素中产生出来而言，思想是有一个存在基础的。"[1] 基于此，"即使是真理，也可以从社会方面加以说明，因为它们与它们出现于其中的历史上的社会有着联系。"[2] 按照这种逻辑，大学的产生某种意义上也是因应知识与科学发展的一种社会建构。大学相当于学科的一种社会建制，可以为学科的发展提供制度性保障。大学之于学科发展的这种制度与建制层面的深远意义远非自大学一产生就立即显现出来。在大学产生之初，甚至大学产生之后相当长的一段时间内，学科并不都寄居于大学，大学也不是接纳所有的学科。作为中世纪大学基础性结构的"文"科，即所谓的自由七艺（Artes Liberales）。七艺中的"三学"

---

[1] R.K.默顿. 科学社会学（上册）[M]. 鲁旭东，林聚任，译. 北京：商务印书馆，2003：16.

[2] R.K.默顿. 科学社会学（上册）[M]. 鲁旭东，林聚任，译. 北京：商务印书馆，2003：13.

（Trivium）包括文法、修辞与逻辑，主要是涉及语言的学科，"四艺"（Quadrivium）则包括算术、几何、天文、音乐，主要是涉及数的科学和物的科学。"三学"构成了中世纪大学的文学院的骨干，19世纪转而为哲学学院。"三学"与"四艺"之分也预示了后来的人文科学和自然科学之分。①

历史上，直到17世纪，一些新兴的自然科学在大学里还不是特别受欢迎。当时的大学只是容纳了一部分学科，即文、法、神、医，相当一部分学科（主要是自然科学）存在于大学之外。"与当时的大学（那里的亚里士多德主义和经院哲学依然盛行）相比，学会是向思想上的旧权威挑战的更安全的场所。新科学主要是来自学会中的门外汉而不是来自已有的大学。"② 中世纪大学的兴起为部分学科的发展提供了机遇，但随后由于教会干预的逐渐增多以及大学的过度保守，整个16世纪至18世纪大学一直处于"冰河期"，中世纪大学全面地濒临消亡。在这一时期，欧洲一些重要的思想家，如伊拉斯谟、培根、赫维、笛卡儿、伽利略、莱布尼兹等都与大学没有发生什么关系。他们在当时追求的是一个更好的政府，而不是更好的大学。杜布斯在《文艺复兴时期的人与自然》一书中曾经列举许多例子用以说明从中世纪晚期至17世纪中叶，大多数科学家的工作和医学研究，都是在大学的围墙外面进行的。③ 贝尔纳也认为："不能期望各大学对此有什么作为；它在十八世纪已经陷入空前严重的懒惰、无知和顽固的深渊中。"④ 在英格兰，牛津大学、剑桥大学"直到历史已驰入十九世纪，才停止了其对科学成长的阻碍作用"⑤。在这种背景下，为了满足社会发展的需要，一批大学的替代性机构，如学会、科学院等纷纷成立，部分地取代

---

① 杨深坑. 科学理论与教育学发展［M］. 新北：心理出版社，2002：46.
② 伯纳德·巴伯. 科学与社会秩序［M］. 顾昕，译. 北京：生活·读书·新知三联书店，1991：54.
③ 林贤治. 午夜的幽光——关于知识分子的札记［M］. 桂林：广西师范大学出版社，2005：39-40.
④ J. D. 贝尔纳. 科学的社会功能［M］. 陈体芳，译. 北京：商务印书馆，1995：66.
⑤ 伯纳德·巴伯. 科学与社会秩序［M］. 顾昕，译. 北京：生活·读书·新知三联书店，1991：166.

大学的功能。为了能生存并获得更好的发展,更多的学术性学科开始选择在大学之外的学会或科学院栖身。这些机构中成立较早且比较著名的有英国皇家学会、法国科学院、意大利的齐门托学院以及美国哲学协会等。"19世纪现代学科的涌现,全赖17世纪和18世纪新建制和新践行的发展。其中最重要的变革可算是科学学会的形成。学会的成立标志了知识划分史上的突破。"[①] 直到18世纪末19世纪初,由于民族国家的政治合法性需要,中世纪大学才经历了复兴和改造,实现了近代化和现代化。此时神学院开始变得无足轻重,哲学院开始兴起,并成为大学里的"新贵"。

19世纪以后,自然科学得以进入大学。作为一种过渡,自然科学进入大学最初是以自然哲学的名义,并以大学的哲学院作为共同的组织建制。19世纪以前,自然科学被认为是哲学研究的分支,还没有完全从哲学中分化出来。牛顿1687年的划时代巨著就命名为《自然哲学的数学原理》;世界上第一种自然科学杂志是1665年出版的《伦敦皇家学会哲学学报》;美国1743年成立的第一个科学协会也叫"美国哲学学会";等等。[②] 科学史上,"十七世纪标志着业余科学家到专业科学家的过渡"[③]。直到1840年,相关文献中才首次出现了"科学家"这个词,开始表明有不同于哲学家的科学研究者存在,同时也象征着科学开始慢慢独立了。"18世纪末自然哲学断裂成为各门独立自然科学,现代诸学科正式诞生。社会科学稍后从道德哲学中分离出来。'人文科学'是20世纪对那些遭排拒在自然科学和社会科学之外的学科的简便总称。"[④] 直到18世纪,西方对于学科概念的理解"仍然仅指涉已经获得的知识储存,对于学科社群共同努力探索的问题焦点,仍非学科的内涵"[⑤]。随着1810年柏林大学的建立,洪堡提出了新

---

① 华勒斯坦,等. 学科·知识·权力[M]. 刘健芝,等,编译. 北京:生活·读书·新知三联书店,1999:16.

② 董毓. 科学的自我反思——理论科学学漫话[M]. 武汉:湖北人民出版社,1987:8-9.

③ J. D. 贝尔纳. 科学的社会功能[M]. 陈体芳,译. 北京:商务印书馆,1995:62.

④ 华勒斯坦,等. 学科·知识·权力[M]. 刘健芝,等,编译. 北京:生活·读书·新知三联书店,1999:16.

⑤ 杨深坑. 科学理论与教育学发展[M]. 新北:心理出版社,2002:55.

的科学理念和大学理念，大力强调大学应重视师生共同合作研究的动态过程，并创立了以研究班（Seminar）为主的教学形态。由此自然科学才开始大量进入大学，并迅速分化为物理学、化学、生物学等，成为了独立的大学学科。"新的科学继续被称为'自然哲学'，可是分清了自然知识跟其他知识的界限，也就确立了日后专门化的可能。我们现在细化的物理、化学和生物就是从17世纪中叶到18世纪末，从自然哲学中分门别类出来的。"[1]

19世纪中叶以后，随着民族国家在西方世界的全面兴起，随着近代大学里哲学院对于神学院的取代，随着自然科学越来越多地进入大学，教会对于大学的控制越来越少，大学终于重新恢复为了康德意义上的"学术共同体"，成为了真正意义上的大学。在此背景下，伴随着由洪堡、费希特、施莱尔马赫等人所倡导的大学自治与学术自由理念的张扬，大量新兴学科涌入大学。"无论是文科领域的从事者，还是自然科学领域的从业者都纷纷涌入哲学院，并在那里建立起多元化的自律学科结构。"[2] 直到此时，大学才开始逐渐成为一个真正意义上的学科规训组织，成为人类创造知识的主要制度性场所。与17、18世纪学会之类的新践行相比，大学才是一个真正意义上的学科规训组织，它不但完成了科学活动的建制化，而且实现了学术研究专业化，成为"知识界制度化情况的鉴定者"[3]。无论在德国、法国还是后来的美国，大学都"不单只为科学家提供就业和经济保障，更加鼓励他们以自己的专业而不是以整个科学家群体来互相认同"[4]。在自然科学完成制度化之后，1850年到1945年间，在大学里人们又对一系列的学科进行了界定，这些学科共同构成了以"社会科学"命名的知识领域，并为世界范围内的大学确立了社会科学意义上的学科范式。"正如民事法规

---

[1] 华勒斯坦，等. 学科·知识·权力 [M]. 刘健芝，等，编译. 北京：生活·读书·新知三联书店，1999：14．

[2] 华勒斯坦，等. 学科·知识·权力 [M]. 刘健芝，等，编译. 北京：生活·读书·新知三联书店，1999：8．

[3] R. K. 默顿. 科学社会学（上册）[M]. 鲁旭东，林聚任，译. 北京：商务印书馆，2003：68．

[4] 华勒斯坦，等. 学科·知识·权力 [M]. 刘健芝，等，编译. 北京：生活·读书·新知三联书店，1999：20．

确立了律师和医生在他们领域内的认知排他性,大学亦使学科内从事研究的成员取得在他们的学术世界里的认知排他性。"[①] 稍后,那些自然科学与社会科学之外的知识领域又被称为"人文科学"。随着自然科学、社会科学与人文科学三分框架的完成,大学开始成为所有学科进行知识生产的主要制度性场所。

第三节 学科规训视野中的教育学

根据自然科学和社会科学诸学科制度化的历史经验,所谓学科制度化,是指一个学科或研究领域的学术团体、专业杂志、书籍出版、基金资助渠道、教育培训、职业化以及图书馆收藏目录的确定等方面的建设,其中尤其以大学教学的发展(专业、系、所、学院的设置)为要。[②] 具体步骤是,首先在主要大学里设立一些首席讲座,然后再建立一些系来开设相关的课程,学生在完成课业后可以取得某一学科的学位,从而就完成了训练的制度化。此外,如创办各学科的专业期刊,按学科建立种种学会(先是全国性的、然后是国际性的),进而建立按学科分类的图书收藏制度等,对于学科的制度化也是至关重要的组成部分。事实证明,对于制度化学科而言,大学里的组织建制最为重要。只有在大学里获得了独立的组织建制,学科制度化的其他方面才有可能。根据上面的分析,对于"学科规训视野中的教育学"大致可以以教育学学科制度化及其与大学的关系为主线展开论述。当然,教育学的学科制度化绝不能简单等同于教育学在大学里获得独立组织建制的过程。教育学的学科制度化还包括特有的学科定义和研究对象的确立,学科代表人物的大量涌现,学科经典著作与学科专业期刊的出版,专门研究基金的资助,专业研究者队伍的形成,培养本科生及研究生的相关课程组合,成熟的学科理论体系等。

---

① 华勒斯坦,等. 学科·知识·权力[M]. 刘健芝,等,编译. 北京:生活·读书·新知三联书店,1999:20.
② 陈振明. 当代西方社会科学发展的整体化趋势:成就、问题与启示[J]. 学术月刊,1999(11):43.

在人类认识史的维度上，广义的"教育学"是人类最古老的学问之一。自从地球上有了人类，教育就成为了人类生活的一部分，教育学的知识也就随之产生。即便缩小考察的范围，仅就知识分类史而言，作为"一门知识"的"教育学"其历史也很漫长。进一步缩小考察的范围，在学科史的维度上，教育学的萌芽可以追溯至17世纪。其中的一个标志就是1605年培根在其《论学问的精深与进步》（On the Proficiency and Advancement of Learning）中首次提出了要建立"教育学"，继而在他所设计的知识之球上确立了教育学的学术地位。1623年培根在《论科学的价值和发展》的科学分类中首次把"教育学"作为一门独立学科提了出来，与其他学科并列。在他构想的科学分类中，他给教育学预留的位置是："科学中的'哲学'、哲学中的'人类哲学'、人类哲学中的'人类个体哲学'、人类个体哲学中的'灵魂学'、灵魂学中的'逻辑学'、逻辑学中的'讲述与传播的艺术'"[①]。培根还借用了 Pedagogue 一词来指称"教育学"。培根之外，另一个更经常为人提起的，也更为重要的标志性事件是1632年夸美纽斯所著《大教学论》的出版。作为学科史意义上的第一本系统性的"教育学"著作，夸美纽斯《大教学论》的出版标志着教育学从哲学中脱离出来，对整个教育学的发展产生了深远影响。也正是基于此，《大教学论》的问世标志着教育学从此开始成为一门独立的学科，夸美纽斯由此也被视为教育学的奠基人。尽管夸美纽斯对于教育学的发展做出了巨大贡献，若站在学科或科学的角度看，夸美纽斯仍然没有摆脱哲学的束缚，《大教学论》一书科学的成分不足，学科的意识不强，其学科与学术的独立性也不够，还有着很浓的哲学色彩。夸美纽斯的《大教学论》还是从经验出发，未能将教育学放在科学的基点上进行长远规划。当时社会上比较一致的看法还是将教育视为一门职业训练的方法，夸美纽斯也接受了这种看法，并在书中公开承认《大教学论》的意图就在于"阐明把一切事物教给一切人的全部艺术"。从制度化学科或学科制度化的角度来看，夸美纽斯时代的教育学还只是一些私人教育经验的哲学总结，没有今天制度化学

[①] 陈桂生."教育学"辨——"元教育学"的探索[M]. 福州：福建教育出版社，2002：21.

科的内涵，最显著的一点就是教育学作为学科的产生与当时的大学无关，教育学并没有在当时的大学里获得相应的位置。

客观上，17世纪时在大学里为物理学建立研究实验室的思想尚不明确，① 在这种背景下要想使人们意识到在大学里开设教育学课程，建立专门教育研究机构是相当困难的。不仅当时的夸美纽斯，稍后的洛克、卢梭、裴斯泰洛齐、福禄培尔等也都是在大学之外对于个人的教育经验进行哲学层面的总结，同样没有从学科制度化的角度思考教育学的学科建设问题，尤其是教育学与大学的关系问题。这些近代的教育学者通常首先是一个哲学家然后才是教育学家，而且不是以教育学为唯一"志业"的教育学家。站在制度化学科或学科制度化的角度，现在一般认为，教育学作为一门独立学科的形成可追溯到18世纪末19世纪初。1774年德国柯尼斯堡大学率先开设了"教育学讲座"，由哲学教授轮流主讲。康德和赫尔巴特曾相继在此讲授"教育学"。"在教育学史上，确立教育学在大学课程中的学术地位的人，当属德国哲学家康德。"② "由于康德，教育学在大学讲坛占据了牢固的学术根基。"③ 同样是在德国，1779年哈勒大学开始设置独立的教育学讲座。特拉普就任教育学讲座教授，从而成为德国第一个教育学教授，次年特拉普出版了《教育学探究》。因此，也有学者认为，科学意义上的第一本系统的教育学著作应是1780年特拉普的《教育学探究》，而非1806年赫尔巴特的《普通教育学》。④ 1790年柯尼斯堡大学受哈勒大学设立独立教育学讲座的启发，也对原有的教育学讲座制度进行了改革，聘任沃尔德为教育学讲座专职教授。1809年当柯尼斯堡大学打算从哥廷根大学招聘赫尔巴特继承康德的哲学讲座时，赫尔巴特提出了以柯尼斯堡大学原有的教育学讲座为基础开设教育学研究班——习明纳（Seminar）并附设实验学校作为应聘条件。⑤ 柯尼斯堡大学同意了赫尔巴特的请求。以这些

---

① R. K. 默顿. 科学社会学（上册）[M]. 鲁旭东，林聚任，译. 北京：商务印书馆，2003：70.
② 王坤庆. 教育学史纲[M]. 武汉：湖北教育出版社，2000：321.
③ 王坤庆. 教育学史纲[M]. 武汉：湖北教育出版社，2000：99.
④ 杨深坑. 科学理论与教育学发展[M]. 新北：心理出版社，2002：4.
⑤ 肖朗. 康德与西方大学教育学讲座的开设[J]. 华东师范大学学报（教育科学版），2003（3）：81.

应聘条件为基础,赫尔巴特在柯尼斯堡大学的教学和研究活动取得了突出的成就,并对19世纪西方教育学的发展产生了巨大影响,教育学的学科制度化也由此拉开了序幕。

从学科制度化或制度化学科的角度来说,教育学能在大学讲坛上占有一席之地,是一个极富历史意义的事件。很多学者倾向于把这一历史事件作为教育学开始其学科制度化进程的重要标志。"正像哈勒大学设置独立的教育学讲座一样,柯尼斯堡大学教育学讲座的改制,意味着教育学研究在西方大学的逐渐展开,教育学讲座像其他人文社会科学新兴学科的讲座一样在西方大学取得了独立的地位,这在很大程度上也标志着教育学在西方学界开始被确认为一门独立的学科。"① 但事实上,虽然自1774年开始教育学已经在大学里拥有了固定的学术讲座,教育学在大学里仍然没有独立的学科地位,教育学在学术分类上仍然从属于道德哲学,教育学的学科制度化进程仍然迟迟没有完全展开。即便在1806年赫尔巴特的《普通教育学》出版以后,教育学仍然不能称之为真正的大学学科,教育学的学科制度化仍然没有明显的进展。长期以来,教育学一直是作为知识分类意义上的学科,其对于实践的影响主要是在中小学,尤其是涉及中小学师资的培养问题。教育学"原本属于师范学校培养教师的一门学科,要在大学的学术讲坛上占有一席之地,这是不能容忍的"②。18世纪末19世纪初,在德国以拉伊和纳依曼等为代表的实验教育学派曾希望"在大学中建立独立的教育学讲座,拥有自为完足的一套学术系统,但为精神科学教育学者斯普朗格所反对"③。斯普朗格认为,教育应该从人格和文化陶冶的观点来看,教师人格之培育须在一个特殊的环境中。他建议,建立一个以人格陶冶为主的很特殊的学校而不是大学来进行师资培训,以培养具有人师风范的教师。④

从现有文献来看,直到1889年才有学者公开主张教育学(Pedagogy)

---

① 肖朗. 康德与西方大学教育学讲座的开设 [J]. 华东师范大学学报(教育科学版),2003(3):81.
② 王坤庆. 教育学史纲 [M]. 武汉:湖北教育出版社,2000:42-43.
③ 杨深坑. 科学理论与教育学发展 [M]. 新北:心理出版社,2002:6.
④ 杨深坑. 科学理论与教育学发展 [M]. 新北:心理出版社,2002:6-7.

应是大学学科。为了使教育学能够进入大学，从道德哲学中彻底分离开来，并获得独立的学术建制，进而完成学科制度化，教育学者开始有意无意地改变了教育学原有的学科性质。一些教育研究者开始强调：教育学之所以可以作为一门大学学科，"他们之所以在大学里有任教资格，主要是由于他们具有关于教育的学术性研究资历和严密的知识体系，而这与作为职业训练的'教育学'有着根本的不同。于是，为了维护教育学的学术地位和他们自己的声誉，便出现了由'Education'一词取代'Pedagogy'一词的倾向，并用Education作为大学学科和教授职位的名称，Pedagogy这个词在很大程度上也就弃而不用了"。[①] 因应大学教育实践方式的要求，通过从Pedagogy到Education的转变，大学完成了对于教育学的第一次规训，教育学也为自己取得大学学科地位扫清了观念上的障碍。尽管如此，教育学学科制度化的进程依然曲折，不同国家，不同大学出于相同或不同的原因对于教育学的学科制度认同并不一致。与其他学科相比，教育学的学科制度化进程尽管起步较早，但进展缓慢。"教育学19世纪末叶才被作为一种现代的专门学术研究领域，并一度保持有向其他方向发展的可能性。"[②]

作为近代大学以及教育学学科制度化的最初发源地，德国并没有在教育学学科制度化的道路上一路领先，相反，教育学最终在大学里取得学术地位与独立的组织建制是在美国。个中原因非常复杂，但美国大学基于实用主义哲学理念之上的对于大学学科的开放态度是其中最为关键的一点。美国的教育学由德国传入，深受赫尔巴特学派的影响。早在1832年因应教育发展实践中师资培养的实际需要，纽约州立大学就首次设置了教育学方面的课程；1890年在原有教育学相关课程的基础上，该校进一步组建了教育学院（School of Pedagogy），并可授予教育学硕士和教育学博士学位。以此为起点，在19世纪的最后20年里，美国许多大学开始纷纷设立教育学教授职位，成立教育系或教育学院。教育学者帕里是美国历史上第一位

[①] 王坤庆. 教育学史纲［M］. 武汉：湖北教育出版社，2000：42-43.
[②] 华勒斯坦，等. 学科·知识·权力［M］. 刘健芝，等，编译. 北京：生活·读书·新知三联书店，1999：44-45.

教育学教授。[1] 就美国而言，1890年纽约州立大学教育学院组建以及帕里被任命主持美国第一个全职教育学讲座之前，教育学虽然名义上已是一门学科，可以在大学里进行讲授并培养学生，但事实上教育学还只不过是道德哲学的一个分支，在大学里没有独立的组织建制，更谈不上制度化。19世纪90年代以后，通过一批学者的共同努力，教育学在美国才终于被认可为一门独立的大学学科，并开始拥有独立的组织建制。

20世纪以来，教育学在形式上已经被承认和接纳为大学学科，并在大学拥有独立的建制，不少世界一流大学也都建有教育学院，但这并不意味着教育学学科制度化的完成。参照其他学科制度化的标准，即便在今天教育学的学科制度化程度仍然很低。教育学是"次等学科"之声仍然不绝于耳，甚至"在讨论学科问题的真正的学术著作当中，你不会找到'教育学'这一项目"[2]。由此不难看出，在人类知识的世界里，在大学的学科群体中，教育学的学科地位还是相对低下的。

教育学的学科地位与制度化程度为何如此低下呢？其中的原因有很多，既与基础学科的不成熟有关，也与学科研究对象过于复杂有关；既与研究方法的选择有关，也与学科发展的取向有关。除此之外，还有一个问题值得教育学者反思，即教育学的发展过程中有意无意地忽视了大学与高等教育的存在。对于大学和高等教育的忽视不仅使得教育学在研究对象上有缺憾，使得"教育学"名不符实；[3] 而且由于忽视了大学和高等教育的存在，教育学始终无法正确理解教育学作为一门学科的根本所在，无法理解学科规训与学科制度化的真实含义。时至今日，教育学虽是大学的学科，学科的研究者虽身处大学，但不少人仍然固执地认为，教育学的学术之根在中小学的教育实践，认为只有深入中小学教育实践，教育学才有生命力。中小学教育实践之于教育学的发展十分重要，但大学与高等教育的发展对于教育学的学术成长也同样重要。就教育学的发展而言，大学与高等教育除了在研究对象上具有和中小学同等的重要性之外，大学与高等教

---

[1] 王坤庆. 教育学史纲 [M]. 武汉：湖北教育出版社，2000：42.
[2] [美]华勒斯坦，等. 学科·知识·权力 [M]. 刘健芝，等，编译. 北京：生活·读书·新知三联书店，1999：44.
[3] 王建华. 论高等教育学与教育学的关系 [J]. 教育研究，2004（8）：17.

育对于教育学的发展还具有中小学教育实践所不具有的极其重要的特殊性。这种特殊性主要体现为，一方面大学和高等教育实践可以为教育学提供学科规训，另一方面大学和高等教育本身也是教育学完成自身学科制度化的重要场域。

  我们时代教育学的研究者或教育学家，绝大部分均栖身于大学的教育系或教育学院，是大学为教育学的学科发展提供了制度支撑，也是大学培养和训练了教育学的研究者。不研究大学，尤其是大学的组织建制，不但无法完整地理解"教育"与"学科规训"的内涵，而且将失去反思教育学作为学科的制度基础。不关注高等教育，尤其是高等教育中的学科制度化的历史以及科际关系，不但无法把握教育学的学科制度化水平，而且将失去重建教育学的机会。中小学教育实践可以规训教育学，但与大学和高等教育实践相比，中小学教育实践对于教育学学科规训制度的影响要小得多。历史上，教育学的学科制度化也曾深受中小学教育实践的影响，有时候甚至是决定性的，但在制度化学科一统天下的今天，教育学学科制度化的完成主要还是大学和高等教育的功劳。当前教育学的基础学科已经逐渐走向成熟，教育学的重建也已提上日程。在教育学重建的过程，对于教育学学科规训制度的关注将是教育学重建的重要契机。只有从制度化学科的角度，在更高的层面上重新审视与反思教育学作为一门学科的现状，才能认清教育学的学科发展方向。在教育学学科制度化的过程中，需要客观评价大学与高等教育对于教育学重建的积极意义。大学和高等教育不但是教育学研究主题中不可分割的一部分，也是教育学最终实现学科制度化的唯一的制度性场所。通过加强对于大学和高等教育的研究，尤其是加强学科与制度化学科、大学与学科制度化、教育学与大学的关系的相关研究，不但可以扩展教育学的学术视野，深刻理解教育学的学科史，而且可以使教育学学科制度化的进程更加顺畅。

  综上所述，通过对"学科与制度化学科""大学与学科制度化"以及"学科规训视野中的教育学"三个问题的探讨可以得出如下结论：其一，学科与制度化学科是学科发展的两个不同阶段，二者具有不同的旨趣。教育学作为一门学科的历史比教育学作为一门制度化学科的历史要长得多。其二，大学与制度化学科或学科制度化之间存在着紧密的关系。"大学的支持与控制将是社会科学成功进展的重要保证。"[①] 今天能否进入大学是能否成为制度化学科的必要条件。教育学作为一门制度化学科的必要条件是进入大学，成为大学的课程，拥有学生，并获得独立的组织建制。但拥有了这些并不意味着教育学学科制度化的全部完成。今天形式上教育学已具备制度化学科的许多要件，但教育学的学术水平和学科制度化程度仍然不高。其三，大学规训了所有学科，也包括教育学。教育学重建需要研究大学对于教育学的学科规训，关注高等教育实践的发展。教育学既要把大学与高等教育作为重要的研究主题进行深入研究，还要将大学与高等教育作为学科规训组织进行研究。教育学需要站在大学与高等教育的层面上对于学科本身的建设进行有效的反思。教育学的学术之根不应是仅植根于中小学的教育教学实践，更不能离开丰富多彩的高等教育实践活动。

[①] 伯纳德·巴伯. 科学与社会秩序 [M]. 顾昕，译. 北京：生活·读书·新知三联书店，1991：296.

第十二章

教育学的依附与超越

就教育学史来看,早期的教育学并非真正的教育之学而是教学之学。这种传统延续下来,教育学作为一门师资培训课程成就斐然,但作为关于教育基本理论的一门学科,却进展缓慢。原因之一就在于学科性质的不明,学科取向的屡屡变迁。针对这种情况,近年来关于教育学的反思性著作(元教育学研究)大量出现,在某种程度上反映了教育学学科"自我意识"的逐渐形成。一些研究者乐观地认为,随着教育学学科"自我意识"的形成,教育学的发展将逐渐从"自在"走向"自为"。[①] 纵观现有反思性著述,在服务于"教育学重建"这一总的目标之下,对于教育学学科性质的讨论并没有受到足够重视。对于教育学学科性质的讨论是教育学重建的基础,需要回到原点进行认真思考。

第一节 教育学的科学化

教育学产生的时代,所谓科学就是自然科学,"科学"与"自然科学"是同义词。教育学科学化或学科化努力,自然而然地首先以自然科学的程

[①] 叶澜. 关于加强教育学科"自我意识"的思考 [J]. 华东师范大学学报(教育科学版),1987(3):1.

序与方法来规范自身，并希望最终能够成为自然科学意义上的学科。以牛顿为代表的经典物理学对于教育学的发展产生过巨大影响。不仅教育学是这样，整个社会科学的学科化进程都是从学习自然科学开始。在20世纪，物理学和化学都曾经是社会学进行学科建设的方法论原型与典范，而后"生物学帝国主义"也对整个社会科学产生了极为显著的影响。如吉登斯所言："如果说古典力学是成熟科学的理想形式，那么生物学，尤其是进化理论，则成了社会思想各种主导流派更为直接的灵感。"[①] 长期以来，在"正统舆论"的视野里，主流社会科学总是与以下特征相联系："第一个特征就是自然主义（Naturalism）。这种观点认为，社会科学应该遵循自然科学的模式，而且社会科学的逻辑框架应该阐述类似于自然科学的问题。第二个特征就是认为，我们应该依据某些社会因果关系（Social Causation）概念来解释人类活动。这也就是说，尽管作为人类主体的我们似乎对我们正在做什么和为什么这样做非常了解，但是，社会科学家仍然能够揭示出促使我们这样做的我们不知道的真正原因。社会科学的作用就是揭示行动者所忽视的社会因果形式。与自然主义模式相联系的第三个特征就是功能主义（Functionalism）。"[②]

教育学的自然科学化只是整个社会科学自然科学化的一部分，是自然主义方法论在20世纪初强势地位的一种必然体现。历史上，教育学自然科学化的一个有益成果就是促成了"实验教育学"的出现。受自然科学研究范式的影响，"实验教育学运动"的倡导者梅伊曼十分推崇实验对教育工作的重要性。他于1901年发表了实验教育学的论文。在梅伊曼的著作中，他把教育学分为研究教育目的的普通教育学和研究儿童身心发展及教育方法的实验教育学。另一名实验教育运动的倡导者拉伊于1903年出版了《实验教育学》，完成了对实验教育学的系统描述。拉伊十分重视教育实验在建设教育理论过程中的重要作用，认为教育实验可以在人为控制条件下，

---

① 安东尼·吉登斯. 为社会学辩护［M］. 周红云，译. 北京：社会科学文献出版社，2003：76-77.

② 安东尼·吉登斯. 为社会学辩护［M］. 周红云，译. 北京：社会科学文献出版社，2003：63.

检验构成教育系统诸因素的地位和作用，从而获得准确可靠的知识。[①] 遗憾的是，教育学的学术效力与学科地位并没有因为自然科学化而得到明显的提升，教育学也没有因为实验教育学的出现而成为自然科学意义上的学科，实验教育学更没有能成为教育学的主流。原因非常简单，教育学不符合自然科学的学科规定性。自然科学的研究方法和自然主义方法论不适用于教育研究，实验法不是提升教育学科学性或学科地位的有效途径。

今天回头来看，作为学科发展中的一种尝试，教育学的自然科学化或实验教育学也并非完全没有意义。直到今天社会科学领域的许多学科仍然在进行不断的尝试，比如实验经济学、实验社会学等仍然有存在的空间。社会科学中"实验"流派的存在，表明了社会科学发展中的某种价值选择性。教育学也不例外。伴随教育学自然科学化而诞生的实验教育学虽然没有完全失败，虽然今天世界各地仍然存在不少的教育实验和实验教育学研究，但某种意义上，教育学的自然科学化进程在实验教育学这里到达了终点，今天的教育学研究中再提自然科学化已经明显不合时宜。教育学的自然科学化催生了实验教育学，而实验教育学却宣告了教育学自然科学化是一条走不通的死胡同。教育学自然科学化的诉求失败之后，伴随教育现代化进程的不断推进以及社会科学诸多学科的蓬勃发展，教育学开始比过去更多地向社会科学的邻近学科开放，并且发展出了有关边缘学科与交叉学科研究的理论原则。

第二节 教育学的社会科学化

教育学科学化失败之后，实验教育学逐渐走向了边缘。在此背景下，教育学开始取向于成为一门新兴的社会科学，并为此而进行了不懈的努力。澳大利亚的康内尔在1980年出版了他的《20世纪世界教育史》，该书的第四章一开头就提到："在20世纪初，教育学渴望成为新兴的重要的社

[①] 参见：拉伊. 实验教育学［M］. 沈剑平, 瞿葆奎, 译. 北京：人民教育出版社, 2007.

会科学之一，而把它作为一门社会科学进行认真研究，大约就是从这个时候开始的。"[1] 作为这种努力的一种延续，20世纪50年代末，一部分比较年轻的教育科学研究者开始提出一些新的学术观点，希望能把教育学作为一门社会科学新兴学科来发展，并进而萌发出必须把教育学发展成为涉及面更大的社会科学的设想。为实现这一伟大构想，在当时一些新的观点也不断地被提出。这些观点主要包括：其一，通过把教育的理论发展同社会理论的原则相结合来克服狄尔泰时代人文科学教育学不合理的人生哲学因素，而可以追溯到启蒙时期的社会理论原则（也包括教育学思想）从当时的教育学史中逐渐消失；其二，把当时主要作为思想史的教育学史朝着教育的政治和社会史方向发展；其三，吸收和促进社会学，特别是教育社会学的研究，而传统上以个人为方向的教育学则主要把它的注意力集中在心理学上；其四，以定量的经验研究为方向，扩大方法学手段。[2] 遗憾的是，"这些观点并未始终不渝地坚持下去"，相反在方法论的争论中，"唯理论和计划论的反击占了上风，以致使发展严重受挫""60年代初以来，人文科学教育学越来越多地遭到了说它脱离实际的批评"。[3] 但直到60年代末，"教育科学的发展特点是各种激进的，很少经过经验检验的方法论观点快速的出现"[4]。源于20世纪初，兴盛于五六十年代的将教育学建成新兴社会科学的伟大构想最终遭遇了挫折，但并没有彻底失败。近几十年，随着教育学从"单数教育科学"（Educational Science）向"复数教育科学"（Educational Seciences）的转变，教育研究"社会科学化"思潮重新兴起，在美国、日本已成为一股很大的力量。就其代表人物而言，在美国有科佐尔和卡诺；在日本有矢川德光、小川太郎等。[5]

---

[1] 唐莹. 元教育学[M]. 北京：人民教育出版社. 2002：464.
[2] 瞿葆奎. 教育学文集·教育与社会发展卷[C]. 北京：人民教育出版社，1993：120.
[3] 瞿葆奎. 教育学文集·教育与社会发展卷[C]. 北京：人民教育出版社，1993：104.
[4] 瞿葆奎. 教育学文集·教育与社会发展卷[C]. 北京：人民教育出版社，1993：120.
[5] 瞿葆奎. 教育学文集·教育与教育学卷[C]. 北京：人民教育出版社，1993：331.

与教育学整体转向社会科学的曲折不同,教育学的一些分支学科,尤其是教育学与社会科学相关学科交叉而形成的一些分支学科,其社会科学化的进展相对顺畅。因为与社会科学有着天然的学术渊源,这些交叉学科在发展过程中,在建立自己的学术谱系时,对于社会科学有着天然的认同感。这方面,教育管理学、教育经济学、教育社会学、教育政治学、教育人类学等都是很好的例子。卡伯特森就曾以教育管理科学观在这一百年里的变化发展为例,对教育研究与社会科学之间的关系做了如下描述。根据卡伯特森的研究,在1875—1900年这一阶段,非学术性社会科学被运用到教育研究中;教育被看成是社会科学的主要领域。在1901—1925年这一阶段,教育管理研究中开始提出并运用学术性社会科学;但实际的运用仍很有限;与心理学的联系最密切。在1926—1950年这一阶段,教育管理研究的教授们在其学术活动中使用的概念来自于社会心理学、社学人类学和政治科学。在1951—1966年这一阶段,在教育管理和组织研究中唱主角的是社会科学的教授。在1967—1984年这一阶段,教育管理研究的革新者抵制实证社会科学,接受"批判"和"解释"社会科学。[①]

尽管目前无论是教育学整体的社会科学化还是教育学相关分支学科的社会科学化都已是不争的事实,但还是必须清醒地认识到,无论是教育学本身还是教育学的相关分支学科并不完全符合社会科学的学科规定性,也不可能通过"社会科学化"真正成为社会科学意义上的学科。一般来说,社会科学的研究对象是社会现象和社会活动,研究的目的是揭示社会发展规律。教育虽然也是一种社会现象和社会活动,但这种社会活动却是以影响每一个具体的人的身心发展为内容的,不可避免地要涉及人的精神世界和价值观的形成与发展,这就使得教育学必然具有人文学科的某些特征。"即使勉强把教育学列入社会科学,依据的也是教育学的一部分研究对象——'研究学习的社会环境以及学校与社会制度的关系'"。[②] 在学科或科学类别的归属上,教育学具有双重性,其学科属性大致介于"人文科学与社会科学之间"。

---

① 张新平. 教育组织范式论 [M]. 南京:江苏教育出版社,2001:150.
② 方华. 走向自为——社会科学的活动与方法 [M]. 重庆:重庆出版社,1992:6-8.

第三节　教育学的人文化

作为一个科学分类的概念，"人文科学"的说法迟至20世纪才出现。[①]伴随18世纪自然科学的蓬勃兴起以及19世纪学科制度化的完成，人文与科学的两分法逐渐确立，以实证为基础的行为主义开始盛行。在此背景下，实证科学成为教育学的发展方向。教育学从以哲学为代表的人文学科中脱离出来被看成是教育学科学化的重要标志。实证研究方法的流行并未能使教育学远离哲学的思辨，成为一门自然科学或社会科学意义上的实证学科，而是始终与人性、价值、教化、规训等人文科学的范畴存在着千丝万缕的联系。在教育领域人们很容易发现，许多未经实证或无法证实的理论可以一直被人们相信并信仰，而有些"实证"的结论却很快因时过境迁被抛弃。

19世纪末以来，面对着日益工业化给人类所带来的技术化、操作化、工具化的发展现实，教育学的人文性再次引起人们的关注。作为这种关注的一种学术反应，德国的一批哲学家、教育家开始倡导"精神教育学"，以期找回一个与物质世界相呼应的人的精神世界。作为最具代表性的人物，狄尔泰将哲学等人文社会科学包括教育学统称为"精神科学"，认为精神科学是一种与自然科学相对应的科学体系。狄尔泰从他的"精神科学"理论出发看待教育，认为教育就是引导个体生活从不成熟走向成熟的过程。[②] 狄尔泰之外，布德撰写了《精神论的教育学》。在该书中，他将人类精神生活分成三个部分：自然的（如人的喜怒哀乐等情绪体验）、心理的（如人的感觉、知觉、记忆、思维等）、社会的（如道德、信念、价值、理想等）。所谓追求精神生活的教育目的，就是把人培养成能够承受精神

[①] 华勒斯坦，等. 学科·知识·权力[M]. 刘健芝，等，编译. 北京：生活·读书·新知三联书店，1999：16.

[②] 参见：威廉·狄尔泰. 精神科学引论[M]. 艾彦，译. 南京：译林出版社，2012.

生活所带来的一切后果，并追求一种超越现状的人生理想。[①]

与实验教育学的命运几乎一样，由于过于偏执一端，所谓的"精神科学教育学"也很快宣告失败。不过，这种失败并不意味着精神教育学毫无价值，更不意味着教育学本质上并不具有人文性，而是说明教育学作为一门学科在整体上并不符合人文科学关于学科的规范性要求。如果以人文科学的方法来规范整个教育学的研究，将教育学全部纳入人文科学的视野，并不能促进教育学的发展，而只能相反。当然，作为一种学术视角与价值选择，精神科学教育学自有其学术价值。近年来，随着后现代主义思潮的兴起，以及对于人文主义和科学主义的反思，从现象学、解释学等人文科学领域来探讨"人文学科或人文科学视野中的教育学"的著作开始不断增多，其中具有代表性的，如马克斯·范梅南所著的《生活体验研究——人文科学视野中的教育学》[②]。

作为教育学"人文化"的努力，从当年兴起的所谓"精神科学教育学"到今天所谓的"人文科学视野中的教育学"，这一系列尝试开阔了人们的视野，却未能有效地提升教育学的学科地位，其历史功绩更多地在于揭示了教育学发展路径的多种可能性，其现实的意义则在于重温了人们对于教育学人文属性的认识。事实证明，虽然教育学自然科学化、社会科学化皆不成功，但"人文科学化"也绝非教育学发展的正确方向。因为教育学也并不完全符合人文学科或人文科学的学科规定性。将教育学当成人文学科来研究或使用人文科学的程序和方法来研究教育问题、教育现象、教育观念，只能反映教育的某一侧面，而没有也不可能全面反映教育的本质属性。教育学有教育学的学科特殊性，绝不能简单地用自然科学、社会科学或人文科学的学科标准来规范与框定教育学的发展，否则只能是削足适履。

---

① 王坤庆. 西方精神教育思想的历史考察［J］. 华中师范大学学报（人文社会科学版），2001（4）：128.

② 参见：马克斯·范梅南. 生活体验研究——人文科学视野中的教育学［M］. 宋广文，等，译. 北京：教育科学出版社，2003.

第四节　教育之学：超越人文科学与社会科学

目前就整个科学的分类而言，大致可以区分为自然科学、社会科学与人文科学。历史上，由于学科不成熟，教育学"自然科学化""社会科学化"和"人文科学化"运动此起彼伏，但教育学的学科发展始终处于依附状态，教育学的研究者一直期望教育学能够成功地依附于某一更为强势的科学或学科类型，乃至于成为某种学科。由于教育自身以及教育学的特殊性，这种依附往往只能是一厢情愿，无果而终。在这种学科或科学的三分法中，自然科学与人文科学分别以客观性和价值性居于两端，社会科学由于客观性与价值性的双重关联，而居于二者之间。在这种知识分类框架下，教育学的学科类型是模糊的。教育学不属于自然科学是肯定的，但教育学也不是典型的社会科学或人文科学。社会科学的核心在于"社会"，即"社会"之学，人文科学的核心在于"人"，即"人"学。教育学同时关注"社会"与"人"，教育与社会的关系、教育与人的关系是教育学的永恒命题。某种意义上，教育学是对于整个人文科学与社会科学的整合，教育学的成熟需要以整个人文社会科学的成熟为基础。这也是教育学虽然兴起较早，却晚于其他人文社会科学成熟的真正原因所在。

现实中人们批评、谴责、嘲笑教育学的不成熟时，很少顾及这些客观原因。历史上也正是因为忽视了教育学的这种学科特殊性才使得教育学的发展一直缺乏明确的方向。"开始，教育学科处在自然科学与社会科学的夹缝之中，后两者思维模式的相互竞争和相互妥协几乎悉数反映在它的发展历程中。从最初的无所适从，到之后的左右逢源，教育学科在人类科学史中的独特状况可谓前所未有。……我们有足够的理由将教育学从这种二元对立的传统学科分类模式中分离出来，充满自信地将其视为独立于自然科学和社会科学之外的第三种科学。"[①] 某种意义上，这种"独立于自然科

---

① 李政涛. 教育学科与相关学科的"对话"——从知识、科学、信仰和人的角度 [M]. 上海：上海教育出版社，2001：299-300.

学与社会科学之外的第三种科学"也就是位于人文科学与社会科学之外，超越人文科学与社会科学的一种科学。只有沿着这个方向前进，教育学才能成为一门整合人文科学与社会科学学科优势的新的综合性学科。

作为这种发展趋势的某种预兆，20世纪80年代以来，后现代主义、批判理论等开始引起更多教育学者的关注。这些新兴的综合性的带有反思与批判性质的理论给教育学的发展注入了新的活力，也开始刺激人们重新思考并反思教育学的学科定位。人们开始认识到："'不能仅仅通过借用自然科学中的实验和测量的技术'来建立教育科学，也不能一味套用人文社会科学的视角和方法来建构教育学科的理论体系。教育学科需要建立的是以教育为起点和终点的独立科学，只能有条件地汇集相关学科。"[①] 作为一门综合性学科，教育学应像地理学一样，虽然需要相关学科的加入，综合相关学科的结论，但其本身作为学科仍然是独立的。教育学的学科独立性不应受相关学科知识的介入的影响。换言之，在自然科学、社会科学与人文科学的知识分类框架下，教育学不应简单地依附于任何一方或属于某种科学，而应明确地取向于学科开放、科际整合、视界融合。历史人文地理学家唐纳德·威廉·迈尼格在"哈斯金斯讲座"中谈及地理学的学科性质时曾言："常有人问：'地理是自然科学还是社会科学？'几乎所有地理学家都会说'都是'。这本身就让那些喜欢整齐划一的行政人员感到恼火。我对这个问题的回答一直是'都是，但又不止'。也就是说，我的很多工作可以算作自然科学或社会科学的范畴，但目的却大不相同。我还是更认可康德的说法，地理更像历史而不是科学，它不是研究某一特定事物，而是以一种特定的方式去研究几乎一切事物。地理是一种视角，一种看问题的方式。如果有人关注万物如何在各地域空间中共存，格外强调环境和协调，他就是在像地理学家那样思考，其最终的目的在于综合而非分析。"[②] 和地理学一样，教育学在现代学科体系中也是"格格不入"。作为一门综合性学科，教育学也"是一种视角，一种看问题的方式"；在学科性质上，

---

① 李政涛. 教育学科与相关学科的"对话"——从知识、科学、信仰和人的角度［M］. 上海：上海教育出版社，2001：258-259.

② 道格拉斯·格林伯格，斯坦利·N. 卡茨. 学问生涯［C］. 吕大年，等，译. 杭州：浙江大学出版社，2018：247.

教育学应取向于人文科学与社会科学之外，即超越人文科学与社会科学的两分法，整合二者的学科优势，并积极主动汲取自然科学前沿研究的有益养分，其最终目的在于综合人类已有知识成果对教育进行全面探究，而不是仅仅依靠本学科的知识对于教育问题进行"教育学"分析。

第十三章

教育学的分裂与统一

　　教育学作为一门学科一开始就是不完备的，而且一直没有完备起来。"从学科分类上讲，应有以普通学校教育为研究对象的'普通教育学'和以一切教育为研究对象的'教育学'之分，现在师范院校的'教育学'，大多应当正名为'普通教育学'或'普通学校教育学'。"[①] 由于普通教育学在师资培训方面的特殊要求，从而使得教育学成为关注"教什么、怎样教"的学问或艺术，即作为一门师资培训课程的教育学，而未能发展成为关注"教育是什么"的学术性学科，即作为教育基本理论的教育学。因此，教育学有着悠久的历史，却未能创造出辉煌的成就。时至今日，作为一门学科，教育学的发展依然迷雾重重。从教育学"终结"问题的提出到今日教育学分裂现实的形成，教育学的未来在哪里呢？出路又在何方呢？针对这些问题，认真回顾教育学学科发展的历史进程，仔细分析教育学作为一门学科的"能指"与"所指"、应然与实然，深入探讨学前教育学、普通教育学以及高等教育学与教育学之间错综复杂的关系以及教育学本身的"知识转型"与"学科转向"，既有利于深刻认识教育学学科发展中所面临的种种困境，也有利于看清教育学的未来。

---

　　① 潘懋元. 高等教育学讲座 [M]. 北京：人民教育出版社，1993：1.

第一节　教育学的分裂

虽然与政治学、经济学、社会学等许多学科一样，教育学也直接以学科研究对象来命名，但在学科性质上，教育学作为一门学科却十分模糊，甚至是否存在过教育学也一直令人怀疑。原因在于，教育学从来就不是一个统一的学科，也从未作为一个统一的学科存在过。教育学作为一门学科从来不曾像经济学、社会学、政治学、历史学一样拥有一个可以标示其学科理论体系的经典文本。那些曾经被视为教育学经典或教育学作为一门学科的代表性著作说到底只涉及教育的某一个阶段，代表了某一种类型的教育学，而绝非统一的作为理论的教育学。某种意义上，教育学至今仍囿于作为一门课程，尚未发展出统一的作为基本理论的教育学。由于受学科发展中由初始选择所决定的路径的影响，教育学的学科发展进程早早被"锁定"在了作为中小学师资培训的教材，作为一门学科教育学只能随着教育的发展而不断走向分裂，而不是统一。20世纪40、50年代，苏联的教育研究者对此问题已有所关注。安娜·斯达西耶娃就曾指出："各门科学、学科的分工越来越细密，也许以后教育学中还会划分出来一些独立的科学或学科……很可能根据学生年龄阶段，或者学校不同性质分成学前教育学、普通教育学、职业教育学、成人教育学等。"[①] 今天安娜·斯达西耶娃的预言已经成为了现实。统一的教育学没有出现，教育学的分支学科已达十余个，远超她当时的设想。在教育学众多分支学科中，学前教育学、普通教育学与高等教育学的分裂对于教育学的影响尤其显著。

历史上，高等教育的兴起早于普通教育，其发展的顺序基本上是从高等教育到普通教育再到中等教育。"从西方教育发展的历史来看，自古希腊起，接受教育就是少数统治者之子弟的特权，因此所谓教育，在古代一直就具有高等教育的性质，教育的理论就是高等教育的理论，或者说那时

---

① 中央教育行政学院. 安娜·斯达西耶娃专家教育学辅导和专题报告记录·第一辑汇编 [Z]. 1957：175.

的教育哲学，便是高等教育的哲学。但是等到近代民主思想勃兴，接受教育变成了每个人都该有的权利之后，普及的全民的教育理论才应运而生，教育哲学的讨论也多集中于中小学教育的问题上，似乎并未注意到高等教育所独有的问题。"① 就教育研究的历史来看，整个教育研究也是以关于高等教育的研究为开端的，或说早期的教育研究事实上就是高等教育研究。但在近代学科制度化的视野中，教育学却是以普通教育为研究对象的。由于普通教育最先面临普及化的任务，出于师资培训的需要，普通教育自然成了教育学关注的主要或说唯一对象。与之相比，高等教育虽然兴起较早，关注也有，但一直居于象牙之塔，世俗化较晚。关于高等教育的研究一直没有形成学科体系。

与高等教育学的"迟到"相比，学前教育学的产生却比较"超前"。与高等教育相比，学前教育是人类最早经过的教育阶段，但学校教育的发展并不是严格按照人类经历教育阶段的早晚顺序，人类关于教育的系统研究同样也与教育阶段的早晚无关。历史上，学前教育、普通教育长期由家庭承担；作为正规的学校教育，最先发展起来的是高等教育，此后是普通教育，学前教育在大多数国家至今仍然不属于义务教育的范畴。与之相较，在人类认识史上，关于教育的研究，最先兴起的是高等教育研究，但随着普通教育的大规模推进，国民教育的迅速普及，教育研究随即成为普通教育的一统天下，并发展成为普通教育学。在普通教育学一统天下的背景下，规模偏小的高等教育被教育研究者所遗忘，但奇怪的是规模更小的学前教育却在此时受到了格外关注，并由于一批杰出学者的不懈努力，最终从普通教育学中分化出来成为一个独立学科。高等教育学在创建学科时不得不多次援引"学前教育学"的创立为榜样，并以此作为创立高等教育学这门学科的合法性的重要来源。潘懋元先生在他 1957 年所主持编写的《高等学校教育学讲义》的前言中就指出："必须像'学前教育学'那样，逐步建立一门称为'高等学校教育学'或'高等专业教育学'的教育科学。"② 1978 年在另一篇文章中，他又再次提到："必须像'学前教育学'

---

① 卢增绪. 高等教育问题初探［M］. 台北：南宏图书有限公司，1992：9.
② 潘懋元. 潘懋元高等教育学文集［C］. 汕头：汕头大学出版社，1997：17.

那样,逐步地建立一门以研究高等专业教育为对象的'高等教育学',作为整个教育科学的一个分支学科。"①

在教育学的历史上,自17世纪以来,夸美纽斯的《大教学论》,洛克的《教育漫话》,卢梭的《爱弥儿》,赫尔巴特的《普通教育学》等著作中都论及了学前教育问题,并对于学前教育学的建立与发展产生了积极影响。早期的教育学著作中,学前教育也是一个重要的组成部分。有学者甚至认为,早期的教育学就是儿童教育学,认为德文 pädagogik 译为"教育学"是翻译上的错误,应译为"育儿学"更为准确。②但长期以来,"学前教育的思想、理论都是和普通教育理论一起笼统地加以论述。一直到19世纪中期以后,学前教育理论才从笼统的认识中建立起独立的范畴与体系,并从普通教育学中分化出来,开始成为一门独立的学科"③。目前一般认为,德国教育学家福禄培尔是学前教育学的创始人。之所以认为他是学前教育学的创始人,是因为他不仅建立了学前教育机构,设计了一套游戏与作业材料,而且著有《幼儿园教育学》《慈母游戏和儿歌》以及《幼儿园书信集》等著作。在这些著作中他提出了学前教育应当适应儿童发展,学前教育应以儿童的自我活动为基础等重要学术观点,从而在理论上使得学前教育学开始从普通教育学中分化出来,成为一门独立的学科。福禄培尔之外,蒙台梭利、裴斯泰洛齐、罗伯特·欧文、乌申斯基、霍尔、杜威等许多教育学家、心理学家也都对学前教育学的创立做出了突出贡献。

如果说历史上教育学是应普通教育的大发展而诞生,普通教育的大发展为普通教育学的产生与发展提供了实践层面的诸多合法性的话,那么学前教育学的产生某种意义上则超前于当时学前教育实践发展的需要。如果将当时的学前教育与高等教育的发展情况放在同一标准下加以考量的话,高等教育无论是在发展历史、规模与重要性方面都远远超过了学前教育。基于当时高等教育发展的现实情况发展出高等教育学的合理性,远甚于基于当时的学前教育实践发展出学前教育学。由此可见,学科的发展具有一定的历史偶然性。

---

① 潘懋元. 潘懋元高等教育学文集 [C]. 汕头:汕头大学出版社,1997:17.
② 季诚钧.《教育学》学科名称刍议 [J]. 课程·教材·教法,1995 (5):26.
③ 阎水金. 学前教育学 [M]. 上海:上海教育出版社,1998:6.

夸美纽斯在《大教学论》一书的第三十一章也曾专门写了"论大学"。在这一章的一开篇他即写道："我们的方法原不涉及大学里的学习，但是我们也没有理由不去说出我们对于这种学习所持的见解和希望。"在这一章的最后他又写道："但是我们必须回到我们的本题，说完关于我们的学校所没有说完的话了。"① 由此不难看出，当时的大学在夸美纽斯的心目中尚不属于所要研究的学校教育的一部分。夸美纽斯之后，又过了一百多年，才由康德写出了关于大学的专论——《学部冲突》（也有人译"系科之争"），但"高等教育学"这个概念却始终无人提出，高等教育研究一直缺乏应有的关注。在错过了从教育学中分化出来并与学前教育学、普通教育学并行发展的机会后，高等教育学的产生只能寄希望于时代精神的转变，寄希望于高等教育的大发展。"重要的真知灼见等到时代精神准备接受它时，才能降临，否则它如果在时代精神前，来得过早，就将会为人所淡忘和抛弃，一直到了文化转过来，准备给它欢迎时，它才能重现于世。"②

现代高等教育的大发展集中于20世纪下半叶。高等教育研究的热潮也自二次世界大战后开始兴起。20世纪80年代末，布鲁贝克在他所著的《高等教育哲学》一书中正式使用了"高等教育学"（Pedagogy of Higher Education）这一概念。③ 1957年在借鉴国外相关研究成果的基础上，潘懋元先生也提出了"高等学校教育学"与"高等专业教育学"等概念。根据现有文献，1978年4月，潘懋元先生在《必须开展高等教育的理论研究》一文中正式采用了"高等教育学"，放弃了"高等学校教育学"或"高等专业教育学"的提法。④ 对于高等教育学而言，1978年是一个有趣的年份。在这一年，东西方的学者相互独立地提出了同一个重要问题，即"高等教育学"的建立。这在某种意义上证明了"高等教育学"的产生具有时代必

---

① 夸美纽斯. 大教学论 [M]. 傅任敢，译. 北京：教育科学出版社，1999：226-230.

② 波林. 实验心理学 [M]. 高觉敷，译. 北京：商务印书馆，1981：40.

③ 布鲁贝克. 高等教育哲学 [M]. 王承绪，等，译. 杭州：浙江教育出版社，2002：101-119.

④ 潘懋元. 潘懋元高等教育学文集 [C]. 汕头：汕头大学出版社，1997：17.

然性。

20世纪80年代以来，高等教育学作为一门学科逐渐兴起，但受教育学局限性的影响，高等教育作为一个问题领域一直没能成为教育学者普遍关注的对象。教育学固守其普通教育的"地盘"，教育学等同于普通教育学。"社会科学家的兴趣在其他地方，尤其是那些容易产生普遍性理论的领域。那些对教育学感兴趣的学者也主要是关注中小学教育而不关注高等教育。其结果，中学后教育不但被社会科学家所忽视，而且为教育领域的研究者所忽视。"[①] 在"教育系"或"教育学院"这些教育学的组织建制里，高等教育研究难有安身之地，以至于相当长的时期内，高等教育学成为教育学的"弃儿"，不得不另立门户，栖身于高教所或某些研究中心。结果就是，无论是在学科建制层面还是在研究对象方面，高等教育学与教育学（即现实中的普通教育学）都是并列关系而非从属关系。[②]

第二节 教育学：默认分裂抑或走向统一

通过对教育学发展历史进程的简单回顾不难发现，时至今日，教育学已是"三分天下"的格局，统一的教育学在没有出生时就已趋于死亡。面对此种困境，教育学的重建是默认这种分裂还是走向统一呢？如何创建出真正意义上统一的教育学呢？

1. 教育学的分化与分裂。学科分化是学科发展过程中的正常现象，也是知识进展的一种必然表现。某种意义上，学科分化既是学科发展的一种重要途径，也是用来衡量学科发展水平的重要指标。学科分裂与学科分化有相似之处，但在本质上有根本的区别。相似之处在于，表面上看，无论是学科分化还是学科分裂都是一个学科变成了多个学科。本质的区别在于，学科分化而成的子学科与母学科之间有着直接的"血缘关系"，学科分化是母学科研究深入与蓬勃发展的一种表现。与之相比，学科分裂则意

---

① Altbach, Philip G. *Higher education: a worldwide inventory of center and program*. The Orxy Press 2001: 2.

② 参见：王建华. 论高等教育学与教育学的关系 [J]. 教育研究，2004 (8): 17.

味着原有母学科合法性的危机。学科分裂以后，母学科的学术合法性被分裂后的其他多个子学科所共享。学科分裂和国家的分裂类似，一个国家分裂了绝对不是意味着这个国家的繁荣，而是意味着它的政权存在合法性危机。学科分裂也一样，如果一个学科的分裂成为定局，那么也就意味着原有学科存在合法性危机。

目前教育学与各分支学科之间的"父子"或"母子"关系，仅仅在文本与逻辑的层面上是成立的。换言之，仅在理论文本或形式逻辑的层面上教育学才是一个统一的学科。现实中教育学早已是四分五裂。这种分裂不是一个统一的教育学因失去合法性而崩溃，与之相反，教育学学科分裂的现状恰恰源于统一的教育学的缺失。这种情况有点类似春秋早期的周王朝与各诸侯国之间的关系。当时在逻辑上或法理上，各诸侯国仍然是周王朝的封国，但事实上，随着各诸侯国逐渐坐大，"周"作为一个王朝渐渐名存实亡，甚至连与封国平起平坐的机会都没有，并最终消亡。不同的是，统一的周王朝的确存在过，但统一的教育学却没有出现过。今日教育学的发展，其学科地位有点类似没落的周王朝。由于长期缺乏强有力的君主（统一的作为理论的教育学）的有效统治，各"诸侯"（分支学科）对于"国家"（学科）本身的向心力逐渐减弱，从而达至分裂的现实。"在欧美的教育理论界和教育实践中，已不再把教育学视为一门独立的学科，在他们眼里，作为学科的教育学早已土崩瓦解。"[①] 由于统一的教育学从没有出现，一直由普通教育学代行教育学的职能，加之客观上各分支学科与现实中的教育学之间缺乏直接的"血缘关系"，从而导致教育学与各分支学科之间缺乏必要的学术联系，各分支学科往往各有渊源。

教育学的分支学科可以概括为两类：一类是与其他人文社会科学，甚至自然科学交叉而成的所谓交叉学科，如教育经济学、教育社会学、教育管理学等；另一类是依据研究对象不同所形成的不同阶段、不同类型的教育学，如学前教育学、普通教育学、高等教育学、成人教育学、职业教育学等。对比这两类分支学科，第一类分支学科对于教育学的学科地位影响不大。因为这些交叉学科主要的学术资源与学科合法性并不来自于教育

---

① 季诚钧.《教育学》学科名称刍议［J］.课程·教材·教法，1995（5）：27.

学。它们的发展甚至不受教育学的学科地位的影响。第二类分支学科中，成人教育学、职业教育学等由于不构成有机的系统，一般也不影响教育学的学科地位；唯有学前教育学、普通教育学与高等教育学构成了一个环环相扣的链条，对于教育学的未来有直接的影响。原因在于，目前的学校教育系统基本上就是由学前教育、普通教育与高等教育三个阶段组成。学前教育学、普通教育学与高等教育学三者当中，学前教育学与普通教育学作为教育学的组成部分几乎同时产生，但学前教育学迅速从当时的教育学，即普通教育学中分化出来，并独立发展，而普通教育学则逐渐坐大，成为了教育学的代名词。与学前教育学、普通教育学的历史相比，高等教育学则非常年轻，甚至直到今天也很难说其已经是一个得到普遍承认的学科。不过，伴随高等教育大发展，高等教育研究迅速增多，高等教育学的出现有点异军突起的味道。甚至可以说，正是高等教育学的适时出现，普通教育学在整个教育学中的垄断地位才受到了空前的挑战，统一的作为基本理论的教育学的缺失才开始凸显，教育学的学科分裂性也再次呈现。

相比于多年前曾有学者论及的随着教学论、课程论、德育学等内容逐渐从教育学中分化出去，传统的教育学将走向"终结"[1]，今日学前教育学、普通教育学与高等教育学的"三足鼎立"对于教育学学科合法性的挑战更为严峻。如果说高等教育学出现以前，由普通教育学代行教育学的职能还可以勉强维持的话，那么高等教育学出现以后，尤其是随着高等教育学的发展壮大，人们对于统一的作为基本理论的教育学的渴求将会越来越强烈。如果未来相当长的时间内统一的教育学仍然无法出现，所谓教育学依然是普通教育学的代名词，那么教育学作为一门学科的合法性不但将受到其他人文社会科学学科的质疑，而且将受到学前教育学、高等教育学研究者的质疑。而这种质疑将加剧学科的分裂，最终将使现有学前教育学、普通教育学与高等教育学"三分天下"的格局制度化。

2. 教育学的能指与所指。无论关于教育学学科地位与性质的争论有多少，至少名义上，教育学作为一门学科是客观存在的。无论如何，"教

---

[1] 吴钢. 论教育学的终结 [J]. 教育研究，1995（7）：19.

育学不只是一个异想天开的名称"[1]。在人类的知识地图上,教育学也有着属于自己的合法领地。问题的关键在于,在这片合法的领地上,教育学一开始就学科定位失当,对于自己的领地治理不善,以致相当长的时期内,其学科领地不是处于荒芜,就是被别的学科所占领,从而使得教育学在学科制度化的过程中"起个大早、赶个晚集"。当诸多后起学科通过理论建构,纷纷完成学科制度化进程之时,教育学却如"扶不起的阿斗",仍然如初创时一样满足于作为师资培训的课程。那么应然的教育学应该是怎样的状态呢?应然与实然的差别又是如何影响了教育学的发展呢?

对于什么是教育学,不同学者有不同的理解。概括起来,不外乎两种观点,即教学之学与教育之学。教学之学,即把教育学看成一门"教育儿童的艺术或学问",限于研究未成年人的养护、管理、训练、陶冶和教诲等问题。"无论是康德还是赫尔巴特所讲的教育学,按其德文'pädagogik'只不过是'教育技术理论'而已。"[2] 教育之学倾向于将教育学看成是对教育知识体系的概括。如田浦武雄所言:"对教育进行学术研究并综合成一个理论体系,这就是教育学。"[3] 作为一门学科,教育学理应是"教育之学"。"教育之学"是教育学的"能指";但事实上,教育学一直囿于"教学之学","教学之学"才是教育学的"所指"。即使后来在英语国家,人们选择用 Education 替代 Pedagogy,即便相关研究中又从 Education 走向了 Educational Sciences,教育学在实然状态下依然是"教学之学",其存在的合法性依然主要是作为师资培训的一门课程。在这方面,不仅几百年前产生的学前教育学、普通教育学以师资培训、儿童教育为最终鹄的,几百年后产生的高等教育学依然以同样的问题、同样的逻辑获得了学科最初的合法性。[4]

---

[1] 赵中建,顾建民. 比较教育的理论与方法——国外比较教育文选[C]. 北京:人民教育出版社,1994:317.

[2] 大河内一男,等. 教育学的理论问题[M]. 曲程,迟凤年,译. 北京:教育科学出版社,1984:35.

[3] 瞿葆奎. 教育学文集. 教育与教育学卷[C]. 北京:人民教育出版社,1993:320.

[4] 潘懋元. 高等教育学讲座[M]. 北京:人民教育出版社,1993:1.

以上分析只是大致而言。细究起来，今日教育学的含义已日益多元化。教育学的"能指"与"所指"早已不是泾渭分明，更何况"能指"与"所指"之间也不必然矛盾。某种意义上，教育学已开始从"教学之学"走向"教育之学"，并表现出积极的趋势；教育学已开始逐渐摆脱实践的羁绊，发展出独特的理论。但无论如何，历史上正是教育学在"应然"与"实然"状态之间的隔阂导致了教育学的"能指"与"所指"的差异。正所谓"失之毫厘、差之千里"。教育学如果在起点上能够沿着学科的"能指"，始终关注"什么是教育""教育何以可能"等命题，那么教育学的发展或许完全不同。早期的教育学选择了"教学之学"的发展路向，导致发展过程中"所指"非"能指"，实然无法接近应然。再加之教学受教育发展的阶段性、人的身心发展的阶段性影响，由"教学之学"永远无法达成统一的作为基本理论的教育学。

3. 教育学走向统一的可能。目前的教育学是分裂的，统一的教育学尚未诞生就已趋于死亡。那么在学前教育学、普通教育学与高等教育学"三分天下"的形势下，教育学有可能走向统一吗？又如何走向统一呢？

首先，必须将教育学与普通教育学区分开来，普通教育学需要有正确的定位，不能再以普通教育学代替教育学。历史上，教育学作为一门学科能够存在并获得认可，得益于普通教育学的发展，但无论如何普通教育学只是教育学的一个组成部分，普通教育学不能因为统一的教育学缺位而长期"占据"教育学的位置。过去由于教育的发展主要集中于普通教育阶段，由普通教育学代行教育学职能的状况尚未引起人们足够的注意。今天随着高等教育学的兴起，普通教育学只是教育学的一个组成部分的现实已引起人们对于普通教育学与教育学之间关系的质疑。遗憾的是，这种质疑未能引起教育学研究者的广泛关注。究其原因，目前掌握着学术话语权的教育学的研究者主要是普通教育学的研究者，在他们的观念里或潜意识里仍然认为教育学就是普通教育学，教育学的学术之根在于中小学的教育实践。这种观念的存在会阻碍统一的教育学的出现。教育学要想统一必须走出普通教育的局限，以整个教育为研究对象。

其次，教育学的学科知识必须转型，教育学的发展必须转向，即由教学之学走向真正的教育之学。作为一门学科，教育学历史悠久，但在人类知识的"盛宴"上,真正的教育学一直缺席,教育学一直由普通教育学代替。基于此种情况,如果将普通教育学与教育学区分开来,使"教育学"虚席以待,是不是自然而然会促成统一的作为理论的教育学的出现呢?统一的教育学不会自发产生,也不是空出位置就能解决问题。在学科发展中无论是知识的转型还是学科的转向都需要本学科从业者的积极努力与主动建构。那么应如何进行教育学的重建呢?一方面需要重新界定本学科的研究对象,并以此为基础重构学科内涵。另一方面需要基于新的研究对象,新的学科内容,重构本学科的理论体系。教育学必须对整个教育进行综合研究,需要不断追问"什么是教育""教育何以可能""人与教育的关系""教育与社会的关系"等基本命题,并围绕这些命题重构学科理论体系。

第三,教育学的重建应以学前教育学、普通教育学与高等教育学的重构为前提。与其他学科的发展轨迹迥异,教育学的发展可以说是子学科先于母学科成熟。基于此,统一的教育学的出现需要以现有相关子学科为基础。今天学前教育学、普通教育学、高等教育学已客观存在,普通教育学与教育学之间更是存在着错综复杂的关系。目前情况下能不能直接以普通教育学的理论体系为基础,同时吸收学前教育学、高等教育学的相关理论成果构建一个统一的教育学呢?答案是否定的。因为传统上教育学一直是教学之学,因此无论是学前教育学、普通教育学还是高等教育学,其学科旨趣或"初心"均在于师资的培训与学生的培养。而在这些问题上,由于人的身心发展阶段的差异、教育发展阶段的不同,学前教育学、普通教育学与高等教育学之间很难找到共同点。在这种情况下,教育学能不能抛开学前教育学、普通教育学与高等教育学的发展现实"另起炉灶"呢?答案同样是否定的。因为离开了具体的学前教育、普通教育与高等教育的相关研究成果作为建筑的材料,统一的教育学只能是空中楼阁。比较务实的做法应是从学前教育学、普通教育学与高等教育学的学科转型着手,待这些学科转型成功以后,统一的教育学会水到渠成。值得欣慰的是,目前普通教育学与高等教育学的学科转型已经开始,普通教育学中原有的"教学之学"的理论体系正在被不断突破,[1] 高等教育学中原有模仿普通教育学的痕迹也正在逐渐被清除。[2]

总之,作为一门学科,教育学的发展历程非常独特。教育学产生之时普通教育兴起,教育学随之以普通教育为研究对象,以师资培训和学生培养为学科旨趣而迅速发展起来。其结果,教育学长期被等同于普通教育学。就在普通教育学兴起之时,伴随着对于幼儿教育的关注,学前教育学作为教育学的一部分也同时兴起。长期以来,由于教育学等同于普通教育学,学前教育学独自发展,与普通教育学较少关联。二次世界大战以后,伴随高等教育大发展,高等教育研究迅速兴起。20世纪70年代末,高等教育学作为一门学科被提出,并迅速在大学里获得了独立的学科建制。随着高等教育学学科制度化进程的展开,当前教育学已面临"三分天下"的困局。未来的学科建设中,能否破解学科分裂的困局,有机融合学前教育学、普通教育学与高等教育学,将成为教育学重建过程中是走向学科统一抑或默认学科分裂的关键所在。

---

[1] 参见:项贤明. 泛教育论——广义教育学的初步探索 [M]. 太原:山西教育出版社,2000.
[2] 参见:胡建华,等. 高等教育学新论 [M]. 南京:江苏教育出版社,2005.

第十四章

教育学：学科门类还是一级学科

学术分科是世界各国的通例，但学科设置行政化则是我国的特色。在我国目录式的学科专业管理制度下，一级学科成为连接学科门类与二级学科（有时相当于专业）的重要环节。一级学科如何设置也就成为影响我国大学学术发展的重要制度性因素。"当学科作为一种知识分类或一定科学领域的相对划分的时候，其分类或划分不会影响学科的发展。但当学科成为制度的一部分，演变成学科制度，特别是当其沦为一种行政化产物的时候，便成为影响学科发展的重要因素。"[1] 在我国现行的学术分科制度中，教育学既是一个学科门类又是一个一级学科。这种吊诡的局面已经维持了几十年，无形之中影响了教育学科的发展。无论借鉴国外大学学术分科的范例，还是从我国大学学科专业目录演进的趋势都可以看出，教育学作为一个门类毋庸置疑，但是在教育学门类下设置哪些一级学科却大有讲究。国外大学由于学科专业制度的不同，没有一级学科的概念，无法直接进行比较。这里仅从我国大学的现实情况出发探讨教育类一级学科的设置问题。现有目录中教育学门类下设有教育学、心理学与体育学三个一级学科。本章单就教育学门类下面设置"教育学"一级学科是否合适，以及若撤销教育学一级学科应增设哪些一级学科展开讨论。

---

[1] 汪基德，朱书慧，韩舒波. 关于提升教育技术学为一级学科的论证与思考[J]. 电化教育研究，2010（6）：5.

第一节　我国学科专业目录中一级学科设置的变迁

学科目录是中国特色学科专业管理制度的重要组成部分，在人才培养、学科建设和教育统计分类中发挥着极其重要的作用。在我国，学科目录一般分为三级，即学科门类、一级学科和二级学科。根据官方的说法，学科门类是对具有一定关联学科的归类，兼顾教育统计分类的惯例。一级学科是具有共同理论基础或研究领域相对一致的学科集合，原则上按照学科属性进行设置。二级学科是组成一级学科的基本单元，但是也不排除没有二级学科的一级学科。截至目前，我国政府部门先后出台过四份学科专业目录。第一份是1983年3月国务院学位委员会第四次会议决定公布试行的《高等学校和科研机构授予博士和硕士学位的学科专业目录（试行草案）》。第二份是1990年10月国务院学位委员会第九次会议正式批准的《授予博士、硕士学位和培养研究生的学科、专业目录》。第三份是1997年国务院学位委员会、国家教育委员会联合发布的《授予博士、硕士学位和培养研究生的学科、专业目录》。第四份是2011年2月国务院学位委员会第二十八次会议审议批准的《学位授予和人才培养学科目录》。在这四份学科专业目录中，学科门类的变化最小，先后增加的学科门类只有军事学、管理学和艺术学。二级学科的变化最大，时而大增，时而剧减，在最新的学科目录中干脆没有直接列出二级学科。相比之下，一级学科的数量一直比较稳定，保持持续增长，且有一定的规律可循。2009年出台的《学位授予和人才培养学科目录设置与管理办法》明确规定，今后我国"一级学科的调整每10年进行一次"。基于此，可以把学科目录中一级学科设置的变化作为观测我国大学学术分科和学科发展状况的一个重要指标。

我国历次学科专业目录中一级学科分布及数量变化简表

学科门类	一级学科数量及分布			
	1983年目录	1990年目录	1997年目录	2011年目录
哲学	1	1	1	1
经济学	1	1	2	2

续表

学科门类	一级学科数量及分布			
	1983 年目录	1990 年目录	1997 年目录	2011 年目录
法　学	5	5	5	6
教育学	3	3	3	3
文　学	3	3	4	3
历史学	1	1	1	3
理　学	12	13	12	14
工　学	25	26	32	38
农　学	6	5	8	9
医　学	6	6	8	11
军事学	1	8	8	10
管理学	—	—	5	5
艺术学	—	—	—	5
总　计	64	72	89	110

注：军事学门类及一级学科是 1985 年 2 月根据国防建设和高级军事人才培养需要增设的。

　　哲学、教育学门类的一级学科设置从 1983 年第 1 份目录一直到 2011 年最新的目录一直保持不变。管理学则自 1997 年新增为门类并设 5 个一级学科后至今也保持不变。经济学一级学科在 1997 年被撤销，增设了理论经济学和应用经济学 2 个一级学科，新目录中保持不变。法学有小幅增加，先后增设了马克思主义理论和公安学 2 个一级学科。历史学和文学在最新的目录中发生了较大变化。历史学一级学科被撤销，新增设了中国史、世界史和考古学 3 个一级学科。文学门类中艺术学一级学科被撤销，艺术学调整为新的门类，并在其门下增设了 5 个一级学科。理学门类几十年来也一直变化不大，最新的目录与最初的目录相比，也只增加了 2 个一级学科。变化较大的是工学，最早的目录中只有 25 个一级学科，1990 年增加为 26 个，1997 年增加到 32 个，2011 年增加到了 38 个一级学科。农学门类是先减少后增加，在 2011 年新目录中达到 9 个一级学科。医学门类的一级学科在 1997 年增加了 2 个，在 2011 年最新的学科目录中又增加 3 个，达到了 11 个一级学科，成为仅次于工学和理学的第三大学科门类。变化最大的是军事学。军事学在 1985 年增设为学科门类时只有军事学 1 个一级学科，1990 年修订学科专业目录时一下子就增设到 8 个一级学科，在 2011 年的学科目录中军事学门类下面更是拥有 10 个一级学科，成为继工学、理学、医学之后的第四大学科门类。

上面对于各学科门类一级学科的分布及数量增长进行了简单概括，那么近几十年来我国学科专业目录中先后增设了哪些一级学科呢？对比 1990 年的学科专业目录与 1983 年的学科专业目录可以发现，一级学科的设置基本没有大的变化，新增的 8 个一级学科主要集中于军事学门类。1990 年军事学一级学科被撤销，新增了"军事思想及军事历史""战略学""战役学""战术学""军队指挥学""军制学""军队政治工作""军事后勤学"8 个一级学科。此外，理学门类的"管理科学"被撤销，新增了"系统科学"和"图书馆与情报学"2 个一级学科。工学门类中撤销了"管理工程"，新设了"管理科学与工程"，"金属材料"和"非金属材料"合并为"材料科学与工程"，"轻工、纺织"被拆分成"轻工"和"纺织"2 个一级学科，另外，还增设了"农业工程"一级学科。与此同时，农学门类"农业机械化与电气化"被撤销。

1997 年的学科专业目录与 1990 年相比，除新增管理学门类外，一级学科的变化也较大，新增一级学科数量共达 17 个。其中"经济学"一级学科被撤销，增设了"理论经济学"与"应用经济学"2 个一级学科。法学门类下"国际政治"一级学科被撤销，增设了"马克思主义理论"一级学科。文学门类增设"新闻传播学"一级学科。理学门类中"自然科学史"一级学科被撤销，增设"科学技术史"一级学科。另外，"图书馆与情报学"也被撤销，在管理学门类新设了"图书情报与档案管理"一级学科。工学门类变化最大，一级学科总数量增加了 6 个，首先对 1990 年目录中工学门类一级学科部分名称进行了规范，其次对部分一级学科进行了必要的拆分和调整。比如，"电子学与通讯"被拆分成了"电子科学与技术"和"信息与通讯工程"2 个一级学科；"土木、水利"被拆分成"土木工程"和"水利工程"2 个一级学科；"地质勘探、矿业、石油"则被拆分成"地质资源与地质工程""矿业工程"和"石油与天然气工程"3 个一级学科；"管理科学与工程"则被调整到了管理学门类，"技术科学史"被撤销；此外，又新增了"光学工程""环境科学与工程""生物医学工程""食品科学与工程"等一级学科。在农学门类，"农学"作为一级学科被撤销，增设了"作物学""园艺学""农业资源利用""植物保护"4个一级学科。在医学门类中增设了"口腔医学"和"中药学"2个一级学科。军事学门类原"军事后勤学"一级学科被调整为"军事后勤学与军事装备学"。

2011年的学科目录是历次学科专业目录调整中力度最大的一次，此次调整除增设艺术学新门类，新增加21个一级学科外，还首开了在学科目录中不再公布二级学科的先河。与1997年学科专业目录相比，在最新的学科目录当中，最显著的变化就是文学门类中原先的一级学科艺术学被调整成一个新的学科门类，并设了"艺术学理论""音乐与舞蹈学""戏剧与影视学""美术学"和"设计学"5个一级学科。法学门类增设了"公安学"一级学科。历史学门类撤销了"历史学"一级学科，增设了"中国史""世界史"和"考古学"3个一级学科。理学门类新增了"生态学"和"统计学"2个一级学科。工学门类新增了"城乡规划学""风景园林学""软件工程""生物工程""安全科学与工程""公安技术"6个一级学科。农学门类中原一级学科"农业资源利用"被调整为"农业资源与环境"，并新增"草学"为一级学科。医学门类新增"特种医学""医学技术"和"护理学"3个一级学科。军事学门类中的"军事后勤学与军事装备学"被拆分为"军事后勤学"和"军事装备学"2个一级学科。

纵观我国四次学科专业目录调整过程中各学科门类一级学科分布情况及其数量的变化，有合理的调整亦有不合理的安排。除军事学门类外，各学科门类调整之后较之调整之前一般会更加合理，总的趋势是试图通过增加学科门类和一级学科的数量以满足学术发展和知识增长的正常需求。但是由于路径依赖、有限理性以及利益冲突的存在，每一次学科专业目录的调整都很难尽如人意，学科目录不可避免地会成为各方利益妥协的产物。在学科专业目录调整过程中，学术话语权成为各学科门类一级学科增设过程中至关重要的因素。教育学和哲学作为所有学科门类中的弱势群体，在历次学科专业目录调整中其一级学科设置长期保持不变也就不难理解。哲学门类一级学科难以增加的根本原因也许在于哲学本身就是文科中的一个一级学科而不应是一个独立的学科门类，但教育学作为一个门类由来已久，其门类下教育类一级学科的设置长期不变就颇令人费解。

第二节 作为一级学科的教育学及其二级学科设置的变化

在我国大学里，教育学作为一门课程，甚至是作为一门学科，已有超过百年的历史，[①] 但将教育学作为一个学科门类和一级学科却是中国特色学科专业制度下的特有产物。在我国传统学术以人文知识为主，被分为经史子集四部。中国现代学术门类的形成与欧洲模式大学的输入密不可分。在"西学东渐"的过程中，通过移植与转化，清末民初之际在我国近代大学里最终形成了以"文、理、法、商、医、农、工"为核心的新的知识系统，从而完成了从"四部之学"向"七科之学"的转变。[②] 在最早的"七科之学"中，教育学尚没有独立的学科地位，只是文科的一部分。1929年在中华民国政府公布的《大学组织法》中首次将"教育"与文、理、法、商、农、工、医等七科并列，并规定大学分为文、理、法、教育、农、工、商、医八学院。同年颁布的《大学规程》规定："大学教育学院或独立学院教育科，分教育原理、教育心理、教育行政、教育方法及其他各学系，大学或独立学院之有文学院或文科而不设教育学院或教育科者，可设教育学系于文学院或文科。"[③] 中华人民共和国成立后，原有以"七科之学"为基础的大学学术分科体制被彻底改造，"行业"而不是"学科"成为大学分类的新标准。

严格意义上，教育学成为一个学科门类源于国务院1981年批准实施的《中华人民共和国学位条例暂行实施办法》。该"实施办法"首次将我国的学术门类划分为"哲学、经济学、法学、教育学、文学、历史学、理学、

[①] 参见：郑金洲，瞿葆奎. 中国教育学百年[M]. 北京：教育科学出版社，2002.

[②] 左玉河. 从四部之学到七科之学——学术分科与近代中国知识系统之创建[M]. 上海：上海书店出版社，2004：6.

[③] 左玉河. 中国近代学术体制之创建[M]. 成都：四川人民出版社，2008：258.

工学、农学、医学"。此后几十年，无论学科专业目录如何调整，上述学科门类的划分一直被坚持。在前后四份学科专业目录中，教育学门类也高度稳定，其一级学科的设置始终没有变动，有变动的只是教育学一级学科下面二级学科的设置。在1983年版的学科专业目录中，教育学一级学科下面的二级学科有14个，分别是教育基本理论、教学论、德育原理、中国教育史、外国教育史、比较教育学、特殊教育学、幼儿教育学、成人教育学、高等教育学、教材教法研究、教育科学研究法、教育经济学、学校管理与领导。上述14个二级学科中，高等教育学的列入不能不说是一个很大的亮点和进步，它突破了传统教育学的研究框架，及时回应了国家和时代对于加强高等教育研究的强烈需求。1990年的学科专业目录对于教育学的二级学科进行了微调，原来的"教育基本理论"被调整为"教育学原理"，"学校领导与管理"被调整为"教育管理学"，"教材教法研究"被撤销，新增了"学科教学论""教育技术学"和"职业技术教育学"3个二级学科。在此次调整中，"教育技术学"的增设是一个突破。伴随"教育技术学"进入教育学的二级学科目录，关于"电化教育"到底是姓"电"还是姓"教"的争论也最终走向了终结。1997年的学科专业目录中教育学二级学科的数量大幅减少。"教育管理学"和"教育经济学"不再作为教育学二级学科，重新设立的"教育经济与管理"被作为管理学门类下"公共管理"一级学科下面的二级学科。此外，"幼儿教育学"被调整为"学前教育学"，"教学论"和"学科教学论"被撤销，新设了"课程与教学论"，"德育原理""教育科学研究法"被撤销，"中国教育史"和"外国教育史"合并成"教育史"。经此次调整，教育学的二级学科缩减为10个，即教育学原理、课程与教学论、教育史、比较教育学、成人教育学、学前教育学、高等教育学、职业技术教育学、特殊教育学和教育技术学。近十几年来，我国大学教育学科研究生人才培养就是主要以这10个二级学科为基础。2011年最新版的学科目录公布，在新的学科目录中各一级学科下面不再列具体的二级学科。因此，1997年学科专业目录中教育学一级学科下面的二级学科设置仍将会影响，甚至左右我国大学教育学科研究生人才培养和学位授予。

纵观我国学科专业目录历次调整中教育学下面二级学科设置的变化，

稳定不变的学科只有4个，即比较教育学、成人教育学、特殊教育学和高等教育学。此外，从"幼儿教育学"到"学前教育学"，从"教育基本理论"到"教育学原理"可以看作只是名称上的变化。除这6个二级学科之外，还有十几个学科也曾先后被设置为教育学下面的二级学科。这种情况的出现某种意义上反映了教育学二级学科设置的混乱。很多学科被列为或撤销二级学科地位似乎没有太多道理可言，完全是受一种实用主义思想主导，甚至是被某些偶然性因素所决定。历史上，一些进入目录的教育学二级学科在学术上并不成熟，相反教育学门下很多相对成熟的分支学科却从来没有被列入二级学科的目录。与政府公布的教育学二级学科目录相比，由瞿葆奎先生主编的《教育科学分支学科丛书》中所列的"教育科学分支学科"大体可以代表教育学界研究者对于教育学二级学科划分的一种看法。这套《教育科学分支学科丛书》包括"元教育学、教育哲学、教育逻辑学、教育社会学、教育政治学、教育经济学、教育生态学、教育文化学、教育心理学、教育测量学、教育评价学、教育信息学、教育卫生学、教育行政学和教育技术学"[①]。当然，《教育科学分支学科丛书》关于教育学分支学科的选取也不是完美的，它主要侧重于教育学与其他学科的交叉学科。"教育科学分支学科"的选择与学科目录中关于教育学二级学科的设置相比，二者各有所长，一个是行政的逻辑，一个是学术的逻辑。需要注意的是，学科专业目录终究不是纯粹的行政文件，在满足行政管理的条件下，如果能够符合学科的学术逻辑绝对不是什么坏事。

综合历次学科专业目录中所列教育学二级学科以及学界关于教育科学分支学科的划分，对于教育学一级学科下面的二级学科的构成主要有四种方式：一是教育学与其他学科的交叉学科，如教育经济学、教育管理学、教育社会学等；二是以教育发展的不同阶段为研究对象而构成的学科，如学前教育学、高等教育学、成人教育学等；三是以教育自身或其过程的某一部分为研究对象而构成的学科，如教育史、职业技术教育学、课程与教学论、德育原理；四是以研究方法为基础而形成的学科，如比较教育学、

[①] 参见：瞿葆奎，吕达.教育科学分支学科丛书[Z].北京：人民教育出版社，2002.

教育科学研究方法等。四种方式中以第一种方式所产生的教育学二级学科数量最多，而且没有穷尽。相对而言其他三种方式能够产生的教育学二级学科数量比较有限。值得注意的是，今天教育学这四种二级学科的构成方式正相互交叉。尤其是随着高等教育学的兴起，并逐渐成为"显学"，传统上以普通教育或基础教育为研究对象的教育学的诸多二级学科面临着学科分裂的困境。因为无论是教育学的交叉学科，如教育管理学、教育经济学，还是方法论学科，如比较教育学、教育研究方法，甚至是关于教育本身的二级学科，如教育史、德育原理、课程与教学论等，都是主要以基础教育为研究对象。其结果，在高等教育学下面又衍生出高等教育管理学、高等教育经济学、比较高等教育、高等教育史、高校德育、高校课程与教学等分支学科。由此就造成了教育学各二级学科之间差异很大，彼此之间没有理论的关联和研究对象的交叉。换言之，由于二级学科间的分裂与区隔，今天教育学作为一个所有二级学科共享的一级学科的合法性受到质疑。道理很简单，教育学既然是学科门类，其本身就不应再是一级学科，否则就容易造成不必要的逻辑上的混乱。此外，现有教育学一级学科下面很多二级学科研究范围已经很大，各自的学科群已经形成，但由于教育学一级学科的存在，使得这些学科缺乏必要的增长空间。因此下一次学科专业目录调整中有必要借鉴经济学、历史学和农学的相关经验，撤销教育学门下"教育学"一级学科，在现有教育学二级学科当中挑选合适的或通过合并与重组相关的二级学科，增设两个或两个以上教育类一级学科，以便更好地满足教育学科人才培养和科学研究发展的需要。

第三节　教育类一级学科增设的可能方案

教育学不属于传统的人文学科，亦不是经典的社会科学，在世界各国学科分类中教育学往往都是独立为一个门类。在我国的学科分类中教育学也是作为一个独立的学科门类。奇怪的是，教育学门类下面却设置了教育学、心理学与体育学3个相关度不高的一级学科。体育与心理当然都与教育有关，但作为学科，体育学、心理学与教育学在知识体系上却较少交又，差异性远大于共性。心理学与体育学作为教育学门类一级学科的存在掩盖了教育学门类中教育类一级学科设置不当所造成的诸多问题。现有制度环境下教育学门下只有教育学一个教育类一级学科严重阻碍了教育学的学术创新，并使其二级学科因缺乏必要的成长空间而相互排斥。

从1983年的目录到2011年的目录，教育学一直是教育类唯一的一级学科。这种情况绝对无法用教育学的教学科研水平和人才培养规模和质量来做解释，唯一的答案就是教育学在我国的学科专业目录调整中缺乏足够的学术话语权，政府部门对教育学的学科发展不够重视。理论上，学科门类的划分是人为的，但绝不是任意的。实践中，如何划分和设置学科更直接影响大学的学术发展与创新。当前在我国教育学既是一个门类又是一级学科给教育学的发展造成了极大的阻碍，导致了教育学在学科立场上、学科理智上以及学科制度上的相对分裂。在我国学科目录调整中，军事学、经济学、历史学、农学都已先后成功摆脱这种困境，即学科门类不再直接作为一级学科。因此，如果保留教育学继续作为一个独立学科门类的话，那么撤销教育学一级学科就非常必要。就像经济学门类撤销经济学一级学科，增设理论经济学和应用经济学2个一级学科；历史学门类撤销历史学一级学科，增设中国史、世界史、考古学3个一级学科一样，在教育学门下，教育类一级学科也不应是"教育学"，而应是其他在逻辑上有关系的2个或2个以上的一级学科。

由于对现行学科专业目录制度缺乏反思，在我国关于增设教育类一级学科的探讨一直很少。近年来，由于学科专业目录的再次调整，教育类一级学科的增设问题才引起部分学者的偶尔关注。根据查到的文献，杨颖秀曾最早在2008年撰文指出，应"确立教育管理学一级学科地位"[①]。2009年秦惠民和申素平撰文"建议撤销现有的'教育学'一级学科，在教育学门类下增设'学校教育'和'教育管理'两个一级学科"[②]。2010年张应强、郭卉撰文认为：当今高等教育学已经突破了教育学的学科框架；将高等教育学列为教育学的二级学科已不能适应高等教育学科知识发展的需

---

① 杨颖秀. 走出徘徊：确立教育管理学一级学科地位的思考[J]. 中小学管理, 2008 (12).

② 秦惠民，申素平. 教育类一级学科设置探讨[J]. 教育研究, 2009 (9).

要，高等教育学需发展成为独立于教育学的一级学科。[1] 同年，汪基德、朱书慧和韩舒波撰文建议"提升教育技术学为一级学科"[2]。2011年随着新版学科目录的正式颁布，由于教育学门类一级学科增设的失利，关于教育类一级学科的讨论开始持续发酵。汪基德和朱书慧再次撰文提出教育学门下应增设"教育管理学"和"教育技术学"两个一级学科，[3] 这样教育学门类下面就有教育学、教育管理学、教育技术学、心理学和体育学五个并列的一级学科。除了汪基德等学者的研究之外，针对增设教育技术学为一级学科的必要性、可行性、合理性与迫切性等问题，包国庆先后发表三篇论文进行了比较系统的论述。[4] 他通过多方面的分析认为，为了实现教育信息化的目标，"教育技术学"应更名为"信息化教育学"，并晋升为教育学门类的一级学科。除了关于教育技术学应晋升为一级学科的讨论之外，2011年关于高等教育学能否独立为一级学科的话题也备受关注。在石河子大学举行的"2011年中国高等教育学会高等教育学专业委员会学术年会"上，王建华、张应强和李均三位学者在其学术报告中不约而同地提及了高等教育学应建设为一级学科的观点。[5]《北京大学教育评论》在2011年第4期也以"高等教育研究：学科还是领域"为专题，刊出了一系列高水平的

---

[1] 张应强，郭卉. 论高等教育学的学科定位 [J]. 教育研究，2010 (1)：39.

[2] 汪基德，朱书慧，韩舒波. 关于提升教育技术学为一级学科的论证与思考 [J]. 电化教育研究，2010 (6).

[3] 汪基德，朱书慧. 教育技术学科发展的新走向——基于学科分化与综合的视角 [J]. 中国电化教育，2011 (2).

[4] 包国庆. 教育信息化与教育技术学晋升为一级学科的必要性与可行性分析——学习《国家中长期教育改革和发展规划纲要（2010—2020年）》的体会 [J]. 电化教育研究，2011 (2)；包国庆. 教育信息化的学科归因及其与现行教育学的关系——试论教育技术学晋升为一级学科的合理性与迫切性 [J]. 中国电化教育，2011 (5)；包国庆. 教育技术学晋升一级学科的失利归因与转机再现——关于《学位授予和人才培养学科目录（2010年）贯彻落实〈纲要〉的八点质疑》[J]. 现代教育技术，2011 (6).

[5] 王建华的报告为《高等教育学的三重境界》；张应强的报告为《建设作为现代学科的高等教育学》；李均的报告为《作为一级学科的高等教育学——基于历史与学科政策的视角》。石河子大学，2011年中国高教学会高等教育学专业委员会学术年会，2011年9月17-18日。

论文，对于高等教育学的学科地位问题进行了深入讨论①。

根据2009年出台的《学位授予和人才培养学科目录设置与管理办法》，我国"一级学科的调整每10年进行一次"。现在又到了一级学科调整的时间，教育学界应加强相关研究，以争取在这次学科目录调整中教育类一级学科的增设能够有所突破。无论哪一学科门类，一级学科的增设和调整都不可能自发实现，它需要本学科从业者的鼓与呼。教育学门下教育类一级学科的增设事关整个教育学科的发展，需要教育学界同仁的共同努力。

增设的方案之一：撤销教育学一级学科，增设理论教育学、实践教育学和教育交叉学科3个一级学科。关于教育学的分类，从教育学一产生起就有学者开始讨论，各种两分法层出不穷，其中赫尔巴特的弟子赖因对于教育学的分类颇有影响。赖因首先将教育学分为历史的教育学和系统的教育学，系统的教育学又进一步分为实践的教育学和理论的教育学；实践的教育学分为学校形式论和学校行政论，理论的教育学则专注于教育的目的和方法。② 赖因关于理论的教育学和实践的教育学的区分影响深远。在此两分法的基础上，沃尔夫冈·布列钦卡提出了自己的三分法。在《教育科学的基本概念：分析、批判和建议》中，他将教育学分为科学的教育学、哲学的教育学和实践的教育学；③ 在《教育知识的哲学》中，他将教育学分为经验的教育科学、教育哲学和实践教育学。④ 这两种分法大同小异，核心都是要将实践教育学从教育学中单独分出，并使之与科学和哲学的理

---

① 《北京大学教育评论》2011年第4期刊载的专题论文有：乌利希·泰希勒. 欧洲高等教育研究与高等教育政策及实践的关系［J］；莱斯特·古德柴尔德. 在美国作为一个研究领域的高等教育：历史、学位项目和知识基础［J］；龚放. 追问研究本意纾解"学科情结"［J］；张应强. 超越"学科论"和"研究领域论"之争——对我国高等教育学学科建设方向的思考［J］；阎光才. 高等教育研究的学科化：知识建构还是话语策略？［J］；袁本涛. 在学科与领域之间：制度化的高等教育研究［J］；刘小强. 学科还是领域：一个似是而非的争论——从学科评判标准看高等教育学的学科合法性［J］；郭雷振. 学科标准视域中"高等教育"学科属性探析［J］.

② 郑金洲，瞿葆奎. 中国教育学百年［M］. 北京：教育科学出版社，2002：39.

③ 沃尔夫冈·布列钦卡. 教育科学的基本概念：分析、批判和建议［M］. 胡劲松，译. 上海：华东师范大学出版社，2001.

④ 沃尔夫冈·布列钦卡. 教育知识的哲学［M］. 杨明全，等，译. 上海：华东师范大学出版社，2006.

论教育学相并列。1992年吉涅岑斯基出版了《理论教育学概论》，提出了新的教育理论体系，以适应时代发展的需要。[①] 基于上述教育学传统中理论与实践两分的学术传统，借鉴我国学科专业目录中经济学门类撤销经济学一级学科而增设理论经济学与应用经济学的范例，未来教育类一级学科调整中撤销教育学一级学科的同时，增设理论教育学和实践教育学具有较大可行性。此一增设另起炉灶，并不触及原有教育学二级学科地位的改变，可以有效避免二级学科间利益的纷争。

需要注意的是，无论实践教育学还是理论教育学都只是对教育自身的研究，今天教育学科的发展早已超越教育本体论的范畴。考虑到这一点，加之在当前的大学中跨学科研究日益成为主流，且政府已新增交叉学科作为新的学科门类，同时照顾到教育科学原有分支学科当中交叉学科众多的现实情况，借鉴美国大学学科分类系统的一般做法，可以考虑在实践教育学与理论教育学之外另设"教育交叉学科"为一级学科。由此教育类一级学科将增加为3个。此方案的优点是避开了教育学原有二级学科在晋升一级学科竞争中的冲突，而且为教育学的跨学科研究提供了充分的制度空间；其缺点在于，很多关于教育本体的二级学科在理论教育学与实践教育学的二分法中难以定位，因为很多以教育本体为研究对象的二级学科可能同时包含有理论研究和实践研究的学科特质。

增设的方案之二：撤销教育学一级学科，增设普通教育学和高等教育学2个一级学科。由于历史原因，现有的教育学名为教育学，实为普通教育学或基础教育学。现有教育学的分支学科或二级学科，除高等教育学之外，大多以普通教育或基础教育为研究对象。从学科发展现实情况出发，借鉴历史学门下撤销历史学一级学科而增设中国史、世界史与考古学3个一级学科的范例，教育学门下可以考虑撤销教育学一级学科，增设普通教育学和高等教育学2个一级学科。就像中国史研究以中国为对象，世界史以中国以外的区域为对象一样，高等教育学以高等教育为研究对象，普通教育学则以高等教育以外的教育作为自己的研究对象。此一方案的优点在于突出了高等教育的特殊性，强调了高等教育学学科建设对于高等教育发

---

① 安方明.《理论教育学概论》简介［J］. 国外社会科学，1994（4）.

展的重要性，反映了当前教育学科发展的真实状况，也符合今后社会发展中高等教育和高等教育研究愈来愈重要的社会大趋势。

此一方案的缺点在于，当前高等教育学自身的学术发展状况还不能令人满意，如增设为一级学科在其他二级学科中争议会比较大。虽然高等教育与普通教育有根本差异，虽然高等教育学与传统的教育学有着不同的学科基础和研究范式，但由于高等教育学作为一门学科过于年轻，一下子由二级学科晋升为一级学科，会不可避免地陷入一种"伦理从属困境"[①]。为摆脱"伦理从属困境"，此方案还是建议在撤销教育学一级学科的前提下，同时增设普通教育学与高等教育学2个一级学科，而不是在教育学作为一级学科的前提下，直接增设高等教育学为一级学科。

增设的方案之三：撤销教育学一级学科，增设教育理论和教育技术2个一级学科。关于教育技术学晋升为为一级学科有很多讨论。当下关于教育技术学晋升为一级学科的理由很充分，也符合社会发展和教育学科发展的大方向。问题的关键在于，教育技术学晋升为一级学科不是一个孤立的事件，它会引发整个教育学科的知识的重组与资源的重新分配。因此，教育技术学晋升一级学科必须有综合考虑，就是必须考虑到，假如教育技术学晋升为一级学科，那么与教育技术学并列的其他教育类一级学科应是什么。因为教育学门类下不可能只有教育技术学一个教育类一级学科，也不可能直接将教育技术学与教育学并列为一级学科。有学者认为，可以将教育学、教育管理学、教育技术学三者并列为教育类一级学科，[②] 这种简单化的只做"加法"，不做"减法"的方案或有不妥。借鉴经济学门下设有理论经济学一级学科，艺术学门类下设有艺术学理论一级学科，法学门下设有公安学一级学科，工学门类下设有公安技术一级学科，医学门类下设有医学技术一级学科等先例，教育学门类下在撤销教育学一级学科的同时，可以考虑增设教育理论和教育技术两个一级学科。此一方案之所以不

---

① 包国庆. 教育信息化与教育技术学晋升为一级学科的必要性与可行性分析——学习《国家中长期教育改革和发展规划纲要（2010—2020年）》的体会[J]. 电化教育研究，2011（2）：14.

② 汪基德，朱书慧. 教育技术学科发展的新走向——基于学科分化与综合的视角[J]. 中国电化教育，2011（2）：11.

用"教育学原理"和"教育技术学"的名称,而改用"教育理论"和"教育技术"作为一级学科的名称是为了使其更具包容性。就像社会学正在走向社会理论一样,[①] 随着学科边界的模糊,教育学被教育理论所取代也是大势所趋。教育技术也一样。与"教育技术学"作为一个学科名称的中国特色相比,教育技术一词既符合国际惯例,适应了信息技术飞速发展的社会大趋势,又具有比教育技术学更宽的外延,更能满足作为一级学科的要求。

以上三种方案只是当下对于教育类一级学科增设的预想。每一方案有其合理之处,也有其缺陷。好在学科本身就是一种社会建构,在学术分科中没有绝对的真理,教育学门类如何划分以及划分成哪些一级学科主要是"学术协商"和"话语竞争"的结果,并不排除行政干预的影响。在不同的国家,不同的历史时期会有不同的选择。作为一种学科制度安排,一级学科的设置方案没有最优,只有次优。长期以来,我国学科目录中在教育学门下将教育学作为一级学科不是一种好的制度安排。在下一轮学科目录调整中无论采用哪一种方案,撤销教育学一级学科,增设 2 个或 2 个以上的教育类一级学科对于我国教育学科的发展至关重要。

总之,在我国学科目录当中教育学既是学科门类又是一级学科,这种制度安排导致教育学看起来很受重视(作为一个学科门类),实际上又非常不重视(只有一个一级学科)。在人类的知识系统中关于教育的知识是一个庞大的系统,无论知识的生产者还是知识本身,彼此间都存在显著差异。为了符合我国高校教育类院系人才培养与学科建设的实际情况,应借鉴经济学、历史学和艺术学等学科发展与建设的有益经验,争取在下一次学科目录调整时撤销教育学一级学科,增设 2 个或 2 个以上相关的教育类一级学科。

---

① 吴康宁. "社会理论"的兴起对教育社会学意味着什么 [J]. 教育研究与实验, 2010(4).

第十五章

教育学的想象力

学科的产生有一定的历史偶然性，学科的成熟亦需要时代的机遇。得益于 18 世纪末 19 世纪初国民教育发展对师资培训的巨大需求，教育学较早地确立了自己的学科地位；但由于历史的局限及其他诸多原因的影响，教育学并未能迅速地成长起来，成为一门成熟的学术性学科。相反，由于某些先天条件不足，在相当长的时期内教育学对于人类知识进步的贡献不多，在与其他学科的"科际贸易"中一直处于"入超"地位，在整个学术交流史上更是连年"赤字"。基于此，"次等学科"的刻板印象一直是教育学学科自我意识中挥之不去的阴影。这种学科自我意识阴影的存在扼杀了教育学的"想象力"，阻碍了教育学的发展与成熟。

第一节 学术等级制度与学科刻板印象

人类的历史，某种意义上也就是知识的历史。整个人类的知识史，也是一部"斗争"史。整个人类知识进化的过程也就是不同类型知识"各领风骚数百年"的历程。人类的早期阶段，关于巫术的知识最有价值，掌握了巫术也就意味着掌握了权力。巫术之后，以宗教为核心的神学知识成为最具价值和权力的知识，与宗教经典或宗教教义的一致性成为了判断其他知识合法性的标准。宗教之后，以哲学为代表的人文知识成为整个社会中最有价值也最具权力的知识。哲学也一度被称为"科学的科学"或"科学之母"。16世纪以来,自然科学的兴起,打破了人类知识的传统格局,科学开始成为知识的代名词。自然科学以理性为准则,依靠观测和基于观测的推理首先将巫术逐出了知识的版图。稍后,宗教与神学也在自然科学实证主义方法论的追击下让出了自己知识至尊的地位。自然科学"突然在十六世纪一跃而居于重要地位,而且从此以后对我们生活于其中的思想和制度产生越来越大的影响"[1]。今天,自然科学的知识观成为了几乎所有知识的试金石,科学不科学成为了能不能称之为知识的重要标准。正是在这种潮流的影响下,几乎所有人类的知识领域都被迫加上了"科学"的后缀。人类的整个知识领域开始大致呈现为以科学为中心的三分格局,即自然科学、社会科学与人文科学。"在一端是数学和各门实验自然科学尤其是物理学、化学和生物学;另一端是人文科学尤其是哲学、文学和艺术;介于这两者之间的,是社会科学特别是经济学、政治学和社会学。"[2]

伴随着自然科学的兴起,尤其是19世纪以来自然科学进入大学以后所导致的近代大学的复兴,作为科学建制的一种方式,制度化学科的概念开始出现,并在大学里占据了越来越重要的地位。伴随着学科概念的出现以及学科制度的不断成熟,大学里的知识分类开始习惯于以学科的形式呈现出来。历史上普遍存在的知识等级制度逐渐转换为大学里的学科等级制度。在大学里"存在着一种科学学科的'长幼等级',它包含着相对的高尚与低下,而不仅仅是职能的差别。数学家可以把电气工程师和政治科学家的地位列为低于其他数学家。这种地位上的差别取决于个人的理解,并没有官方的正式发表的职能地位一览表。但是它却是存在的,而且对组织行为有影响"[3]。这种等级制度下,原先整个社会范围内知识的不平等,逐渐被大学范围内学科等级的不平等所替代。

---

[1] 罗素. 宗教与科学 [M]. 徐奕春,林国夫,译. 北京:商务印书馆,2005:1.

[2] 陈振明. 当代西方社会科学发展的整体化趋势:成就、问题与启示 [J]. 学术月刊,1999 (11):44.

[3] 弗莱蒙特·E. 卡斯特,詹姆斯·E. 罗森茨韦克. 组织与管理:系统方法与权变方法(第四版) [M]. 傅严,李柱流,译. 北京:中国社会科学出版社,2000:374.

大学里的学科等级制度主要有两种表现形式，即学术等级制度与功用等级制度。所谓学术等级制度，即以学术的标准划分学科的等级。"在大学中存在着明确的学术影响力的等级——更准确地说，是一种学术等级。从某种意义上说，一种学科离'现实世界'愈加遥远和抽象，它的学术地位越高。在这种等级排序中，数学和哲学可能会位于顶端，自然科学和人文科学紧随其后，接下来是社会科学和艺术。专业学院在这种等级制度中处于相当低的位置，其顺序是法律、医学和工程学，而接下来的医疗保健、社会工作和教育则位于末端。"[①] 所谓功用等级制度，即以"实用"为标准来划分学科的等级。这种判定与学术性、基础性相反。在"实用"的标准下，学科的等级主要取决于其"研究对象的重要性"或学科"与权力中心的距离"。简单地讲，就是认为"决定研究是否有价值的是论题，是特定的研究对象"[②]。虽然"社会上所说的某处被考察对象的价值，与它对于理解社会或自然活动的重要性的程度之间没有必然的联系。一个问题的社会意义与其科学意义可能是截然相反的"[③]，但现实中，哪门学科的研究对象是当前的工作重点或哪门学科与"权力中心的距离"较近，哪门学科就极可能成为今天的显学或中心学科。改革开放以来，法学与经济学等学科在我国的蓬勃发展就是很好的例子。与经济学、法学的蓬勃发展相比，一些远离现实生活的基础学科或学术性学科则成为冷门学科或边缘学科。

作为一门学科，教育学虽然较早进入大学，但由于其实践性强以及相关基础学科研究的不成熟，教育学的理论性一直较弱，整个学科的学术性不强。"一方面，社会科学家出于某种这里无法解释的原因，似乎不把教育当作能成为一门独立的科学的适当课题。另一方面，'教授学家们'（Pedagogists）似乎不能区别把教育作为人类和社会的过程而对其独特性进行的研究与其他学科所能提供给教育的大量附属性或外在性的知识；于

---

① 詹姆斯·杜德斯达. 21世纪的大学 [M]. 刘彤，等，译. 北京：北京大学出版社，2005：102.

② R. K. 默顿. 科学社会学（上册）[M]. 鲁旭东，林聚任，译. 北京：商务印书馆，2003：80.

③ R. K. 默顿. 科学社会学（上册）[M]. 鲁旭东，林聚任，译. 北京：商务印书馆，2003：81.

是他们要么把'教授学'当做一种包罗万象的超级学科,吸入所有其他学科(甚至包括哲学);要么就放弃一切试图创立一种集中关于教育的专门知识的努力,甚至也包括教授学。"[1] 此外,也必须注意到,在人类历史的长河中,教育虽然是一项神圣的或高尚的事业,但古今中外教育与权力中心的距离一直较远,没有得到足够的重视。总之,由于理论性较弱,没有成熟的学科体系,又远离权力中心,缺乏实用价值,教育学一直被称之为"次等学科"。而这种身份标签反过来作用于本学科及其他学科的研究者,加重了学术界对于教育学是"次等学科"的刻板印象。

第二节 教育学是次等学科吗

由于学科等级制度的存在,所谓次等的学科实际上是相对的。中心学科也并非永恒不变,神学、宗教学曾几何时都是至尊学科,现在只能偏居于学科的边缘。而那些历史上曾经长期没有合法身份的自然科学,现在却几乎垄断整个知识界的话语权。换言之,只要学科等级制度存在,任何一门学科的发展都有可能要经历一个次等学科的阶段。"所有的科学,特别是所有的社会科学,都有从思考的水平上(吕曼所指的意义)开始其独立或自建的过程的。"[2] 然而检索资料,实际上"次等学科"这个明显带有贬义的称呼并没有普遍地出现在每门学科的发展史上,成为学科发展的必然阶段。原因何在呢?

考察学科发展史可以发现,是否能够较快地走出学科发展的低谷,从不成熟走向成熟,是各门学科避免形成"次等学科"刻板印象的关键所在。教育学之所以被扣上"次等学科"的帽子,原因在于较长时间的学术平庸与无所作为,使教育学的研究者自身对其发展失去了信心。对于教育学属于次等学科,比较典型的表述为:"'教育学'不是一门学科,今天,

---

[1] 赵中建,顾建民. 比较教育的理论与方法——国外比较教育文选[C]. 北京:人民教育出版社,1994:316-317.

[2] 赵中建,顾建民. 比较教育的理论与方法——国外比较教育文选[C]. 北京:人民教育出版社,1994:318.

即使把教育学视为一门学科的想法，也会使人感到不安和难堪。'教育学'是一种次等学科，把其他'真正'的学科共冶一炉，所以在其他严谨的学术同侪眼中，根本不屑一顾。在讨论学科问题的真正学术著作当中，你不会找到'教育学'这一项目。"① 事实上，教育学虽然没能拥有社会科学中的经济学、法学那么显赫的学科地位，也没能像哲学、文学那样生产出数不胜数的经典文本，但其在发展的早期阶段，也曾一度为"其他科学之桂冠"②。教育也曾是"社会科学的主要领域"③。这里提及教育学曾一度为"其他科学之桂冠"及其他相关历史，丝毫不意味着鼓励教育学及教育研究者要有阿Q精神，而意在强调教育学并不是根子上就不可能是真正的完备的学术性学科，更不是天生的"次等学科"。目前的困境只不过表明，教育学成熟的时机尚未到来，我们对教育学的认识尚待更新。按霍金斯的说法："多年来，'教育学'已逐渐接受屈居次等学科的地位。"④ "教育学属于次等学科这个观点，大家早就习以为常。可是这个观点既不合理，也有误导性。""所有学科都是以教育为缘起……教育远非从属者，反而是统领者。"⑤

那么在学术界教育学为何长期平庸，以至于被称为"次等学科"呢？为何又被自己人承认为"次等学科"呢？根本的原因在于教育学的研究对象十分复杂，甚至可以说是庞杂，作为教育学基础的相关学科尚不成熟。除这一根本原因之外，其他学科对于教育学的误解与偏见也影响教育学的健康成长。目前学术界对于教育学的批评，其理由不外乎教育学理论思维贫乏、学科边界模糊、知识贡献较少、学科门槛低、缺乏自己专门的方法及方法论等等。面对这些看似有理的指责，教育学不是缺乏自我辩护的理

---

① 华勒斯坦，等. 学科·知识·权力［M］. 刘健芝，等，编译. 北京：生活·读书·新知三联书店，1999：43.
② 第斯多惠. 德国教师培养指南［M］. 袁一安，译. 北京：人民教育出版社，1990：66.
③ 张新平. 教育组织范式论［M］. 南京：江苏教育出版社，2001：150.
④ 华勒斯坦，等. 学科·知识·权力［M］. 刘健芝，等，编译. 北京：生活·读书·新知三联书店，1999：44.
⑤ 华勒斯坦，等. 学科·知识·权力［M］. 刘健芝，等，编译. 北京：生活·读书·新知三联书店，1999：45.

由,而是缺少应有的话语权。面对种种不公的责难,教育学无法找到一种可以显示出其学科地位的声音去作出回应。[1]

其一,关于理论思维问题。教育是一个偏重实践的领域,但教育学不等于教育,不能将学科研究对象与学科性质等同起来,不能因为研究对象的实践性而否认学科理论思维的可能。"人类的活动本身不是科学而是实践活动,可研究人的这些活动过程的历史学是科学———历史科学。……战争不是科学而是人类的一种军事对抗活动,可研究这种活动的军事学是科学;教学活动是个性化的实践活动,可教育学是科学。"[2] 作为一门学科,教育学领域同样存在许多值得其他学科学者学习的经典著作,如涂尔干的《道德教育》、杜威的《民主主义与教育》等。与理论思维问题相关,有学者认为,由于理论的贫乏,教育学只能提出问题,解决问题要靠其他学科;教育学的作用就在于为其他学科提供问题。这种认识是不客观的。教育学不仅可以提出问题,同样可以解决问题,可以在教育学的意义上解决问题。事实上,每一门学科都只能在自己学科的意义上解决问题。教育学之所以要求助于其他学科,其目的在于更加全面地分析问题、认识问题、解决问题。实践中,没有任何一个学科可以包打天下,每一个学科都有自己的局限性,都只能在本学科的层面上提出问题、解决问题。在今天,不仅教育学要借助其他学科知识来解决问题,任何学科都面临同样的问题,多学科研究与跨学科研究是未来科学发展的必然趋势。

其二,关于学科边界问题。源于19世纪的学科制度化运动造成了今天大学里知识的分门别类、学科相对割据的局面。"经济学据称分别与数学和政治科学毗连接邻,跟历史和社会学有些贸易关系,与心理学、哲学和法律共同分享的领域较少。生物学被描绘成:一方面与数学和物理科学(尤其是物理、化学和物理地理学)、另一面与人文科学(特别是心理学、

---

[1] 华勒斯坦,等. 学科·知识·权力[M]. 刘健芝,等,编译. 北京:生活·读书·新知三联书店,1999:44.
[2] 陈先达. 寻求科学与价值之间的和谐——关于人文科学性质与创新问题[J]. 中国社会科学,2003(6):16.

人类学和人文地理学）接壤分界。"① 二次大战以后，随着后现代主义、法国年鉴学派的兴起以及大量跨学科研究、多学科研究、文化研究以及现代化研究等新践行的出现，学科的边界问题已是陈词滥调。在"开放社会科学"的背景下，教育学学科边界模糊不再是教育学的缺点而将是教育学的优势，是教育学学科开放性的最好体现。

其三，关于知识贡献问题。由于受到学科制度化的影响，在对学科知识贡献的界定上，一般倾向于以本学科专业研究者的成果作为本学科知识生产的代表。本学科专业研究者之外的人对于本学科的研究，不但不被作为本学科研究的成果，反而会成为其他学科批评本学科专业研究者的话柄。教育学的发展中这种情况非常普遍。由于教育问题的重要，其他学科的学者往往对于教育有独到的见解，但他们不愿意将之归为教育学的成果，反而习惯于以此来嘲笑教育学研究者的无能。比较常见的论调是优秀的教育学研究成果往往是非教育学出身的人做出的。"有关教育的实际知识散存于社会或人类科学的大量分支里。似乎每一门人类科学都从自己的角度对教育进行真正'科学的'研究——除了教育（或教育学）之外"。②这种情况的存在，是学科"封建主义"的典型反映，其合理性值得质疑。翻检人类历史上的经典著作，哪一部没有充满智慧的教育言述？"从蒙田到培根，直到罗兰、富兰克林和贝斯多，凡是理性卓著的作家，对于施行迄今的教育体系和教学方法，就其主要弊端所发的怨言，真可谓老调不断重弹。"③ 遗憾的是，由于教育学学科地位相对低微，在学术界缺乏竞争力，在构建学科谱系的过程中只能将那些本来应该或可以归为教育学著作的人类经典拱手让给政治学、社会学以及哲学。"当年那些教育领域内响当当的人物，如巴黎的教育法教授涂尔干，芝加哥的杜威，都已被社会学

---

① 华勒斯坦，等. 学科·知识·权力 [M]. 刘健芝，等，编译. 北京：生活·读书·新知三联书店，1999：222.
② 赵中建，顾建民. 比较教育的理论与方法——国外比较教育文选 [C]. 北京：人民教育出版社，1994：314.
③ 赵中建，顾建民. 比较教育的理论与方法——国外比较教育文选 [C]. 北京：人民教育出版社，1994：95.

和哲学这些'真正'的学科吸纳过去。"① 当然，这样讲也并不意味着今日的教育学研究以及教育学者的贡献已可以让人满意，而是要说明教育学今天的境况并不全是教育学自身的责任，其他学科有意无意地"欺压"都对教育学的落后负有责任。"科学常常是漫长的边界纷争史上的赢家，可是又不完全是因为它自己的努力。"② 实践中教育学的研究者不是不努力，但由于学科刻板印象的影响以及科学主义的盛行，教育学总是边界纷争中的输家，从而严重影响了教育学的学科自信心与想象力，不得不满足于、期望于"次等学科"的现状，其结果是学科建设裹足难前。

其四，关于教育学的学科门槛问题。一般认为，教育学学科门槛极低，教育学缺乏严格的学术规范与研究传统，不需要什么特别的学术训练就可以进行教育研究或随便什么人都可以对教育发表意见和看法。应该说，这是现实，但并非可怕的现实。教育学学科门槛低只是"表象"，其深层的原因在于"教育"太普遍了，几乎所有人都经历过不同形式的教育，那些以教学或研究为业者更是一生都浸淫于教育之中，他们所从事的教学或学术研究、他们所归属的学科均为教育所规训，本身就是教育的一部分，他们有能力研究教育问题或可以对教育发表一些看法毫不奇怪。因为学术本身就是相通的，学科的划分更多的是人为的产物，是为了研究的便利。"没有什么东西可以阻止教师或行政人员去从事教育研究，或大学科研人员从事教学工作或任职于教育部。"③ 如果我们每天都去参加政治活动或田野考察，我们也一定可以对政治、对社会发表一些不俗的见解。说到底，所有的人文社会科学其研究对象都是人与社会，没有什么特别神秘之处，只有熟悉与否。在学科门槛问题上所有学科之间本质上没有什么高低之分。一些学科所谓门槛较高，并不必然意味着该学科学术研究的高深，而只反映了其制度化和专门化得比较彻底而已。这种高度的制度化和

---

① 华勒斯坦，等. 学科·知识·权力 [M]. 刘健芝，等，编译. 北京：生活·读书·新知三联书店，1999：44.
② 华勒斯坦，等. 学科·知识·权力 [M]. 刘健芝，等，编译. 北京：生活·读书·新知三联书店，1999：23.
③ 赵中建，顾建民. 比较教育的理论与方法——国外比较教育文选 [C]. 北京：人民教育出版社，1994：318.

专门化，一方面可能在于人为地筑起学科壁垒，防止其他学科的入侵；另一方面则意味着这些学科所对应的实践活动远离人们的日常生活，真实面目不为常人所了解。甚至不排除有些研究者有意识地以所谓的"学术语言"和"科学方法"阻止大众对于本学科学术真相的认知，以维持本学科的"高深"形象。相比于其他人文社会科学，教育问题虽然无甚高深，教育学虽然也没有高度制度化和专门化，但教育学却是一门需要大知识、大智慧的学科。如罗素所言："离我们本身最远的东西最先置于规律的支配之下，然后才逐渐地及于离我们较近的东西：首先是天，其次是地，然后是人体，而最后（迄今为止还远未完成）是人的思维。"① 教育学无疑是涉及人的思维的科学，是以人的思维为中心，重点关注人的生长与发展、形成与塑造的学科。教育学晚于自然科学以及其他人文社会科学成熟有其必然性。其他学科是教育学的基础，教育学的成熟需要以其他学科的成熟为前提。

最后，关于方法与方法论的问题。虽然许多成熟的学科有自己独特的方法以及方法论，但这些方法与方法论已绝非这些学科所独有或专有，所有的方法与方法论将逐渐被所有学科共享将是大势所趋。在此背景下，方法与方法论的独特性问题不在于方法或方法论本身，而在于各个学科如何运用这些方法与方法论，即如何在这些方法与方法论的使用上留下本学科的印迹，使之成为本学科独特的方法与方法论。教育学在方法与方法论方面存在先天的缺陷，教育学发展中的许多问题也大多与此相关。但教育学如果继续单纯地在寻求所谓独特方法与方法论的道路上挣扎，肯定没有前途。教育学的发展需要超越对传统学科方法以及方法论的解读，需要在学科视界与理解方式的层面上重新阐释"方法与方法论"。教育学发展与成熟的关键所在就是要发展出自己独特的学科理解方式与视野，而绝非单纯地去寻找某种独特的学科方法与方法论。目前已有一些学者开始在这方面进行努力。②

---

① 罗素. 宗教与科学 [M]. 徐奕春，林国夫，译. 北京：商务印书馆，2005：27.

② 参见：李政涛. "教育学理解"的特质 [J]. 华东师范大学学报（教育科学版），2004（1）.

综上所述，教育学是次等学科的论述在很大程度上是错误的，至少是不客观的。这种结论的得出更多的是学科刻板印象以及话语霸权所导致的学术偏见、误解与误判，反映了学科制度化当中不正当的学科等级制度以及源于这种等级制度下的中心学科的"傲慢与偏见"。作为教育学的从业者，不能有学科中心主义的自大，不敢妄想教育学成为所有社会科学的基础，但对于外界那种充满学科偏见的评论，必须有足够的反思与鉴别能力，不能"人云亦云"，失去学科自我意识，掉入流言的陷阱。教育学历史上不是，现在也不是"次等学科"，无论是历史上还是现在，教育学都平等地拥有与其他学科一样的提出问题、分析问题、解决问题的能力。"教育学不只是一个异想天开的名称。"[1]"教育学——研究人的全面生长和发展、形成和塑造的科学，可能成为未来社会的最主要的中心学科。"[2] 如果缺乏这种学科自信与想象力，教育学的发展难免一潭死水，难有希望。

第三节 教育学的学科想象

学科要有想象力，但绝不是空想、胡思乱想。赖特·米尔斯于 20 世纪 50 年代末出版了《社会学的想像力》（台湾译为《社会学的想像》）一书。在该书中米尔斯运用知识社会学的观点，批判了传统学科的抽象与僵化界限，强调"社会学想象力"的重大意义。他认为，"想象力"是一种视角转换的能力，是从自己的视角切换到他人的视角的能力。在此基础上，他认为，不仅要有"社会学的想象力"，同样需要"政治学的想象力""人类学的想象力"，一切学科都需要想象力。[3] 教育学的想象力必须符合教育学在时代背景下的角色担当。随着社会发展进程中对于"人"的关注，以人为本、和谐发展成为共识。在此背景下，人的全面发展、人的主体性、主

---

[1] 赵中建，顾建民. 比较教育的理论与方法——国外比较教育文选 [C]. 北京：人民教育出版社，1994：317.

[2] 李泽厚. 李泽厚哲学文存 [M]. 合肥：安徽文艺出版社，1999：510.

[3] 参见 C. 赖特·米尔斯. 社会学的想像力 [M]. 陈强，张永强，译. 北京：生活·读书·新知三联书店，2001.

体间性、生命教育、交往理性等已经提到现代教育改革日程的顶端，教育学要想在今天这个竞争日趋激烈的学科市场上获得发展的契机与学术的话语权。首先必须通过深入而系统的理论研究，成功构建起本学科对于社会、对于人、对于教育本身的独特理解方式，并以此理解方式为基础恰当地进行学科定位；在此定位的基础上，与其他学科之间形成合理的"科际关系"，逐渐摆脱对于其他学科的"理论依附"，从根本上改变"科际外交"中"次等学科"的尴尬地位，进而以一种平等的姿态与其他诸多人文社会科学一道，参与"人的全面的生长与发展、形成与塑造"及和谐社会的建设。

其一，重建教育学的学科理想。现代以来教育学的发展一直充满阴影，这种阴影一方面源于其他学科的不屑与"围攻"，另一方面则源于本学科从业者的学科自卑与不自信。早期的教育学本不是一个弱者，也不缺乏自己的学科英雄。但后来的发展阴差阳错，在学科竞争日趋激烈的制度化浪潮中教育学逐渐沉沦。面对教育学的沉沦，清醒者开始反思，意志脆弱者自暴自弃，最终清醒者成为少数，自暴自弃成为主流。任何学科的发展都不可能一帆风顺，有些学科甚至也曾有过"次等学科"的经历。遗憾的是，教育学没能挺过来，没能快速地从"次等"走向中心，而是失掉了自信心与想象力，在学科发展上人云亦云，听任其他学科对其进行宿命般的说教。其结果，直到今天教育学的学科自我意识仍很模糊，教育学的学科从业者仍然缺少对于本学科的敬畏之心与自豪之感。相反，本学科从业者中轻视教育学科者、对教育学不以为然者大有人在。更严重的局面在于，这种别人的不屑与自己的轻视严重地损害了教育学的学科形象与学术形象。由于学科形象不佳，科学研究失范，学术优秀者逐渐远离这一领域，改投其他学科，只有在其他学科难以进入时才改投教育学。其结果，教育学的发展陷入恶性循环之中，即从业者素质与学科地位之间的恶性循环。"任何学术性学科，其'个性'的形成不仅有赖于其独特的内容和方法，也有赖于从事这门学科的专家们。正是这批人，即使是在他们对一些基本问题如本学科的范围和适用的认识方法等还莫衷一是的时候，他们也能够为在学术界争得一席之地，为获取公众的承认，当然也为了获得自己的研究经费而联合作战。"① 教育学重建的前提就是必须确立教育学的学科理想，恢复教育学的尊严与想象力。只有自己尊重自己，才有望吸引到更多学术优秀者的加盟，学科的发展才有希望。

其二，在学科规训的基础上，重新考察教育学与其他学科的关系。受福柯对知识与权力关系以及规训制度研究的影响，教育学与其他学科的关系需要重新认识。在学科规训制度的视野里，一方面教育实践规训了所有的学科，是学科形成的基础；另一方面以教育实践方式为研究对象的教育学却困境重重，不被其他学科所认可或斥之为"次等学科"。这种局面的出现不无吊诡的含义。"学科规训从来都负载着教育上难解的谜团，也就是既要生产及传授最佳的知识，又需要建立一个权力结构，以期可能控制学习者及令该种知识有效地被内化。在学科规训制度的年代，我们不过是以现代的严苛方式，活出这古代的吊诡而已。"② 如何走出这种吊诡，重新认识教育学与其他学科的关系呢？首先，必须承认各种教育实践方式虽然在客观上规训了所有的学科（当然也包括教育学自身），但教育实践的本意并不在于此，对学科的规训应该说只是教育实践的副产品。教育学以教育实践为研究对象，但其他学科绝非教育学的研究对象，教育学不是关于学科规训的科学，教育学的主要关注点在于教育实践中人的全面生长与发展、形成与塑造。其次，教育学之外的其他学科需要检讨"学科中心主义"，放弃不合时宜的"傲慢与偏见"，重新认识教育以及教育学之于其学科发展客观存在的重要的或直接或间接的关系。再次，教育学是一门独特的学科，由于教育实践规训了包括教育学在内的所有学科，而教育学又是以教育实践本身为研究对象而建立的学科，因此在学科类型上教育学既不同于人文科学的相关学科，也不同于社会科学的相关学科，教育学先天地具有学科的综合性，是一门独特的综合性学科。

其三，通过理论研究挖掘本学科独特的理解方式。学科源于知识分类，学科分类与知识分类存在一致性。在早期的知识分类中，不同类型知

---

① 赵中建，顾建民. 比较教育的理论与方法——国外比较教育文选 [C]. 北京：人民教育出版社，1994：318.
② 华勒斯坦，等. 学科·知识·权力 [M]. 刘健芝，等，编译. 北京：生活·读书·新知三联书店，1999：79.

识的区别主要在于对象的不同与方法的差异。早期学科的概念也一直与"以独特的方法研究特定的对象"的观念联系在一起。今天知识分类与学科分类的关系面临新的挑战。"某一现象领域可与不同的方法联姻,某一方法可以涉足不同的现象领域,大量新方法、新思维的新表现……使学科的分类与知识分类之间失去了原有的和谐。"[1] 基于此,方法与学科之间的线性关系遭到了人们的质疑,方法的独特性不再构成当然的学科标准,方法以及方法论在学科标准中的重要性逐渐淡化。在回顾科学社会学的兴起与"专业的专门研究方法"之间的关系时,默顿就曾指出:"定性和定量的内容分析以及相关的历史人类学研究方法,主要是通过两条路径进入正在发展中的科学社会学的。这些分析方法和研究方法在很大程度上是由其他学科发明和开发的,然后经过应用、修改和扩展,为这个新专业的实质性问题的经验研究提供了工具。……后来,那些研究方法得到了发展,成为了科学社会学这个学科专门方法。"[2] 学科发展的实践证明,无论是方法或方法论都不是学科的当然标准。既然如此,方法之于学科是不是一个可以抛弃了的概念呢?当然不是。方法之于学科还有着更为深刻的含义,学科离不开方法。不过要使这一概念持续具有生命力、解释力,方法的内涵必须更新。当"学科"的概念与实践已经发生变迁之时,如果"方法"的概念没有相应的更新,还继续以旧的"方法"讨论新的"学科",在话语的历史长河中,这无异于刻舟求剑。

那么应如何理解"方法",应如何在学科的层面上,在学科与方法(论)关系的层面上重新阐释"方法"的内涵呢?"人们使用'……的方法论'这个措词往往是极为含糊的。方法论这个术语有时是用来指一门学科的技术步骤,这就完全成为方法的同义词。然而,这个术语更经常的是用来指对论证一门学科的概念、理论和基本原理的研究。"[3] 学科与方法(论)之间存在着深层互动。独特的方法以及方法论的运用可以促进学科

---

[1] 唐莹. 元教育学 [M]. 北京:人民教育出版社,2002:393.

[2] 罗伯特·K. 默顿. 科学社会学散忆 [M]. 鲁旭东,译. 北京:商务印书馆,2004:66.

[3] 马克·布劳格. 经济学方法论 [M]. 黎明星,等,译. 北京:商务印书馆,1992:序.

的成熟,学科的成熟又可以促进学科方法与方法论的完善以及影响范围的扩大。"方法论问题并不仅仅同如何科学客观地描述研究对象紧密联系在一起,而且也和学科本身内在的思维逻辑密切相关。"[①] 借鉴科学哲学与科学社会学的研究,在学科视界与理解方式上,"方法"的内涵接近于拉卡托斯的"研究纲领"[②]、科恩的"范式"[③] 或拉里·劳丹的"研究传统"[④],相当于一种研究视角、学科立场、理解方式或学科视界,即该学科如何提出问题、分析问题以及解决问题。教育学的重建需要超越对传统学科研究方法及方法论的解读,需要在学科视界与理解方式的层面上重新阐释"教育学"的"方法",即把教育学本身作为方法。只有当教育学不仅是一门课程、一种理论,而且可以作为一种方法(论)或成为一种可以供其他学科借鉴的方法(论)时,教育学才称得上完备的学术性学科。实践证明,成熟的学科及该学科的方法论将共享一个名字。一门学科即意味着一种方法和方法论。教育学只有发展出了自己独特的学科视界与理解方式,方可建立起自己的学术传统与学科规范,进而才可以形成真正意义上的学科。此时教育学将不仅是一门学科的名称也将是一种方法的代称。

---

① 项贤明. 比较教育学的立足点和方法论 [J]. 比较教育研究,2001(9):5.
② 参见:伊姆雷·拉卡托斯. 科学研究纲领方法论 [M]. 兰征,译. 上海:上海译文出版社,2005.
③ 参见:科恩. 科学中的革命 [M]. 鲁旭东,等,译. 北京:商务印书馆,1999.
④ 参见:拉里·劳丹. 进步及其问题——科学增长理论刍议 [M]. 方在庆,译. 上海:上海译文出版社,1991.

第十六章

教育的复杂与复杂的教育研究

人类社会中教育是最为人熟知的领域之一。但"熟知"也导致了人们对于教育的"无知"。就像苏格拉底曾经嘲讽过的那位大诗人，整天在写诗，却不知道什么是诗。现实社会中的每一个人无论是基于直觉还是基于经验，也无论主动还是被动，都会参与教育过程。几乎每个人在一生中都会扮演教育者和受教育者两种不同的角色。以自身的经历为基础，教育通常被认为是一种自然而然的事情。实践中，教育过程简单明了，关于教育的知识似乎也无甚高深。但事实上，真正的教育又是高度复杂的，越抵近人性的深处，教育就越复杂。"一种正确的哲学一般认为人是理性的、道德的和精神的生物，所谓改善人，意味着他们理性、道德和精神诸种力量的最充分的发展。一切人都有这些力量，一切人都应最充分地发展这些力量。"[①] 教育的最终目的就是要充分地发展人的理性、道德和精神诸种力量。日常生活以及学校教育过程中所呈现出的教育，基于效率的考量对于人性的因素进行了过滤或删减，这种被简化的教育活动实际上相当于教学活动，自然显得非常简单。教育研究也一样。很多研究根本不是在研究教育而只是在讨论我们对待教育的态度或办学的条件。严格说来，那些不触及人性，不能改善人的活动不能称之为教育而只能称之为教学或训练；那些不涉及教育本身而只是探讨教育条件或相关问题的研究也不能称之为好

---

① 杨东平. 大学二十讲 [C]. 天津：天津人民出版社，2009：252.

的教育研究。真正的教育首先要有人的概念，其次引导人区分善与恶，最终让人成为人。好的教育研究首先要关照教育本身而不只是教育的条件。本质上由于涉及人性的培养，教育是复杂的。面对复杂的人性和复杂的教育，真正的教育研究也是复杂的。

第一节　教育的复杂

教育作为人类最为根本的实践活动之一，是一个极为特殊的领域。教育是如此的普遍，又是如此的稀缺。我们对教育是如此的熟知又是如此的无知。很多时候所谓的教育只是看上去像教育，而实际上并非真正的教育。一方面人类生活的所有活动看起来无不沾染有教育的成分或具有教育的意义，因此形式上教育是普遍的，无处不在；但另一方面无论在任何时代，也无论在任何国家，真正的教育又总是稀缺的，和庞大的人口数量相比，真正可以称之为"受过教育的人"也总是少之又少，绝大多数人全力以赴所追求的不过是教育的替代品，即文凭。但事实上，直到今天，人们也没有一个明确的标准可以据此判断什么是教育，什么不是教育，更不用说区分什么是好的教育，什么是坏的教育。对于普通人，教育的真伪根本无从辨认。即便是专业的研究者有时也难以区分好的教育与坏的教育。所谓真正的教育或教育自身似乎只是学者关于教育的"理念"或"形相"，而非现实。更何况，按照智者派的说法，"'貌似'远胜'真是'，而且是幸福的关键"[1]。智者派的思想颇有"难得糊涂"的味道。与智者派的哲学主张不同，苏格拉底则认为，"真的"才是"好的"。我们需要"好的教育"而不是"坏的教育"。教育的目的是改善人，使人成为好人，不能使人变好的教育不是教育，而是别的什么东西。"一个儿童从小受了好的教育，节奏与和谐浸入了他的心灵深处，在那里牢牢地生了根，他就会变得温文有礼；如果受了坏的教育，结果就会相反。"[2] 基于对学校教育的不

---

[1] 柏拉图. 理想国 [M]. 郭斌和, 张竹明, 译. 北京：商务印书馆, 2012：53.
[2] 柏拉图. 理想国 [M]. 郭斌和, 张竹明, 译. 北京：商务印书馆, 2012：110.

满,尼采在《道德的谱系》一书中把原先称之为"教育"(Erziehung)的东西,决定性地称为"奴役"(Züchtung)。[①] 而在《论我们教育机构的未来》一书中,他又进一步区分"真教育"和"伪教育",对"教育机构与生计机构的对立"进行了深刻剖析。[②] 尼采之后,对于现代教育的批评更是甚嚣尘上,教育危机之说不绝于耳。究其根源,教育是复杂的。真的教育总是被貌似的教育替代,好的教育永远是稀缺的。

　　古典时期,由于知识的分化程度不高,学科的专业化尚未萌芽,学校制度也没有建立,教育乃全人教育,是人之为人的整体之事。"个人是由不同的实体(Entities)组成的,教育应该使得这些分离的实体完整合一。"[③] 在那一时期,"好的教育"就是"真的教育","真的教育"也就是"好的教育",教育本身就是为了培养一个完整的人。对于"教育"而言,所谓"好"主要和功能的充分发挥相关而不只是道德意义上的概念,"好的教育"和"好人"一样具有终极目的性,即功能或潜能本身的完全实现或展现。在德性的意义上,"好"就是"卓越"。无论对于人还是教育本身,只有"好",没有"更好"。"更好不是好。""更好是比较的结果"[④],是现代社会竞争性体制的产物,是学校教育高度制度化的结果。在古希腊,"好的教育"与"最大的学习"相对应,最终的目的都是要获得关于善的理念,即"给予知识的对象以真理,给予知识的主体以认识能力的东西"[⑤]。现代以来,由于制度化的加剧,以学校为组织载体,谋生式的教育不断挤占生活意义的空间,教育活动被社会分工和科学的专业化不断地"肢解","以至于教育除了是学习一种特定的技术职业之外,便没有多大

---

① 尼采. 快乐的科学 [M]. 黄明嘉,译. 上海:华东师范大学出版社,2007:96.
② 弗里德里希·尼采. 论我们教育机构的未来 [M]. 周国平,译. 南京:译林出版社,2012:65.
③ 克里希那穆提. 一生的学习 [M]. 张南星,译. 北京:群言出版社,2004:6.
④ 克里希那穆提. 教育就是解放心灵 [M]. 张春城,唐超权,译. 北京:九州出版社,2010:61.
⑤ 柏拉图. 理想国 [M]. 郭斌和,张竹明,译. 北京:商务印书馆,2012:270.

的意义"①。真正的教育被学校制度所化解或简化。在此背景下，现实存在的就是合理的，教育的真伪之辨无形之中被消解，"好的教育"被降格为品质性的概念（好还可以更好）而不再是教育的终极性目的，关于"善的理念"更是被"可见的知识"所取代。随着知识在教育活动中地位的日益突显，教育不再追寻人生的意义而逐渐演变成了知识的教育。由于"这些知识是关于事物、自然以及我们外在的一切，当我们想了解自己时，我们就求助于那些描述我们自身的书籍。于是这个过程不断继续，渐渐地我们变成了'二手人'。这是一个明显的事实，整个世界都是如此。这就是我们的现代教育"②。某种意义上，现代教育放弃了"好人教育"的哲学，功利主义取代了教育的本体论。

与古典教育相比，现代教育本身就存在一种"教育的悖论"，即学校作为普及教育的机构反倒使真正的教育成为不可能。在制度化的学校里，"现在我们只强调职业，而完全忽略了善的绽放"③。在政治论哲学的主导下，政府关心的主要是学校制度的完善而不是教育本身的繁荣。在现代社会过度注重"可比性"的思维框架下，根据可度量的方式，学校成功了而教育失败了。由于"人性注定了什么样的人都有"④，真正的"教育必须是非常个人的一件事"⑤，"不能像制造机器似的大量生产"⑥，但是现代学校教育的本质属性就是大规模和标准化。由于难以真正做到"因材施教"，也不想"因材施教"，在现代学校里教育的结果具有极端的不确定性，"无

---

① 克里希那穆提. 一生的学习［M］. 张南星，译. 北京：群言出版社，2004：6.
② 克里希那穆提. 教育就是解放心灵［M］. 张春城，唐超权，译. 北京：九州出版社，2010：20.
③ 克里希那穆提. 教育就是解放心灵［M］. 张春城，唐超权，译. 北京：九州出版社，2010：25.
④ 赵汀阳. 论可能生活［M］. 北京：中国人民大学出版社，2010：156.
⑤ 玛莎·纳斯鲍姆. 培养人性：从古典学角度为通识教育改革辩护［M］. 李艳，译. 上海：上海三联书店，2013：18.
⑥ 克里希那穆提. 一生的学习［M］. 张南星，译. 北京：群言出版社，2004：107.

法造就一个圆满的个人"①。在好的天赋与差的天赋，好的教育与坏的教育的交叉作用下，由于好的教育永远稀缺，真的教育被伪教育所取代。通常情况下，总是多数人为了少数人的教育而成为了学校教育的牺牲品或失败者。

现代人对于现代教育的不满，一方面源于现代教育自身的不足，另一方面则源于现代人对于古典教育的美好想象。某种意义上，古典教育是一种被建构出来的用以拯救现代教育的乌托邦。古典主义者对待现代教育的态度，首先是把古典教育想象成不可思议的好，而后再批评现代教育缺少了古典教育所具有的某些特征。这一点非常像"古希腊和罗马在描述遥远国度时，采取的办法往往是先把'他国'想象成不可思议的不同，而后批评该国缺少希腊或罗马的文明特征"②。试图在现代社会回到古典已不可能。古典教育的典范也不是医治现代教育"病"的万灵药。严格来讲，古典教育与现代教育虽然同为教育，但在本体论上二者已经有了质的不同。毕竟教育的"形成史"和教育的"现在史"并非一回事。与古典教育中的教育相比，现代教育中的教育只不过是"学校教育"（Schooling）的代名词，就像从古典到现代，变化的绝不只是时间坐标而是整个时代精神。从"教育"到"学校教育"发生转变也绝非只是空间位置而是内在逻辑。

古典教育指向于每个人的幸福和至善，追求永恒不变的知识和美德。现代教育则植根于功利主义，完全服从于工业社会中投入与产出、生产与消费的逻辑。现代教育背离了19世纪德国大学改革过程中所涌现出的那种新的教育概念（Bildung），而仅仅侧重于教育的一个方面，主要指的是英语的education和法语的éducation——培养或培训以及预期的"文化程度"，还有随之出现的教学纲要、费用和学习课程等。③ 现代社会中标准化的学校已不适合于对人的教育，至少无法提供好的教育或真正的教育。就

---

① 克里希那穆提. 一生的学习［M］. 张南星，译. 北京：群言出版社，2004：7.

② 玛莎·纳斯鲍姆. 培养人性：从古典学角度为通识教育改革辩护［M］. 李艳，译. 上海：上海三联书店，2013：118.

③ Birgit Sandkaulen. 教育：人类实践的根本性事务［N］. 谢永康，译. 中国社会科学报，2011-03-08.

"教育"的源始而言,"教育的所有意义,从赋形性的构造和创造性活动,从活动性的发展,从奠基和结构,从某种特定能力的培训和确立到知识的获取,都不是一种为了外在目的的手段,而首先是以自身为目的"①。作为工业社会的产物,学校的内在运行机制与真正的教育逻辑相冲突,实质上不过是工厂的翻版。遗憾的是,人类至今也没有创造出比学校更好的组织制度。

教育的复杂除了体现在古典与现代的冲突之外,还表现为现实与未来之间的紧张。教育虽然没有乌托邦,但教育又必须蕴涵可能性。现实世界虽然被民族国家制度锁定,但基于普遍的人性,从古至今哲学家或艺术家一直都有世界公民的理想。古希腊时亚里士多德曾区分"一个好人"和"一个好公民":"好公民不能以唯一的一种德性为完满。""不存在对于公民而言的统一标准,却存在决定一个好人的单一德性。""在单纯意义上最优良的政体中,善良的人与善良的公民才是同一的,而在其他政体中,所谓善良的公民只是相对于其各自的政体而言。"② 在《理想国》中苏格拉底之所以坚持要由"哲人王"来统治"理想城邦",就是要使好公民成为好人。"好人"的概念与"世界公民"有相通之处。但"公民"本身是一个政治性的概念,国家标明了公民的界限。所谓"世界公民"已不是"公民",而相当于人性意义上的完人或德性意义上的好人。"国家是一个概念,而人,虽然生活在国家里面,却不是一个概念。""从心理上说,一个人就是整个人类。"③ 只有每一个人都既是个人又是整个人类,世界公民才是可能的。教育的目的就是让大家明白,每个人都属于"两个世界:一个真正伟大却又的确平凡……我们身处其中看不到尽头,只能用太阳来丈量国家边界;另一个则是我们的出生之地"④。每一个人都既属于某个国家又

---

① Birgit Sandkaulen. 教育:人类实践的根本性事务 [N]. 谢永康,译. 中国社会科学报,2011-03-08.

② 余纪元. 德性之镜:孔子与亚里士多德的伦理学 [M]. 林航,译. 北京:中国人民大学出版社,2009:208.

③ 克里希那穆提. 教育就是解放心灵 [M]. 张春城,唐超权,译. 北京:九州出版社,2010:17.

④ 玛莎·纳斯鲍姆. 培养人性:从古典学角度为通识教育改革辩护 [M]. 李艳,译. 上海:上海三联书店,2013:45.

属于整个人类，每个人既是民族的也是世界的。政治赋予了人以公民的合法性，人性则奠定了人作为世界公民的可能性。

从古希腊那时起，斯多葛学派就认为，"世界公民（Kosmou Polites）这一概念有其本质上的价值：因为它认可了人们身上固有的最值得尊敬和承认的东西，即他们对正义和美德的渴望以及他们在这方面的理性能力"[①]。当前世界各国的教育过程中关于人的理想只能在人类主义和民族主义或国家主义之间徘徊，暂时仍然无法完全实现把人培养成世界公民的理想，但我们不能因为现实性而否认未来性，也不能因为公民教育的政治合法性就否认世界公民的可教育性。一种好的教育并不恰好就是我们所喜欢的或习惯的教育，有时甚至会恰恰相反，好的教育乃是一种致力于培养"好人"的教育。世界公民就是现代社会中可以期待的"好人"。就像在理论上好人与好公民存在共通之处一样，公民与世界公民间在实践中也绝非不可通约。教育的理想就是要尽力拉近人在"两个世界"之间的距离。当然，世界公民的理想并不意味着每个人可以无视自己所处的具体位置，更不是去想象自己不属于任何地方。世界公民的前提是每一个人都必须履行自己所在国家或地区的特殊义务，然后才是基于人性的普适价值。"教育的首要目的是要知道对人来说什么是善的。要按照各种善的次序来认识善。价值是有等级的。教育的任务就是帮助我们了解这个价值等级，建立这个价值等级，并且以这个价值等级为生。"[②] 即便在超国家主义的世界体系里仍然要先是国家公民，然后才能是世界公民。无论如何，一个人只有先了解自己的国家然后才能超越国家，理解整个世界。

第二节　复杂的教育研究

教育植根于人类社会，是社会的事业，是联系人与社会的中介。无论何时，只要人类还在追求可能的生活，人类的教育都会有多种可能的世

[①]　玛莎·纳斯鲍姆. 培养人性：从古典学角度为通识教育改革辩护［M］. 李艳，译. 上海：上海三联书店，2013：46.
[②]　杨东平. 大学二十讲［C］. 天津：天津人民出版社，2009：253.

界。无论历史上还是现实中,"教育会随着时间和地点的不同而发生无穷无尽的变化"①,教育过程中被视之为构成原因的一组力量和任何教育结果之间的关系都处在变化中。当社会或历史阶段发生变化时,曾经非常成功的教育形式常常会以失败而告终。我们今天正在经历的教育其实是过去的教育在今天的延续,而我们今天所设想的未来的教育也不可能凭空产生,而只能在现实的教育中创生或萌芽。对于教育而言,过去、现在和将来既是分离的,又是一体的,教育的成功与失败依赖于当时的种种细节。历史的长河中,人类的教育在时空的演变中既有变又有不变。而教育的变与不变本身又具有一定的相对性。一方面由于社会结构和社会需求的变化,不同时代教育的宗旨会各不相同。"教育在中世纪是苦行主义的,在文艺复兴时期是自由主义的,在17世纪以文学为取向,在我们的时代以科学为取向。"② 但另一方面无论哪个时代也无论哪个国家,人的本性又都基本上是一样的。教育以人的本性为基础,总体上还是稳定的。为了人的教育的核心总是围绕着关于人的理想来选择知识并塑造理想的人。

由于教育如此普遍和重要,对于教育的"研究"或"沉思"也是人类文明的原点所在。经过几千年的持续的探索,当前人类已经积累了大量关于教育何以可能以及如何运行的知识,但教育毕竟完全是人类的事业,绝非一种自然的存在,对于什么是教育及其如何运行的理解绝不能仅仅依靠理性和科学,而是离不开实践智慧。"纯粹理性思考的是永恒不变的事物,实践理性思考的是偶然(Contingency)发生的事物。"对于二者的区别,按金岳霖先生的概括就是"理有固然,势无必至"。"实践者必须估算的,是'势'而不是'理'。"③ 由于教育本身的不确定性,人类关于教育的所有知识都是可错的,或不确定的。无论何时,人类必定还有很多关于教育的东西是不完善的。在真实的社会过程和教育过程中,为了能应付那些

---

① 爱弥尔·涂尔干. 道德教育[M]. 陈光金,等,译. 上海:上海人民出版社,2001:303.

② 爱弥尔·涂尔干. 道德教育[M]. 陈光金,等,译. 上海:上海人民出版社,2001:351.

③ 汪丁丁. 新政治经济学讲义——在中国思索正义、效率与公共选择[M]. 上海:上海人民出版社,2013:460.

"预料不到的事情的发生",所需要的是一种教育家能力(实践智慧)而不仅仅是教育学知识。知识不能直接产生智慧。智慧只会出现在知识结束的地方。① 期望按照学到的教育学知识就可以明智地行动,是绝不可能的。"教育科学不是不可能的,但教育本身却绝不是科学。""教育介于艺术和科学之间。"② 由于教育学本身主要是一种实践理论,教育过程更强调实践智慧而不只是工具性知识。由于人性的不确定性,关于人的知识必然具有不确定性。但不确定性并不必然意味着一种缺陷,而是一种正常的状态。"实践科学能得到的知识只能是一种大致上如此的知识,既不普遍,也不必然。"③ 我们不可能要求教育学像数学一样精确。对于教育学而言,真理不是没有,而是稀缺的。我们不能为了教育学的学科需要而以规律的名义建构教育学真理。

与那些基于纯粹理性的科学相比,教育学"不通过科学的方法来研究教育体系,但是,它却对这些教育体系进行了反思,从而为教育者的活动提供具有指导意义的观念"④。长期以来,由于关于教育的知识过于凌乱、无序,且缺乏科学的研究方法作为基础,教育学作为一门学科或科学一直备受争议,被称为"捉摸不定的科学"⑤。但事实上,无论哪个领域,绝对科学的方法并不存在。无论何时,那些所谓的"科学方法"只会造成对教育问题的过度分析而不可能克服教育实践或教育知识的不确定性以及教育学科的非科学性。根据科学哲学的共识,科学本身就是一个试错的或推断的过程。"没有专属于科学的,保证能够产生真的、可能真的、几乎是真

---

① 克里希那穆提. 教育就是解放心灵 [M]. 张春城,唐超权,译. 北京:九州出版社,2010:14.
② 爱弥尔·涂尔干. 道德教育 [M]. 陈光金,等,译. 上海:上海人民出版社,2001:5-6.
③ 余纪元. 亚里士多德伦理学 [M]. 北京:中国人民大学出版社,2011:23.
④ 爱弥尔·涂尔干. 道德教育 [M]. 陈光金,等,译. 上海:上海人民出版社,2001:335.
⑤ 埃伦·康德利夫·拉格曼. 一门捉摸不定的科学:困扰不断的教育研究的历史 [M]. 花海燕,等,译. 北京:教育科学出版社,2006:1.

的或经验上更正确的结果的推理模式和'科学方法'。"① 现代以降，人类知识领域中的科学主义不过是由于自然科学的成功而激起的其他学科的从业者对于自然科学方法与技术的拙劣的模仿。自然科学的成功并不意味着其他学科采用同样的方法和技术也同样可以取得成功。由于人性的介入，与自然的复杂相比，作为社会现实的教育活动更加复杂。"现实是无限复杂的；因此，我们只能缓慢地、艰苦地表达现实，只能通过运用各种由明确概念组成的复杂体系来表达现实；事实上，我们永远都只会得到对现实的一种不完善的表达。"② 那种基于学科的自利性，试图借用数理分析和科学方法论的帮助以期望教育研究看起来更科学的做法有时恰恰会阻碍了教育学科的发展。教育学科涉及人与社会两大范畴，兼有人文学科与社会科学的双重属性。"对自然科学来说很必需的量化太过频繁地只用于掩饰隐含的概念和范畴的晦涩或空洞；对方法论的技术性的过度关注太过频繁地替代了真实的独创性或深度。"③ 在此情况之下，那些精致的统计方法和量化的实证研究对于人们理解和实施真正的教育毫无意义。

人类对于教育的认识既不能像对于自然的认识那样持一种当然的态度，也不能像文学艺术创作那样持有想当然的态度。教育的存在形式既有客观的必然性的成分又有偶然性的因素。"教育汇聚了随着时间推移而慢慢组织起来的各种仪轨和制度，它们既可以与所有其他社会制度相比拟，也表达了这些社会制度，因此，教育体系与社会结构本身一样，是不会随意发生变化的。"④ 对于教育的探究需要实践智慧，需要充分考虑教育实践的复杂性，绝不能为了统计的需要而轻率地把复杂性转化为简单性。虽然从认识论的角度看，简单性是一个理想的极限，在简单性的模型或框架下，便于抽象演绎出普遍性的规律，但在本体论的意义上，现实中从来就

---

① 苏珊·哈克. 理性地捍卫科学——在科学主义与犬儒主义之间 [M]. 曾国屏，袁航，等，译. 北京：中国人民大学出版社，2008：9.
② 爱弥尔·涂尔干. 道德教育 [M]. 陈光金，等，译. 上海：上海人民出版社，2001：269.
③ 苏珊·哈克. 理性地捍卫科学——在科学主义与犬儒主义之间 [M]. 曾国屏，袁航，等，译. 北京：中国人民大学出版社，2008：163.
④ 爱弥尔·涂尔干. 道德教育 [M]. 陈光金，等，译. 上海：上海人民出版社，2001：304.

没有简单性，而只有复杂性。复杂性并不是教育所独有的，但教育的复杂性却是特殊的。人类社会一切事物都是复杂的。所有的研究都必须有复杂性的意识，而不能基于简单性假设来削足适履。但强调教育的复杂性和特殊性既非要倡导一种教育的特殊论，也并非要宣扬一种蒙昧主义或教育的不可知论，更不是要否认教育学真理的存在，而是要防止简单性思维可能带来的认识误区，警惕并避免一种草率的理性主义。

虽然教育本身是复杂的，但教育研究中基于简单性假设而引申出来的结论并非都必然要被撤销。教育的复杂性和简单性不是两个极端，而是两个方面。简单性中有复杂性，复杂性中有简单性。教育研究中要该简单时简单，该复杂时复杂。把简单的问题复杂化和把复杂的问题简单化一样糟糕。和其他学科的研究类似，当前的教育研究虽然也有把简单问题复杂化的趋势，但总体上由于实证主义研究范式的影响，把复杂问题简单化的做法更加普遍。"现代的许多'知识'就是建立在一些不可能的'理论模型'垃圾之上的，它们都否认世界的真实的存在论条件，任意改动世界的面目。人的多样化和世界的丰富性是决不可以削减的世界存在论条件，如果随便改动世界的存在论条件，那么我们这个世界不存在。我们必须警惕现代知识（特别是经济学、社会学和知识论）为了知识体系自身的一致性和知识生产的便利而对世界画面的随便改动。"① 真实的教育必须直面人的复杂性和社会的不确定性。有价值的教育研究也必须直面教育的复杂性和不确定性。不过，人性的复杂和社会的不确定并不意味着教育的不可能。教育的复杂也不意味着教育研究的不可能。即便教育学没有发现真理仍无碍人类教育的进步。人类教育的发展并非一定要以完美的关于教育的确定性知识为前提。

第三节 教育及其研究的旨趣

教育的复杂源于人性的复杂。本质上，教育只能是为了人的教育。

---

① 赵汀阳. 论可能生活 [M]. 北京：中国人民大学出版社，2010：157.

"人在严格意义上说是生物进化中已知的最后变体,而且是最复杂的、行为最可塑的,也是最不可捉摸的变体。"[1] 由于人性的复杂和不确定性,在教育领域不可能存在决定论,至少人类的教育行为绝不会存在自然科学意义上的规律所描述的那种带有强制性的运行法则。"即使存在能支配在不同社会中表达出的人类本性的所有方面的规律,即使这些规律是为我们所知的,但仍然不仅存在大量的细节需要去发现,而且存在自我实现的(自我破坏的)预测的很多分支,同样存在永远未定的可能性,即在新的社会安排中那些规律又有新的表现。"[2]

除了培养人性并受人性影响之外,教育本身还是一种社会建制或社会事业,是人类社会大系统中的子系统。社会实践中教育系统既影响其他社会子系统也会被其他社会子系统所影响,彼此间共生演化。有什么样的社会结构就会有什么样的教育实践,有什么样的教育实践也就会有什么样的社会结构。教育既改变着政治、经济领域的价值观,也会被政治、经济领域的价值观所改变。人类社会在教育与政治、经济的互动中,"教育本身可以服务于各种事业,好的或坏的事业"[3],教育既可以促进人类社会的进步也可能会阻碍人类社会的进步。

由于教育实践本身的复杂性和不确定性,无论我们的思维在工具性或技术性层面上如何的精致化,关于教育的探究仍不过是人类最为寻常的经验探究的延续而已,教育理论的建构既无法脱离常识理性又要高度依赖于人的直觉。"进化给予人类一种猜测的本能,'即使它出错的时候比正确的时候要多得多,但是它是正确的相对频数是……我们构造活动中最美妙的事'。""这是一种与其他动物辨认掠夺者或食物的非自我意识能力紧密相连的本能。"[4] 那些由纯粹的专业人士基于科学的依据所做出的新颖但愚蠢

---

[1] 路易·勒格朗. 今日道德教育 [M]. 王晓辉,译. 北京:教育科学出版社,2009:105.

[2] 苏珊·哈克. 理性地捍卫科学——在科学主义与犬儒主义之间 [M]. 曾国屏,袁航,等,译. 北京:中国人民大学出版社,2008:162.

[3] 路易·勒格朗. 今日道德教育 [M]. 王晓辉,译. 北京:教育科学出版社,2009:88.

[4] 苏珊·哈克. 理性地捍卫科学——在科学主义与犬儒主义之间 [M]. 曾国屏,袁航,等,译. 北京:中国人民大学出版社,2008:137.

的决策会给教育实践带来巨大的危害。在教育研究中任何以科学的名义所宣扬的方法论主义都难免会造成"智识的眩晕"。就教育而言，科学与常识不是一个连续体的两端而是一个硬币的两面。"科学常常落后于社会科学家、人文学者及一些具有深刻见解的公众成功的直觉"[1]。对于教育问题，任何所谓科学的研究结论都应该和人的常识和直觉相对照，以尽可能避免其关心逻辑的适当性胜过于关心命题的真实性。当然，教育研究中直觉也是有条件的而不是无条件的。和其他很多学术领域一样，很多时候直觉都是天才或大师的特权，并不是每一个人都可以凭借直觉来寻找真理。普通人必须经过严格的科研训练，并遵循规范的研究方法才能从事可靠的科学研究，绝不允许也不可能仅仅根据个人的直觉就随便对于某个科学问题发表意见。

由于自然是不以人的意志为转移而客观存在的，因此，有时科学本身就是目的，但教育研究却不一样。无论何时教育研究本身都不是目的，教育研究必须为了教育，为了人的教育。教育理论必须服务或服从于特定的教育实践，而教育总是具体的时代和具体的国家的教育。中国的教育是基于中国的文明，培养理想的中国人，美国的教育也是基于美国的文明，塑造理想的美国人。"斯巴达的教育，是为了斯巴达人的（Lacedaemonian）城邦而造就斯巴达人的斯巴达文明；在伯里克利（Periclēs）时期，雅典的教育也是一种雅典文明：为了雅典城邦，同时为了雅典人从与自身有关的角度出发所设想的人性，按照这一时期雅典人所构想的人的理想类型来塑造人。"[2] 我们不能也无法把教育从具体的时空限制中抽象出来，更不能事先假定某种教育是理想的，然后试图通过研究将其强加到所有社会或所有个体身上，以培养特定类型的人。教育的演进有其内在的逻辑，我们无法更改教育的历史，也不应试图用纯粹理性来设计教育的现实和未来。"假如罗马教育到处都是类似于我们这个时代的个人主义，罗马城邦就不会维持其本来的样子；拉丁文明也不会得到发展，或者进一步说，作为拉丁文

---

[1] 杰罗姆·凯根. 三种文化：21世纪的自然科学、社会科学和人文学科［M］. 王加丰，宋严萍，译. 上海：格致出版社，2011：68.

[2] 爱弥尔·涂尔干. 道德教育［M］. 陈光金，等，译. 上海：上海人民出版社，2001：275.

明流传下来的一部分,我们的现代文明也不会得到发展。倘若中世纪的基督教社会也像我们这样为自由的探索赋予了一席之地,那么它早就寿终正寝了。"[1] 在特定的时空背景下和具体的社会过程中没有抽象的人性,也没有抽象的教育。抽象的人性和教育仅仅存在于哲学家的观念里。教育研究要探究的就是在什么样的条件下,根据人的理想选择合适的知识进行教育,而不是笼统地培养一般意义上的人或人性。

社会实践中教育的进步受社会环境的强约束,教育本身一旦完成了制度化就会具有某种不可逆性。因此,教育既不会像自然科学那样日新月异,也不会像文学艺术领域那样反复和凌乱。19世纪以来,由于教育的常识逐渐被诸多科学领域或相关的学科"化熟为生",作为科学研究的一种思维定势,人类历史上或现实中所出现的某些关于教育的特殊建制或具体做法一旦在某一特定情境中取得了成功,就很容易被研究者误解为是关于教育的规律或普遍的教育学真理。在对教育的研究和认识中,对任何模式的概括或概率主义的说法,都是草率的或武断的。"科学规律并不仅仅断言一个模式,这个模式只有几个例外:它们精确地预言,并且前提条件是必然的。概括和模式之外总是存在一些例外。此外,概括越宏观,例外存在的可能性也就越大。因此,概括与模式从不可能是规律。"[2] 教育学不是没有真理或不需要真理,而是教育学的真理和其他学科的真理一样,不会那么容易被发现,更没有那么多。在其他学科均没有宣称发现相关真理的情况下,教育学对于所谓教育规律的言说需要特别慎重。毕竟教育学真理的发现除了需要实践智慧之外还要以其他相关学科的真理为基础。无论基于数理逻辑的实证研究还是基于常识经验的规范研究,人类对于教育的认识或关于教育的知识都不能脱离具体的情境与特定的时空。在教育的可能世界里,历史与现实、实然与应然相互纠缠。逻辑的可能性与现实的可能性相互交织。在教育问题上我们既不能以历史来预测未来,也不能以实然排斥应然。反之亦然。教育领域中很多命题既不能决定性地被证实也不能决定性地被证伪。由于决定性证据的缺乏,教育研究中很多问题都处于无

---

[1] 爱弥尔·涂尔干. 道德教育 [M]. 陈光金, 等, 译. 上海:上海人民出版社, 2001:303-304.

[2] E. H. 卡尔. 历史是什么 [M]. 陈恒, 译. 北京:商务印书馆, 2007:导言·19.

解状态，似乎永远也不会有标准答案。至少直到今天整个教育研究中关键性证据仍然还是模糊的，甚至是相互矛盾的或潜在地具有误导性的。

总之，教育是复杂的，人类关于教育的研究像其他领域的科学一样，必然是永恒的事业，教育的进步必定是崎岖而缓慢的（有时会增加真理，有时会改掉错误，但有时也会再次误入歧途，犯下新的错误），绝不存在一劳永逸的概括（不变的规律或永恒的真理）。鲍尔曾在《科学素质及科学方法之谜》一书中精心绘制了一幅"知识漏斗"，详细展示了"所有的人类特性"如何在各种因素的相互作用下生产出知识，并且随着时间的推移这些人类的知识逐渐地从"主观不可靠的"经过层层过滤，最终沉淀为"客观可靠的"的漫长过程。[1] 科学的历史表明，科学的研究绝没有终结者也不会存在终极的真理。教育的研究也是一样。实践中只有自觉认识到人性的复杂才能更好地理解教育。教育研究中也只有自觉认识到教育的复杂才能更好地研究教育本身。任何不是为了人的教育都不是真正的教育或好的教育，任何不是为了教育的教育研究也都不是真正的教育研究或好的教育研究。人类的教育没有普适的规律，教育的研究也没有唯一科学的方法。每一代人都只能尽其智慧和最大努力，来冲破当下时代精神的局限，以促进人类的进步和教育的发展。

---

[1] 参见：苏珊•哈克. 理性地捍卫科学——在科学主义与犬儒主义之间[M]. 曾国屏，袁航，等，译. 北京：中国人民大学出版社，2008：194.

结 束 语

教育是人类最根本的实践，教育研究具有特殊性。由于事关人的形成与塑造，关于教育的研究不能只是将师资的培养和教育的问题作为研究的对象，而是必须着眼于人的发展，与个体生命历程相连接，并激活个体的教育经验。长期以来，教育学作为一门学科，主要以学校教育为研究对象，将关于教育的知识和技术作为谋生的手段，通过师资培养来获得合法性。为了实现"成人"的目标，教育研究需要超越其固有的师资培养和教育改革的学科旨趣，把教育本身作为方法，需要关注个体的生命历程和经验。换言之，教育研究的目的和成果不能只是用于培养师资或驱动教育改革，而是要致力于人的全面发展。

长期以来，对于教育实践和教育研究有很多的误解和很深的偏见。社会科学的视域里，基本上是政治学、经济学和社会学三分天下，历史学、人类学、法学和心理学等学科则相对边缘，而教育学则基本上被排除在社会科学范畴之外。与政治学、经济学和社会学视野中的"实践"相比，教育实践通常处于次要的地位，关于教育的研究也从不被认为是学术性学科。实践中，一提及教育研究或教育学，人们首先想到的就是作为一种社会职业的教师。由于与其他专业性的社会职业相比，教师作为一种职业，其社会地位相对低下，与之相应，教育学也通常被认为是"次等学科"。[1]

---

[1] 华勒斯坦，等. 学科·知识·权力 [M]. 刘健芝，等，编译. 北京：生活·读书·新知三联书店，1999：43.

如有学者所言："因为成为教师并不要求大量的高级训练，教学对工人阶级或者移民出身的人士而言是一门相对容易进入的职业。与教学相关联的是，教育学者也并不普遍地拥有律师和医生的社会威望。"[①] 正是基于这种普遍的"主观事实"和"刻板印象"，萧伯纳曾不无恶意地调侃——"有能者做事，无能者教书。不能教书者，教别人教书"。与之类似，钱锺书先生在《围城》中也曾借学生的视角对于教育学在大学中的地位进行了无情的嘲讽（工学院的学生看不起文学院的，文学院的学生里外文系的看不起中文系的，中文系的看不起哲学系的，哲学系的看不起社会学系的，社会学系的看不起教育学系的，教育学系的学生没有学生可看不起，只好看不起系里的先生）。

教育学作为一门学科在历史上的确是因师资培养的需求而兴起，但这绝不意味着教育学本质上就只能是专为培养教师而存在的学科。教育是人类最根本的社会实践。教育不只是为了培养教师而是培养所有人。按康德的说法，人只有通过教育才能成为人；人只有通过人，通过同样是受过教育的人才能受教育。[②] 没有人可以脱离教育而生存，更没有人可以不经由教育而成人，因此也没有哪个时代人们可以不思考、不研究教育。教育事关人的成长、知识的创新以及文化的传播，事关人的生存和成长，人世间再也没有什么事比人的教育和教育人更复杂、更重要。诚如康德所言："能够对人提出的最大、最难的问题就是教育。"[③] 为了探究人的形成与塑造，在人类的历史上，教育研究的历史比作为一门学科的教育学的历史要悠久得多。因此，从教育的本质出发，教育学本是关于人的成长与塑造的知识体系，而绝不只是用以培养教师的一门"学科"。但现代以降，伴随学校教育的普及以及制度化教育的定型，教育作为人类根本实践的意蕴逐渐消逝，学校教育成了教育的替代品。换言之，现代社会中所谓教育即学

---

① 埃伦·康德利夫·拉格曼. 一门捉摸不定的科学：困扰不断的教育研究的历史 [M]. 花海燕，等，译. 北京：教育科学出版社，2006：233.

② 伊曼努尔·康德. 论教育学 [M]. 赵鹏，何兆武，译. 上海：上海人民出版社，2005：3-5.

③ 伊曼努尔·康德. 论教育学 [M]. 赵鹏，何兆武，译. 上海：上海人民出版社，2005：7.

校教育。为了满足学校教育发展，尤其是义务教育普及的师资需求，教育学逐渐在国家知识生产制度和学科制度中被确定为一门用以满足师资培养需要的应用性学科。人类的教育被学校"简化"为知识传播，关于教育的研究也逐渐被缩小为生产教什么、怎么教、谁来教的知识和技术。结果就是，现代社会中，虽然世界各国的大学里教育学普遍存在，关于教育的论著也可谓汗牛充栋，但现代人对于教育作为人类的最根本实践的认识却仍然很肤浅。究其根本，或许正如"鱼不知水"，"熟知"导致了"无知"。

基于教育实践本身的特殊性，与那些典型的自然科学、社会科学、人文学科的知识生产不同，教育研究是一个综合性的、跨学科的领域。但在现有学科制度框架下，教育研究主要以教育学为基础，而教育学则被定位为一个主要用于师资培养，兼及教育发展的单一性学科。仔细推敲可以发现，一方面单凭这样的教育学根本无法解决教育实践的问题（无论是师资培养的问题还是教育改革与发展的问题），另一方面教育研究也不能完全以解决具体的教育实践问题为出路。否则，关于教育的研究很容易成为"不结果实的树"[①]。要改进人类的教育实践并促进人的全面发展，必须拓展教育学的边界，更新对于教育研究的理解。在现有的学科制度框架下，教育通常只是单纯地被作为研究对象或需要解决的问题。实践证明，这种单纯为解决问题而发起的教育研究，并不总是能够解决教育问题或总是不能真正解决问题。

教育是人类的根本实践，而不只是供各个学科研究的公共问题域。教育是每一个人生命历程中不可分割的组成部分，教育学也是每一个人的教育学。实践中影响人的生长与塑造或全面发展的，有时并不是学院派的教育研究成果，而是那些民间教育学和个体教育学。当然，学院教育学与民间教育学和个体教育学之间，并非截然两分或势不两立。理想情境下，双方应该相互融通或贯通，而不是互相背离。学院教育学主要担负显性知识的生产和传播责任，民间教育学和个体教育学则主要负责缄默知识的生产和传播。但现实的状况是，学院教育学的相关知识生产仅局限于师资培养

---

① 参见：凯勒. 不结果实的树——美国高教研究中面临的问题 [J]. 黄新昌，穆义生，编译. 高等教育研究，1989（2）：94-96.

或教育发展，不打算成为教师或从事教育行政管理工作的人很少接触学院教育学的知识。结果就是，一方面学院教育学无法汲取民间教育学和个体教育学的实践智慧，另一方面由于缺乏高深知识的供给和科学与人文精神的滋养，那些只是基于个体经验的民间教育学受考试竞争的驱动"野蛮"生成，从而不利于人的全面发展。

当然，这并非问题的全部。因为即便学院教育学与民间教育学、个体教育学相互融通，也未必就能够保障人的全面发展或成人。究其根本，可能还是因为真正的教育的发生高度复杂，其复杂性甚至超越了人类理性的边界。因此，在教育实践及教育研究中"简化"或"简单化"就不可避免。道理很简单，既然对于人类而言，什么是真正的教育无论如何也说不清、道不明，甚至没有人可以肯定自己是否经历过真正的、好的教育，因此每一个人都可以或只能按自己的理解以学校教育为替代品来评论教育或开展教育。最终原本是最复杂的事反倒成为了最简单的。这就像当人类面对一种没有特效药的疑难杂症或所谓的绝症时，任何一种荒唐的疗法都可以找到辩护的理由。

抛开那些非制度化的民间教育学或个体教育学不论，大学里的教育研究大致可分为两种，一种是教育学者的教育研究，另一种是与教育相关的学科的教育研究。当前教育学在学科定位上主要服务于师资培养，兼及教育改革和发展；而诸多与教育相关的学科，基于问题研究的逻辑，主要着眼于教育实践中的各种具体问题。不过，无论是聚焦师资培养还是教育改革发展，也无论是教育学还是与教育相关的学科，其对于教育本身或人的全面发展都关注不够。如果说那些与教育相关的学科，基于问题研究的逻辑持有一种工具主义的立场，其研究内容和知识生产忽略了人的成长和塑造，尚且情有可原的话，那么教育学者的教育研究忽略了人的全面发展或人性的培养则是一个极大的错误。与其他学科或学者所从事的教育研究相比，教育学者的教育研究应该更加关注教育本身或教育本体。质言之，教育学者不能只是将教育或教育问题作为研究的对象，研究成果也不能只是为师资培养和发展教育服务，否则的话，教育学将失去根基和存在的必要。

为了实现人的全面发展，教育研究在将教育实践问题作为对象的同时，更需要做的是将教育本身作为一种方法，经由教育研究来认识世界、认识社会，进而经由对教育的探究来确认我们每一个人在世界上和社会上的位置。换言之，作为教育学的研究者，我们探究教育问题的首要目的或主要目的，不完全是在行动或知识的意义上解决教育问题，抑或在技术的层面上生产教育知识或发表研究成果，而应是经由对教育的探究来确认我们与世界、与社会、与他人的关系，即"我是谁""我从哪里来""我要到哪里去"。当然，这样讲也丝毫不意味着发表论文（认识世界）和解决问题（培养优秀的师资或驱动教育改革与发展）不重要，而只是认为作为教育学的研究者，在思考和探究教育问题时应在价值层面上有一个优先序列。具体而言，对于教育学者的教育研究，认识教育本身应是第一位的。只有认识了教育本身，才能认识世界，进而才能改造世界。如果顺序颠倒，可能适得其反。

由于关乎人的形成和塑造，教育学具有强烈的实践性。虽然在修辞的层面上，教育学也可以称之为或自称为"科学"，即教育科学，但教育学的研究者必须清楚，教育学绝不是自然科学意义上的科学，甚至也不是社会科学意义上的科学。与科学相比，教育实践及教育研究更接近艺术或自由技艺，抑或像德鲁克描述管理学那样称之为"一门真正的综合艺术"[①]。教育领域中不存在不变的规律，教育问题的解决遵循的主要是实践逻辑和实践智慧，而不是客观的法则或规律。究其根本，作为个体的人的成长以及作为整体的人类的教育是不断生成的，而不是一种永恒不变的存在。某种意义上，教育以及教育研究都是一种情境性的存在。在思考切近的教育问题时，个人的教育经历将不可避免地成为我们分析、理解，甚至是解决教育问题的某种桥梁或介质。每一个教育研究者都需要反思自己的教育经历和成长，需要在研究教育的同时也将自己作为教育成果的一部分，即通过研究教育寻找到并成长为最好的自己。教育研究有趣的地方就在于，研究者不是或往往不是通过研究教育改变了教育实践，而是首先通过对教育的研究改变了我们自身对于教育的理解，甚至改变了我们自己。实践中，

---

① 参见：彼得·德鲁克. 创新与企业家精神［M］. 蔡文燕，译. 北京：机械工业出版社，2019：推荐序一·XII.

对于教育真谛的追寻就和对人生真谛的追寻一样，是一场值得冒的"美丽风险"①。在此意义上，与单纯地把教育作为研究对象相比，把教育作为方法就意在强调我们在研究中要敢于或必须将个体的教育经验，甚至生命历程问题化，并经由对这些教育经验和生命历程的反思来促进个体的成长。中国传统儒家教育思想中的"学以为己""学以成人"，亦大抵如此。

当前，伴随工业社会向后工业社会的转变，教育之于人的发展和经济社会发展的重要性进一步凸显。伴随着教育的重要性的凸显，教育研究的重要性也将随之凸显。在此背景下，如李泽厚所言："教育学——研究人的全面生长和发展、形成和塑造的科学，可能成为未来社会的最主要的中心学科。"② 相较而言，工业社会中教育之于经济社会发展的重要性主要集中于人力资本的生产，而在后工业社会中教育之于经济社会发展的重要性，除了人力资本生产之外，还要关注人本身的再生产。基于此，教育之于人的生长与塑造，以及全面发展的重要性将愈发突出。此外，与工业社会基于资源和资本的经济社会发展模式相比，后工业社会以知识和创新为基础的经济社会发展模式更加不确定。究其根本，以实物为基础的工业经济，其比较优势相对稳定，一旦取得领先地位，通常可以保持较长的周期；而以智力资本和人的品质为基础的知识经济，其发展充满不确定性，领先的周期往往比较短暂，充满易变性。对于当下我们正在进入的这种全新的时代背景，有学者援引 20 世纪 90 年代的一个军事概念，将其称之为"VUCA"时代。③ 所谓"VUCA"就意味着人和组织将处于"不稳定"（Volatile），"不确定"（Uncertain），"复杂"（Complex）和"模糊"（Ambiguous）状态之中。

在这种全新的生存环境中，要实现人类社会的可持续发展，教育无疑是最可信赖的基石。"在这样的背景下，教育要从过去的消除无知转变到应对新的挑战，这种挑战不仅来自人们面临的问题本身，而且源自我们的

---

① 格特·比斯塔. 教育的美丽风险 [M]. 赵康，译. 北京：北京师范大学出版社，2018：1.
② 李泽厚. 世纪新梦 [M]. 合肥：安徽文艺出版社，1998：17.
③ 哈佛商业评论. VUCA 时代，想要成功，这些原则你一定得明白（《哈佛商业评论》增刊）[C]. 杭州：浙江出版社集团数字传媒有限公司，2018：1.

生存环境。"① 这种全新的生存环境既对于教育变革提出了挑战也为教育研究提供了机遇和舞台。具体而言，在以教育为支柱的后工业社会中要充分释放教育的潜力，必须转变我们对于教育研究和教育学的理解。只有通过拓展教育研究的范围，并调整教育研究的智识取向，即重新理解教育研究，才能既可以满足教育服务经济社会发展和人的发展的需要，也有利于教育研究自身的转型。在一个易变的、充满不确定性的、复杂的、模糊的社会里，只有通过教育研究切实改进人类教育实践以满足"人的再生产"②的需要，才能维持经济社会发展，即"物的再生产"的可持续性。如果我们仍然沿袭旧的传统，将教育学只是作为一门培训师资或为发展教育事业提供服务的应用性学科，教育学不可能成为"未来社会的最主要的中心学科"。究其根本，仅凭教育学的知识既不可能培养出优秀的师资，也不可能确保教育事业的繁荣。实践证明，很多优秀的教师并非源于教育学科的训练，否则我们无法解释同样受过教育学科训练的教师为什么有那么多平庸之辈。同样，很多好的教育实践与政策也并非教育学科专家的智识贡献，而是源于教育实践工作者或政策企业家基于政治、经济、社会等条件的理性判断和有效行动。

归根结底，教育学的研究对象应是作为人类最根本实践的教育，教育研究应为教育实现"成人"的目标提供智识保障。教育不只是学校教育，学校教育只是教育的简化或替代品。教育学的学科建设也不能只是为了满足学校教育发展的需要而局限于师资培养和教育改革。虽然现有学科框架下，师资培养和驱动教育改革与发展都是教育学学科建设的题中应有之义，但这绝不意味着二者就是教育学的应然归宿或全部任务。从教育作为人类最根本的实践出发，教育学对于世界、社会和人的发展的影响，需要以每一个人所接受的教育实践为途径，教育研究也需要以促进"教育让人成为人"为智识目标，而不只是聚焦师资培养或驱动教育改革。事实证明，过度聚焦于师资培养和教育发展这种实用主义的学科建设策略极大地

---

① 席酉民. 理性"狂"言：教育之道［M］. 北京：中国人民大学出版社，2016：4.
② 项飙，吴琦. 把自己作为方法——与项飙谈话［M］. 上海：上海文艺出版社，2020：247.

束缚了教育学的学科想象力。面向未来,教育研究不能局限于师资培养之需或教育改革与发展之学,而应以"研究人的全面生长和发展、形成和塑造"为学科建设的中心目标,关注每一个人"经由教育或基于教育的成长"。唯有如此,教育学才有可能"成为未来社会的最主要的中心学科"。

主要参考文献

1. ［德］第斯多惠. 德国教师培养指南［M］. 袁一安，译. 北京：人民教育出版社，1990.

2. ［德］弗里德里希·尼采. 作为教育家的叔本华［M］. 周国平，译. 南京：译林出版社，2012.

3. ［德］弗里德里希·尼采. 论我们教育机构的未来［M］. 周国平，译. 南京：译林出版社，2012.

4. ［德］弗里德里希·尼采. 快乐的科学［M］. 黄明嘉，译. 上海：华东师范大学出版社，2007.

5. ［德］韩炳哲. 倦怠社会［M］. 王一力，译. 北京：中信出版社，2019.

6. ［德］克里斯托夫·武尔夫. 教育人类学［M］. 张志坤，译. 北京：教育科学出版社，2009.

7. ［德］莱辛. 论人类的教育——莱辛政治哲学文选［M］. 朱雁冰，译. 北京：华夏出版社，2008.

8. ［德］马克斯·韦伯. 新教伦理与资本主义精神［M］. 马奇炎，陈婧，译. 北京：北京大学出版社，2012.

9. ［德］诺博托·霍尔斯特. 何为道德——一本哲学导论［M］. 董璐，译. 北京：北京大学出版社，2014.

10. ［德］瓦尔特·本雅明. 本雅明论教育：儿童·青春·教育［M］. 徐维东，译. 长春：吉林出版社集团有限责任公司，2011.

11. ［德］沃尔夫冈·布列钦卡. 教育科学的基本概念：分析、批判和建议［M］. 胡劲松，译. 上海：华东师范大学出版社，2001.

12. ［德］沃尔夫冈·布列钦卡. 教育知识的哲学［M］. 杨明全，等，译. 上海：华东师范大学出版社，2006.

13. ［德］雅斯贝尔斯. 什么是教育［M］. 邹进，译. 北京：生活·读书·新知三联书店，1991.

14. ［德］伊曼努尔·康德. 论教育学［M］. 赵鹏，何兆武，译. 上海：上海人民出版社，2005.

15. ［法］艾德加·莫兰. 社会学思考［M］. 阎素伟，译. 上海：上海人民出版社，2001.

16. ［法］爱弥尔·涂尔干. 道德教育［M］. 陈光金，等，译. 上海：上海人民出版社，2001.

17. ［法］爱弥尔·涂尔干. 乱伦禁忌及其起源［M］. 汲喆，等，译. 上海：上海人民出版社，2006.

18. ［法］布尔迪厄. 国家精英——名牌大学与群体精神［M］. 杨亚平，译. 北京：商务印书馆，2004.

19. ［法］拉罗什福科. 道德箴言录［M］. 何怀宏，译. 北京：生活·读书·新知三联书店，1987.

20. ［法］卢梭. 论科学与艺术［M］. 何兆武，译. 北京：商务印书馆，1963.

21. ［法］路易·勒格朗. 今日道德教育［M］. 王晓辉，译. 北京：教育科学出版社，2009.

22. ［法］米歇尔·法布尔. 问题世界的教育［M］. 晓祥，卞文婧，译. 北京：中国社会科学出版社，2014.

23. ［法］帕斯卡尔. 思想录［M］. 何兆武，译. 北京：商务印书馆，1986.

24. ［法］蒙田. 蒙田随笔全集［M］. 潘丽珍，等，译. 南京：译林出版社，2001.

25. ［法］让·雅克·卢梭. 爱弥儿［M］. 彭正梅，译. 上海：上海人民出版社，2005.

26. ［法］雅克·马里坦. 教育在十字路口［M］. 高旭平，译. 北京：首都师范大学出版社，2012.

27. ［法］伊夫·R. 西蒙，瓦肯·魁克. 劳动、社会与文化［M］. 周国文，译. 北京：中国经济出版社，2009.

28. ［古希腊］柏拉图. 柏拉图对话集［C］. 王太庆，译. 北京：商务印书馆，2010.

29. ［古希腊］柏拉图. 理想国［M］. 郭斌和，张竹明，译. 北京：商务印书馆，2012.

30. ［古希腊］亚里士多德. 尼各马可伦理学［M］. 廖申白，译注. 北京：商务印书馆，2010.

31. ［古希腊］亚里士多德. 形而上学［M］. 吴寿彭，译. 北京：商务印书馆，2009.

32. ［荷］格特·比斯塔. 教育的美丽风险［M］. 赵康，译. 北京：北京师范大学出版社，2018.

33. ［加］马克斯·范梅南. 生活体验研究——人文科学视野中的教育学［M］. 宋广文，等，译. 北京：教育科学出版社，2003.

34. ［加］马歇尔·麦克卢汉，斯蒂芬妮·麦克卢汉，戴维·斯坦斯. 麦克卢汉如是说：理解我［M］. 何道宽，译. 北京：中国人民大学出版社，2006.

35. ［捷］夸美纽斯. 大教学论［M］. 傅任敢，译. 北京：教育科学出版社，1999.

36. 联合国教科文组织国际教育发展委员会. 学会生存——教育世界的今天和明天［M］. 华东师范大学比较教育研究所，译. 北京：教育科学出版社，1997.

37. ［南斯拉夫］德拉高尔朱布·纳伊曼. 世界高等教育的探讨［M］. 令华，严南德，译. 北京：教育科学出版社，1982.

38. ［美］阿拉斯戴尔·麦金太尔. 依赖性的理性动物：人类为什么需要德性［M］. 刘玮，译. 南京：译林出版社，2013.

39. ［美］埃伦·康德利夫·拉格曼. 一门捉摸不定的科学：困扰不断的教育研究的历史［M］. 花海燕，等，译. 北京：教育科学出版社，2006.

40. ［美］安东尼·克龙曼. 教育的终结——大学何以放弃了对人生

意义的追求［M］．诸惠芳，译．北京：北京大学出版社，2013．

41．［美］伯顿·克拉克．高等教育系统——学术组织的跨国研究［M］．王承绪，等，译．杭州：杭州大学出版社，1994．

42．［美］伯顿·克拉克．高等教育新论——多学科的研究［M］．王承绪，徐辉，译．杭州：浙江教育出版社，2001．

43．［美］布雷恩·J．麦克维．日本高等教育的奇迹与反思［M］．徐国兴，译．上海：华东师范大学出版社，2018．

44．［美］波林．实验心理学［M］．高觉敷，译．北京：商务印书馆，1981．

45．［美］波林·罗斯诺．后现代主义与社会科学［M］．张国清，译．上海：上海译文出版社，1998．

46．［美］伯纳德·巴伯．科学与社会秩序［M］．顾昕，译．北京：生活·读书·新知三联书店，1991．

47．［美］杰弗瑞·戈比．你生命中的休闲［M］．康筝，田松，译．昆明：云南人民出版社，2000．

48．［美］C．赖特·米尔斯．社会学的想像力［M］．陈强，张永强，译．北京：生活·读书·新知三联书店，2001．

49．［美］丹尼尔·科顿姆．教育为何是无用的［M］．仇蓓玲，卫鑫，译．南京：江苏人民出版社，2005．

50．［美］道格拉斯·格林伯格，斯坦利·N．卡茨．学问生涯［C］．吕大年，等，译．杭州：浙江大学出版社，2018．

51．［美］厄内斯特·博耶．大学：美国大学生的就读经验［M］．徐芃，李长兰，丁申桃，译．郭晓玲，蔡振声，校．北京：北京师范大学出版社，1993．

52．［美］菲利普·W．杰克森．什么是教育［M］．吴春雷，马林梅，译．合肥：安徽人民出版社，2012．

53．［美］弗兰克·纽曼，莱拉·科特瑞亚，杰米·斯葛瑞．高等教育的未来：浮言、现实与市场风险［M］．李沁，译．北京：北京大学出版社，2012．

54．［美］弗兰克·H．T．罗德斯．创造未来：美国大学的作用［M］．

267

王晓阳，蓝劲松，译. 北京：清华大学出版社，2007.

55. ［美］弗雷德里克·E. 博德斯顿. 管理今日大学：为了活力、变革与卓越之战略［M］. 王春春，赵炬明，译. 桂林：广西师范大学出版社，2006.

56. ［美］弗莱蒙特·E. 卡斯特，詹姆斯·E. 罗森茨韦克. 组织与管理：系统方法与权变方法（第四版）［M］. 傅严，李柱流，译. 北京：中国社会科学出版社，2000.

57. ［美］詹姆斯·卡斯. 有限与无限的游戏：一个哲学家眼中的竞技世界［M］. 马小悟，余倩，译. 北京：电子工业出版社，2019.

58. ［美］汉娜·阿伦特. 过去与未来之间［M］. 王寅丽，张立立，译. 南京：译林出版社，2011.

59. ［美］汉娜·阿伦特. 人的境况［M］. 王寅丽，译. 上海：上海人民出版社，2009.

60. ［美］汉娜·阿伦特，等. 《耶路撒冷的艾希曼》：伦理的现代困境［C］. 孙传钊，译. 长春：吉林人民出版社，2003.

61. ［美］亨利·罗索夫斯基. 美国校园文化——学生·教授·管理［M］. 谢宗仙，等，译. 济南：山东人民出版社，1996.

62. ［美］哈佛委员会. 哈佛通识教育红皮书［M］. 李曼丽，译. 北京：北京大学出版社，2010.

63. ［美］华勒斯坦，等. 开放社会科学［［M］. 刘锋，译. 北京：生活·读书·新知三联书店，1997.

64. ［美］华勒斯坦，等. 学科·知识·权力［M］. 刘健芝，等，编译. 北京：生活·读书·新知三联书店，1999.

65. ［美］杰里·加斯顿. 科学的社会运行［M］. 顾昕，译. 北京：光明日报出版社，1988.

66. ［美］杰里米·里夫金. 工作的终结——后市场时代的来临［M］. 王寅通，译. 上海：上海译文出版社，1998.

67. ［美］杰罗姆·凯根. 三种文化：21 世纪的自然科学、社会科学和人文学科［M］. 王加丰，宋严萍，译. 上海：格致出版社，2011.

68. ［美］科恩. 科学中的革命［M］. 鲁旭东，等，译. 北京：商务印书馆，1999.

69. ［美］拉里·劳丹. 进步及其问题——科学增长理论刍议［M］. 方在庆，译. 上海译文出版社，1991.

70. ［美］莱特·米尔斯. 白领：美国的中产阶级［M］. 周晓虹，译. 南京：南京大学出版社，2006.

71. ［美］拉塞尔·雅各比. 最后的知识分子［M］. 洪洁，译. 南京：江苏人民出版社，2002.

72. ［美］理查德·雷文. 大学工作［M］. 王芳，等，译. 北京：外文出版社，2004.

73. ［美］劳伦斯·维赛. 美国现代大学的崛起［M］. 栾鸾，译. 孙传钊，审校. 北京：北京大学出版社，2011.

74. ［美］刘易斯·科塞. 理念人：一项社会学的考察［M］. 郭方，等，译. 北京：中央编译出版社，2001.

75. ［美］罗伯特·M. 赫钦斯. 美国高等教育［M］. 汪利兵，译. 杭州：浙江教育出版社，2001.

76. ［美］罗伯特·K. 默顿. 科学社会学散忆［M］. 鲁旭东，译. 北京：商务印书馆，2004.

77. ［美］R. K. 默顿. 科学社会学（上下册）［M］. 鲁旭东，林聚任，译. 北京：商务印书馆. 2003.

78. ［美］玛莎·努斯鲍姆. 告别功利：人文教育忧思录［M］. 肖聿，译. 北京：新华出版社，2010.

79. ［美］玛莎·纳斯鲍姆. 培养人性：从古典学角度为通识教育改革辩护［M］. 李艳，译. 上海：上海三联书店，2013.

80. ［美］麦克洛斯基，等. 社会科学的措辞［M］. 许宝强，等，编译. 北京：生活·读书·新知三联书店，2000.

81. ［美］彼得·德鲁克. 创新与企业家精神［M］. 蔡文燕，译. 北京：机械工业出版社，2019.

82. ［美］斯坦利·阿罗诺维兹. 知识工厂——废除企业型大学并创建真正的高等教育［M］. 周敬敬，郑跃平，译. 北京：高等教育出版社，2012.

83. ［美］苏珊·哈克. 理性地捍卫科学——在科学主义与犬儒主义之间［M］. 曾国屏, 袁航, 等, 译. 北京: 中国人民大学出版社, 2008.

84. ［美］索尔斯坦·凡勃伦. 学与商的博弈——论美国高等教育［M］. 惠圣, 译. 上海: 上海人民出版社, 2009.

85. ［美］迈克·桑德尔. 成功的反思: 混乱世局中, 我们必须重新学习的一堂课［M］. 赖盈满, 译. 台北: 先觉出版股份有限公司, 2021.

86. ［美］威廉·V. 斯潘诺斯. 教育的终结［M］. 王成兵, 等, 译. 南京: 江苏人民出版社, 2006.

87. ［美］约翰·S. 布鲁贝克. 高等教育哲学［M］. 王承绪, 等, 译. 杭州: 浙江教育出版社, 2002.

88. ［美］约翰·杜威. 民主主义与教育［M］. 王承绪, 译. 北京: 人民教育出版社, 2001.

89. ［美］约翰·杜威. 我们怎样思维·经验与教育［M］. 姜文闵, 译. 北京: 人民教育出版社, 1991.

90. ［美］詹姆斯·杜德斯达. 21世纪的大学［M］. 刘彤, 等, 译. 北京: 北京大学出版社, 2005.

91. ［美］詹姆斯·H. 米特尔曼. 遥不可及的梦想: 世界一流大学与高等教育的重新定位［M］. 马春梅, 王琪, 译. 上海: 上海交通大学出版社, 2021.

92. ［美］詹姆斯·卡斯. 有限与无限的游戏: 一个哲学家眼中的竞技世界［M］. 马小悟, 余倩, 译. 北京: 电子工业出版社, 2019.

93. ［日］大河内一男, 等. 教育学的理论问题［M］. 曲程, 迟凤年, 译. 北京: 教育科学出版社, 1984.

94. ［日］矢野真和. 高等教育的经济分析与政策［M］. 张晓鹏, 等, 译. 北京: 北京大学出版社, 2006.

95. ［日］筑波大学教育学研究会. 现代教育学基础（中文修订版）［M］. 上海: 上海教育出版社, 2003.

96. ［苏］и. p. 阿图托夫, 等. 教育科学发展的方法论问题［M］. 赵维贤, 等, 译. 北京: 教育科学出版社, 1990.

97. ［苏］и. и. 科贝利亚茨基. 高等学校教育学原理［M］. 李子卓,

等，译. 北京：北京师范大学出版社，1985.

98. ［西班牙］奥尔特加·加塞特. 大学的使命［M］. 徐小洲，陈军，译. 杭州：浙江教育出版社，2001.

99. ［印度］克里希那穆提. 一生的学习［M］. 张南星，译. 北京：群言出版社，2004.

100. ［印度］克里希那穆提. 教育就是解放心灵［M］. 张春城，唐超权，译. 北京：九州出版社，2010.

101. ［英］C. S. 路易斯. 人之废［M］. 邓军海，译注. 上海：华东师范大学出版社，2015.

102. ［英］C. S. 路易斯. 荣耀之重：暨其他演讲［M］. 邓军海，译注. 上海：华东师范大学出版社，2016.

103. ［英］C. S. 路易斯. 惊喜之旅［M］. 邓军海，译注. 上海：华东师范大学出版社，2018.

104. ［英］查尔斯·汉迪. 工作与生活的未来［M］. 方海萍，等，译. 北京：中国人民大学出版社，2006.

105. ［英］安东尼·吉登斯. 为社会学辩护［M］. 周红云，译. 北京：社会科学文献出版社，2003.

106. ［英］巴里·巴恩斯. 局外人看科学［M］. 鲁旭东，译. 北京：东方出版社，2001.

107. ［英］大卫·帕尔菲曼. 高等教育何以为"高"：牛津导师制教学反思［C］. 冯青来，译. 北京：北京大学出版社，2011.

108. ［英］E. H. 卡尔. 历史是什么［M］. 陈恒，译. 北京：商务印书馆，2007.

109. ［英］菲利普·布朗，休·劳德，戴维·艾什顿. 全球拍卖［M］. 许竞，译. 长沙：湖南科学技术出版社，2014.

110. ［英］怀特海. 教育的目的［M］. 徐汝舟，译. 北京：生活·读书·新知三联书店，2002.

111. ［英］怀特海. 教育的目的［M］. 庄莲平，王立中，译注. 上海：文汇出版社，2012.

112. ［英］理查德·唐金. 工作的历史［M］. 谢仲伟，译. 北京：电子工业出版社，2011.

113. ［英］罗杰·金，等. 全球化时代的大学［M］. 赵卫平，主译. 杭州：浙江大学出版社，2008.

114. ［英］罗纳德·巴尼特. 高等教育理念［M］. 蓝劲松，译. 北京：北京大学出版社，2012.

115. ［英］迈克尔·欧克肖特. 人文学习之声［C］. 蒂莫西·富勒，编. 孙磊，译. 上海：上海译文出版社，2012.

116. ［英］J. D. 贝尔纳. 科学的社会功能［M］. 陈体芳，译. 北京：商务印书馆，1995.

117. ［英］卡尔·波普尔. 客观知识［M］. 舒炜光，译. 上海：上海译文出版社，1987.

118. ［英］罗素. 宗教与科学［M］. 徐奕春，林国夫，译. 北京：商务印书馆. 2005.

119. ［英］马尔科姆·泰特. 高等教育研究：进展与方法［M］. 侯定凯，译. 北京：北京大学出版社，2007.

120. ［英］马克·布劳格. 经济学方法论［M］. 黎明星，等，译. 北京：商务印书馆，1992.

121. ［英］齐格蒙特·鲍曼. 个体化社会［M］. 范祥涛，译. 上海：上海三联书店，2002.

122. ［英］齐格蒙特·鲍曼. 被围困的社会［M］. 郇建立，译. 南京：江苏人民出版社，2005.

123. ［英］齐格蒙特·鲍曼. 现代性与矛盾性［M］. 邵迎生，译. 北京：商务印书馆，2003.

124. ［英］伊丽莎白·劳伦斯. 现代教育的起源和发展［M］. 纪晓林，译. 北京：北京语言学院出版社，1992.

125. ［英］伊姆雷·拉卡托斯. 科学研究纲领方法论［M］. 兰征，译. 上海：上海译文出版社，2005.

126. ［英］约翰·亨利·纽曼. 大学的理想（节本）［M］. 徐辉，等，译. 杭州：浙江教育出版社，2001.

127. 陈桂生. "教育学"辨——"元教育学"的探索［M］. 福州：福

建教育出版社，2002.

128. 陈平原. 作为学科的文学史［M］. 北京：北京大学出版社，2011.

129. 陈燮君. 学科学导论——学科发展的理论探索［M］. 上海：三联书店上海分店出版，1991.

130. 董毓. 科学的自我反思——理论科学学漫话［M］. 武汉：湖北人民出版社，1987.

131. 冯友兰. 新原人［M］. 北京：生活·读书·新知三联书店，2007.

132. 葛守勤，周式中. 美国州立大学与地方经济发展［C］. 西安：西北大学出版社，1993.

133. 胡建华，等. 高等教育学新论［M］. 南京：江苏教育出版社，2005.

134. 李长伟. 古典传统与公民教育［M］. 北京：教育科学出版社，2010.

135. 李政涛. 教育学科与相关学科的"对话"——从知识、科学、信仰和人的角度［M］. 上海：上海教育出版社，2001.

136. 李泽厚. 李泽厚哲学文存［M］. 合肥：安徽文艺出版社，1999.

135. 刘小枫，陈少明. 古典传统与自由教育［C］. 北京：华夏出版社，2005.

137. 刘仲林. 跨学科学导论［M］. 杭州：浙江教育出版社，1990.

138. 林贤治. 午夜的幽光——关于知识分子的札记［M］. 桂林：广西师范大学出版社，2005.

139. 卢增绪. 高等教育问题初探［M］. 台北：南宏图书有限公司，1992.

140. 瞿葆奎. 元教育学研究［M］. 杭州：浙江教育出版社，1999.

141. 瞿葆奎. 教育学文集·教育与教育学卷［C］. 北京：人民教育出版社，1993.

142. 瞿葆奎. 教育学文集·教育与社会发展卷［C］. 北京：人民教育出版社，1993.

273

143. 瞿葆奎，吕达. 教育科学分支学科丛书［Z］. 北京：人民教育出版社，2002.

144. 渠敬东. 现代社会中的人性及教育——以涂尔干社会理论为视角［M］. 上海：上海三联书店，2006.

145. 渠敬东，王楠. 自由与教育：洛克与卢梭的教育哲学［M］. 北京：生活·读书·新知三联书店，2012.

146. 潘懋元，高等教育学讲座［M］. 北京：人民教育出版社，1993.

147. 潘懋元. 高等教育学（上下）［M］. 北京：人民教育出版社. 1984.

148. 潘懋元. 多学科观点的高等教育研究［M］. 上海：上海教育出版社，2002.

149. 《思想与社会》编委会. 教育与现代社会［C］. 上海：上海三联书店，2009.

150. 唐莹. 元教育学［M］. 北京：人民教育出版社，2002.

151. 涂又光. 教育哲学课堂实录［M］. 雷洪德，整理. 武汉：华中科技大学出版社，2020.

152. 王建华. 高等教育学的建构［M］. 广州：广东高等教育出版社，2009.

153. 王坤庆. 教育学史纲［M］. 武汉：湖北教育出版社，2000.

154. 汪丁丁. 新政治经济学讲义——在中国思索正义、效率与公共选择［M］. 上海：上海人民出版社，2013.

155. 汪丁丁. 串接的叙事：自由、秩序、知识［M］. 北京：生活·读书·新知三联书店，2009.

156. 汪丁丁. 教育是怎样变得危险起来［M］. 北京：中央广播电视大学出版社，2012.

157. 项贤明. 泛教育论——广义教育学的初步探索［M］. 太原：山西教育出版社，2000.

158. 席酉民. 理性"狂"言：教育之道［M］. 北京：中国人民大学出版社，2016.

159. 项飙，吴琦. 把自己作为方法——与项飙谈话［M］. 上海：上海文艺出版社，2020.

160. 杨东平. 大学二十讲［C］. 天津：天津人民出版社，2009.

161. 杨深坑. 科学理论与教育学发展［M］. 新北：心理出版社，2002.

162. 杨自伍. 教育：让人成为人［C］. 北京：北京大学出版社，2010.

163. 余纪元. 《理想国》讲演录［M］. 北京：中国人民大学出版社，2011.

164. 余纪元. 德性之镜：孔子与亚里士多德的伦理学［M］. 林航，译. 北京：中国人民大学出版社，2009.

165. 赵汀阳. 论可能生活［M］. 北京：中国人民大学出版社，2010.

166. 张新平. 教育组织范式论［M］. 南京：江苏教育出版社，2001.

167. 赵中建，顾建民. 比较教育的理论与方法——国外比较教育文选［C］. 北京：人民教育出版社，1994.

168. 郑金洲，瞿葆奎. 中国教育学百年［M］. 北京：教育科学出版社，2002.

169. 左玉河. 从四部之学到七科之学——学术分科与近代中国知识系统之创建［M］. 上海：上海书店出版社，2004.

170. 左玉河. 中国近代学术体制之创建［M］. 成都：四川人民出版社，2008.

171. 朱光潜. 给青年的十二封信［M］. 上海：华东师范大学出版社，2014.

后　记

　　我本科是学前教育专业，研究生攻读的是高等教育学专业，博士毕业后一直从事高等教育研究和教学工作。虽然从未离开过教育学科，但也从未想过会写一本与高等教育主题基本无关的书。虽然教育本身是相通的，但由于学科制度的存在，大学里关于教育问题的研究却是相互区隔的。2005年来到南京师范大学教育科学学院工作以后，我有幸接触到了鲁洁先生的教育思想，后来在和冯建军、高德胜、程天君等的学术交往中，我逐渐对教育基本理论和道德教育产生了兴趣。2013年承蒙高德胜教授的邀请，我加入了教育部人文社会科学重点研究基地南京师范大学道德教育研究所，成了基地的研究人员。此后受个人研究兴趣的驱使，也为了完成学术任务，多年来伴随着对相关经典文献的阅读，结合读书心得断断续续撰写并发表了一些教育基本理论方面的论文。随着相关研究的不断积累，我逐渐萌生了一个想法，就是有朝一日将相关研究成果加以整理、充实并出版。2014年10月，经冯建军教授和郭本禹教授的介绍，我非常荣幸地认识了福建教育出版社的沈群老师。沈老师的热情约稿和不断鼓励，使我有勇气把这本稚嫩的著作拿出来。2015年7月该书以《教育的意蕴与教育学的想象》为名正式出版。

　　教育基本理论是教育研究的根基所在，是教育学的根。在本体论的层面上，什么是教育，教育何以可能，这是教育学的两个最基本的问题。对此，无数的先哲方家都做过精彩的论述。但教育的实践性决定了教育知识的不完备性，随着教育实践的时空变换，关于教育的知识也必然不断地变化，且永远不可能完备。因此，对于学科基本问题，无论前人的论述多精彩，后人都无法直接继承。每一个时代，每一个时代的研究者都必须在前人著述的基础上,结合当时的教育实践以及时代精神状况,通过自己的思考给出自己的回答。本书对"教育的意蕴"和"教育学的想象"的零星思考,对教育学科的发展而言,沧海一粟都谈不上,但对于我个人而言,则是一种全部的付出和真诚的表达。怀特海在《思维方式》一书中曾言:在任何理解之前,先有表达;在任何表达之前,先有关于重要性的感受;当生命个体感受到真正的重要性时,便有了表达的冲动。① 作为一个教育研究者,我感受到了这些问题的重要性,便有了表达的冲动。本书作为我个人在教育基本理论研究方面的初步尝试,肯定存在浅陋与不当之处,还望各位前辈、同侪不吝赐教。

从外部史来看,教育学的地位与教育的地位高度一致或相关。教育实践的非专业性使得教育学的学科地位低下。教育学尴尬的学科地位也使得关于教育问题的讨论经常泛化为社会问题或政治问题。结果就是,在教育问题上教育学经常成为"失语者"。那么何以至此呢?最主要的原因可能就在于,教育作为人类最普遍的实践活动之一,教育学不可能成为书斋里的纯学问。无论古今中外,民间教育学都比学院教育学要更为发达。即便是在现代社会中,关于教育的学问也更多成为一种习俗而不是科学。教育的高度世俗化一方面使教育知识容易溢出象牙塔,流布民间;但另一方面由于民间教育学中常常经验多于理论,关于教育的知识或见解亦不免庸俗化,而以习俗或庸俗化的教育学为根据,人们对于教育的理解难免会趋于粗鄙或功利主义。在《谈十字街头》一文中朱光潜先生就曾指出:"老庄经过流俗化以后,其结果乃为白云观以静坐骗铜子的道士。易学经过流俗化以后,其结果乃为街头摆摊卖卜的江湖客。佛学经过流俗化以后,其结果乃为祈财求子的三姑六婆和秃头肥脑的蠢和尚。这都是世人所共见周知的。"② 教育学的庸俗化虽然不能与道学、易学和佛学相比,但由此而造成的误解同样是普遍而且令人印象深刻的。今天的大学里,钱锺书先生在《围城》中所描述的"学科鄙视链"可能已经发生变化,但教育学的地位仍然没有提高,其污名化依然存在。为改变学科地位,教育学需要想象

---

① 汪丁丁. 新政治经济学讲义——在中国思索正义、效率与公共选择[M]. 上海:上海人民出版社,2013:232.
② 朱光潜. 给青年的十二封信[M]. 上海:华东师范大学出版社,2014:22.

力，更需要寂居于象牙之塔的学者，多做些"无用的学问"。一旦我们对于教育的意蕴有了更深刻、更丰富的理解，对于什么是教育以及教育何以可能有了更加清晰的认识，教育以及教育学的未来依然可期。

庄子云："吾生也有涯，而知也无涯。以有涯随无涯，殆已！已而为知者，殆而已矣！"对个体而言，庄子的话是有意义的；但对于人类而言，生也无涯，知也无涯。个体的生命是有限的，但人类却生生不息。求知是人的本性，只要人类存在，对于真理的追求就不会停息。对于教育学的发展而言，学科基本问题或教育基本理论需要一代代人的持续探索，永无止境。这是教育学自身的性质决定的。对于那些涉及人类教育的基本问题，研究者只能通过不断的沉思以保证那些基本问题以新的方式持续存在着而不可能彻底地解决那些问题。对于人类的教育，问题和意义具有两重性。教育的问题性也是教育意义的源始，终结了教育的问题性也就等于终结了教育存在的意义。换言之，没有"没问题的教育"。为了拥有一个意义世界，就必须直面教育的问题性。理性告诉我们，追求真理是学术的终极目标，但真理本身却更多地属于人的理念世界。人类永远只能走在追求真理的路上，而不可能做到真理在握。现实中人们既要不懈追求真理而又始终无法获得终极的真理。这既是真理的悖论也是人生的悖论。

面对这个悖论，学术研究的意义在哪里呢？按照赵汀阳的说法："如果一定要有个衡量意义的标准，那么，意义在于致敬。就是说，思想要对得起问题，就像家具要对得起木材，衣服要对得起棉花，酒要对得起粮食，诗要对得起语言，这就是致敬了。思想参与前人遗留的问题，使一个问题敞开更多的可能性，就是致敬。总之，致敬是让一种存在以新的方式继续存在。这正是《易经》所谓'生生'之为大德或者'富有'（让存在丰富地存在着）之为大业的意思。"[①] 走在追求教育真理的路上，我们的思考和表达有时也更多地在于"致敬"而不是"自负"。哲学的使命是重启问题域，科学的目标则是解决具体的问题，关于教育的研究可能处于这两种倾向之间。对于教育的研究，我们既不能"试图到处重新开启问题域"，

---

① 周濂. 赵汀阳谈观念与历史［N］. 东方早报，2015-01-25，B01版.

也不要凡事都尝试科学主义,"用肯定性回答代替问题的目标"①。与科学主义的思维不同,教育研究的目的更多的是为了向教育本身"致敬",而向教育本身"致敬"的目的则是为了人类的教育能够生生不息、欣欣向荣。

最后,本书之所以能够修订再版,仰仗责编沈群老师的大力支持。书名由《教育的意蕴与教育学的想象》改为《教育指归》则得益于成知辛主任的指点。此次再版,原有章节基本不变,部分章节的标题及顺序略有调整,部分内容进行了增删;新增"自序"、"第八章"(原第八章调为第十六章)和"结束语",以使体系更加完整。相识以来,沈老师对我厚爱有加。在沈老师的关心和督促下,我先后在福建教育出版社出版了专著两部、合著一部。2018年出版社还颁给了我"建社六十周年功勋作者"的荣誉。回首过往,全是美好的回忆;面向未来,唯有继续努力,方能不负出版社、沈老师、成主任对我的提携。

王建华

2021年10月6日

---

① 米歇尔·法布尔. 问题世界的教育 [M]. 晓祥,卞文婧,译. 北京:中国社会科学出版社,2014:10.